Sammlung Van...

V&R

Hartmut Zwahr

Ende einer Selbstzerstörung

Leipzig und die Revolution in der DDR

Vandenhoeck & Ruprecht
Göttingen

Hartmut Zwahr, geboren 1936 in Bautzen, Studium der Geschichte und Germanistik in Leipzig, dort 1963 Promotion, 1974 Habilitation; 1978 Professur an der Sektion Geschichte der Karl-Marx-Universität Leipzig, seit 1992 Professor für Sozial- und Wirtschaftsgeschichte an der Universität Leipzig. Buchveröffentlichungen u.a.: Bauernwiderstand und sorbische Volksbewegung in der Oberlausitz (Bautzen 1966); Zur Konstituierung des Proletariats als Klasse. Strukturuntersuchung über das Leipziger Proletariat während der industriellen Revolution (Berlin 1978/München 1981); Herr und Knecht. Figurenpaare in der Geschichte (Leipzig 1990).

Umschlagbild
Wolfgang Mattheuer, Geh' aus deinem Kasten. 1985. Öl auf Leinwand.
Sprengel Museum Hannover. © VG Bild-Kunst, Bonn 1993

Die Deutsche Bibliothek – CIP-Einheitsaufnahme

Zwahr, Hartmut
Ende einer Selbstzerstörung : Leipzig und die
Revolution in der DDR / Hartmut Zwahr. – Göttingen:
Vandenhoeck und Ruprecht, 1993
(Sammlung Vandenhoeck)
ISBN 3-525-01344-2

Inhalt

Einleitung

Dies ist das Buch eines Leipzigers, von Beruf Historiker, über die Ereignisse 1989 in Leipzig und die Revolution in der DDR.

Das Erlebte, die Erfahrungen haben sich jeweils schon am Abend nach den Montagsdemonstrationen beim Berichten verdichtet, dann noch einmal, wenn Bekannte, Freunde, Kollegen kamen, um Genaueres zu hören. Später folgten Vorträge und Diskussionen an den Universitäten Rotterdam und Leiden und an der Volkshochschule Bielefeld, im März und im Mai 1990, danach am Max-Planck-Institut für Geschichte in Göttingen. In dieser Zeit ist das Manuskript entstanden, im wesentlichen habe ich es bis zum Herbst 1990 niedergeschrieben. Während der Bearbeitung für den Druck habe ich es nur noch wenig ergänzt, und dies überwiegend in den Anmerkungen. »Ende einer Selbstzerstörung« war auch schon der Titel des Vortrages in Rotterdam.[1]

Die Selbstzerstörung der DDR endete mit einer Selbstbefreiung. Sie war für viele Menschen in den fünf neuen Bundesländern eine wichtige gemeinsame Erfahrung und ist das bis heute geblieben. Die Wege der Erinnerung in die davorliegende bizarre Welt des vormundschaftlichen Staates[2] sind inzwischen immer weniger begehbar. Neue Wirklichkeiten sind entstanden und haben in vertraute Räume Einzug gehalten. Der Blick mancher Zeitgenossen ist schärfer, genauer geworden, der anderer hat sich getrübt. Zuweilen führt das zu Irritationen, wenn Beteiligte über dasselbe sprechen. In dieser Situation ist das Buch entstanden. Es schadet nichts, wenn ihm das anzumerken ist.

Der Anfang war das Aufschreiben beim Gehen, während der Demonstrationen. Die Menschen waren bis auf den Grund aufgewühlt und hatten die Angst überwunden, auch die Angst vor dem Aufschreiben und Aufgeschriebenwerden. Wer, außer dem Historiker, dachte in diesen Augenblicken daran, daß es die Normalform zeitlichen Abstandnehmens ist, Erlebtes zu vermengen, zu vergessen?

Der Himmel über den Leipzigern war grau. Sie gingen durch die Düsternis der Montagabende, durch Schmutz und Absterbeluft. Sie skandierten Massenrufe, klatschten mit Händen in Handschuhen den Takt, sangen. Sie alle waren aus sich herausgegangen. Zuvor hatte es viele Gründe gegeben, seine Identität zu verbergen. Die Folge war die Maske – das Schafsgesicht, wie auf Wolfgang Mattheuers Gemälde »Geh' aus deinem Kasten« (1985) im Sprengel Museum in Hannover. Der Leipziger Maler zeigt dem Betrachter eine Szene der Selbstbefreiung. Einer, der nicht länger mit zwei Gesichtern leben kann, der zu sich selbst gekommen ist, verläßt das Gehäuse, in dem er wie eingeschlossen gelebt hat. Die Tür geht auf, und er, ein Noah unserer Tage, wirft seine Kleider ab, nackt entschlüpft er ins Freie. Sein Gefährte bleibt wie versteinert zurück und verbirgt sein Gesicht weiter hinter der Maske mit dem Schafsgesicht, während das Gehäuse zu brennen anfängt. Das Bild führt also auch dies vor Augen: Selbstzerstörung. Auf der rechten Bildseite ist der Kopf eines bärtigen Mannes zu sehen, zu dem ein ausgestreckter, den Weg weisender Arm gehört. Die Hand zeigt dorthin, wohin niemand geht. Die andere Hand liegt, einen Dolch haltend, auf dem Fußboden. Ein geöffneter Schrank ist (bis auf eine kleine Kugel) leer. Eine Hand, die in eine Richtung weist, in die niemand geht; ein Schrank, der (fast) leer ist – das besagt doch wohl: Ende. Der Titel des Bildes, *Geh' aus deinem Kasten*, mahnt zum Ausbrechen und zum Aufbruch. Mit einer solchen selbstbestimmten Entscheidung begann die Selbstbefreiung.

Die Tür in die Freiheit sprang in den Montagsdemonstrationen weit auf, die Leipziger haben sie zuerst geöffnet. Irgendwo neben der Straße, auf der die Demonstranten zu Tausenden gingen, lagen die Masken mit dem Schafsgesicht, die sie so lange vor die Gesichter gehalten hatten. Über vieles hatten die Leipziger hinweggesehen, geschwiegen. Bis sie darüber erschraken, wie abgestumpft sie waren. Vielleicht erschraken sie zum ersten Mal, als sie erfuhren, daß der Auwald austrocknete, weil die Braunkohlentagebaue, die an den Rändern der Stadt fraßen, das Grundwasser absenkten; oder als ihnen eines Tages über den bunten Messefahnen und -fähnchen die blinden Augen der Geschäftshäuser in der Hainstraße auffielen, Häuser, die zu den ältesten Leipzigs gehörten. Oder als sie plötzlich sahen, daß ein zeichnendes Kind reagierte, wo sie selbst längst stumm geworden waren. Ich erschrak über drei Wohnhochhäuser, die auf der Schülerzeichnung eines Elfjährigen aufragten; in einem davon war er zuhause. Wo keine Wohnblöcke waren, füllte grauschwarze Luft den Raum vom Himmel bis zur Straße, auf der zwei Autos, ein blaues und ein rotes, wie auf den Grund eines Pfuhles gesunken, zu sehen waren. Auf der anderen Bildhälfte, durch einen Pinselstrich getrennt, winkte ein gelbes Haus mit Giebel. Darüber schwebten vier blaue Wolken, und vor dem Haus floß ein Bach durch eine Wiese. Wer von denen, die in den Demonstrationen gingen, hatte kein solches oder ein ähnliches Haus im Kopf? Wer hatte kein Wunschbild vor Augen? Schließlich weigerten sich die Männer und Frauen, die Schüler und Lehrlinge, in das reale Haus ihrer Ängste, der Verbote und Demütigungen zurückzukehren. Die Fahrt in den Betrieb, in die Schule am Morgen nach der Demonstration war eine solche Rückkehr. Der Ausbruch aus der geschlossenen Gesellschaft bleibt ein Fixpunkt in der Biographie der Beteiligten. Er kann helfen, Irritationen zu widerstehen, die vom Gang der Dinge im vereinten Deutschland ausgelöst werden. Dazu gehört auch die Idee, daß es vielleicht besser gewesen wäre, dies alles hätte gar nicht stattgefunden.

»Analysen zur Wende« nannten die Herausgeber die Beiträge zu dem Band »Leipzig im Oktober. Kirchen und alternative Gruppen im Umbruch der DDR«.[3] Wende oder Revolution? Die friedliche Revolution brachte die Wende! Sie führte den Machtwechsel und über diesen schließlich auch den Systemwechsel herbei. Daß es ein bloßer Zusammenbruch war, kann ich aus dem Erleben heraus nicht bestätigen. Wer die Wucht der Demonstrationen nicht gespürt und deren langen Rhythmus nicht verarbeitet hat, dem ist Wesentliches entgangen.

Der Mecklenburger Uwe Johnson hat das Leipzig seiner frühen Universitätsjahre rückblickend die eigentliche und die wirkliche Hauptstadt der DDR genannt. Das parteiadministrative System hat die Vision eines neuen Deutschlands erdrückt, für die hier, in Leipzig, etwa die Geistigkeit eines Ernst Bloch, Werner Krauss,

Julius Lips, Walter Markov, Hans Mayer stand. Wirklichkeit wurde der autoritäre Gegenentwurf einer neuen deutschen Republik der (Berliner) »Gruppe Ulbricht«. Es hat innere Logik, daß es Bürger und Bürgerinnen Leipzigs waren, die mit der Demontage des parteiadministrativen Systems begonnen und schließlich dessen Ende herbeigeführt haben. Der ungestüme Aufbruch in eine bessere DDR endete mit ihrem Untergang.

Selbstzerstörung

Im Herbst 1989 stand in der DDR die Metapher ›Rettung‹ für das Bewußtsein des großen Ausmaßes an individueller wie kollektiver, materieller wie moralischer Zerstörung, Selbstzerstörung. *Rettet unsere Altstädte!*, mit diesem Aufruf wandten sich Denkmalpfleger Ende Oktober 1989 an die Öffentlichkeit.[1] Im November wurde der Zerfall ausgedehnter Gründerzeit-Wohnviertel Leipzigs in dem bedrückend-eindrucksvollen Film »Ist Leipzig noch zu retten?« des DDR-Fernsehens zum ersten Mal landesweit und zugleich von der bundesdeutschen und der internationalen Öffentlichkeit wahrgenommen. Rettet die Buchstadt Leipzig, forderten die Belegschaften Leipziger Verlagshäuser Anfang März 1990. Rettet Leipzig, Dresden, Altenburg, Weimar, Meißen, Görlitz, Bautzen usw. Und die Menschen? Sie waren von innen mindestens so kaputt wie die Häuser.[2]

Sie hatten in einem System realsozialistischer Selbstzerstörung gelebt. Es war im autoritär-stalinistischen Sozialismus angelegt und nahm Gestalt an, nachdem die Arbeiterrebellion vom 17. Juni 1953 und die Parteirebellion Rudolf Herrnstadts gegen Ulbricht[3] gescheitert waren. Danach umschloß das Politbüro Ulbrichts die Fehlkonstruktion eines Systems autoritärer Herrschaft und zentralistischer Planwirtschaft mit dem Sicherheitspanzer des Machterhalts. Der Schutzschild gegen das eigene Volk wurde nach dem Aufstand in Ungarn 1956 verstärkt, als die Parteiprominenz die Wohnungen am Majakowski-Ring in Berlin-Pankow verließ und in die entfernte Waldsiedlung Wandlitz umzog. Das ›Wandlitzsyndrom‹[4] entstand. Mit dem Bau der Mauer 1961 wurde der Sicherheitspanzer zum »antifaschistischen Schutzwall«.[5] Als Breschnew und Ulbricht, die Führungsfiguren der Verschwörung gegen den demokratischen Sozialismus in der

Tschechoslowakei, dort die Alternative zum autoritären Realsozialismus zerstörten, verlor dieser weitestgehend seine Reformfähigkeit. Die Selbstzerstörung wurde international stabilisiert und war seitdem wohl endgültig unumkehrbar. Als Gorbatschow die Perestroika in Gang setzte,[6] hatte diese Zerstörung ein solches Ausmaß angenommen, daß Systemzerfall und die Notwendigkeit zu völliger Neuordnung der Gesellschaft auch in der Sowjetunion am Ende der Wende zur Selbstbefreiung standen.

Der entscheidende Konstruktionsfehler des ›real existierenden Sozialismus‹ war ökonomischer Natur. Alle Erfahrungen laufen in dem Kernpunkt zusammen, den Karl Korsch 1912 hervorgehoben hat, als er feststellte, daß der Sozialismus »eine ausreichende Konstruktionsformel für die Organisation der Volkswirtschaft noch nicht gefunden hat«.[7] Logischerweise müsse nach einer bestimmten Zeit eine Zerfallskrise des Sozialismus eintreten. Ohne Selbstkorrektur bleibe er »eine Entwicklungsstufe zu einem dann nur noch mit Gewalt zu verhindernden Kapitalismus«.[8] Die demokratische Revolution in der DDR verlief mit dieser Logik. Der ökonomische Konstruktionsfehler im ›real existierenden Sozialismus‹ hatte zugleich einen irreparablen Demokratieverlust zur Folge, weil die assoziierte Arbeit in dieser Dimension eben nicht ohne den autoritären Zugriff auf den Menschen auskam.[9] Der Dramatiker Heiner Müller hat von der feudalsozialistischen Variante der Aneignung des Mehrwerts gesprochen, bei der »das Volk als Staatseigentum eine Leibeigenschaft neuen Typs« erleide.[10] Der Verlust an Demokratie war, wie die Geschichte der realsozialistischen Länder zeigt, meistens schon in die Staatsfundamente eingelassen.[11] Auf dieser Grundlage verlief die Selbstzerstörung in geradezu systematischen Formen. Sie hat auch die in der Angst Lebenden beschädigt. Die Verursacher der Angst sind aber ebenfalls gezeichnet. So hat schon der Fall des Anwalts und Stasi-Informanten Schnur, Vorsitzender des Demokratischen Aufbruchs, nicht nur einen Täter gezeigt.

Selbstzerstörerisch war letztlich auch die Einheit von Wirtschafts- und Sozialpolitik; ihre Kosten haben die DDR ganz wesentlich mit ruiniert. 1989 hatte sich längst erwiesen, daß die Produktivität sank. Dieser Realität entsprach die Redensart: Die Wirtschaft auf Verschleiß fahren. Die ›Verantwortungsträger‹ finanzierten ihren Machterhalt aus der Substanz des Landes.

Durch rigorose Gewinnabführung entmündigten sie die VEB-Staatsbetriebe nach dem Muster der Parteibetriebe, und auf die gleiche Weise die Bezirke, Kreise, Kommunen. Ohne die Zustimmung der Wirtschaftskommission des SED-Politbüros, der Günter Mittag vorstand (er wurde mit Honecker und dem für die Medien zuständigen Politbüromitglied Herrmann am 18. Oktober entmachtet[12]), konnte der Ministerrat (Vorsitzender: Stoph, SED), die Staatsmacht also, nichts entscheiden. Während der zentrale ›große Topf‹ voll lief, blutete das Land aus. Selbstzerstörerisch wurde in die Reproduktion der Volkswirtschaft eingegriffen. Die Politik der Subventionen setzte das Wertgesetz außer Kraft. Die Mittel, die der Grunderneuerung der Wirtschaft entzogen wurden, flossen in die Sozial-, Jugend- und Sportpolitik, in ein perverses Überwachungs- und Unterdrückungssystem, in Fonds für die Privilegien der an der Macht beteiligten Institutionen und Personengruppen und damit in Kanäle von Korruption und Machtmißbrauch. Selbst die paramilitärischen Kampfgruppen in den Betrieben verstrickten den einzelnen Kämpfer in die Privilegienwirtschaft, u.a. mittels einer Zusatzrente. Eine eigene Kampfgruppeneinheit, in der Professoren und Dozenten den Kampfauftrag der Partei erfüllen sollten, hatte sogar die Charité in Berlin.[13]

Die Unterordnung des Staatsapparats einschließlich Sicherheitsdienst, Polizei und Armee unter den Apparat der Partei drückte sich in der komplexen Verflechtung von Partei- und Staatsstrukturen aus. Die Parteistruktur hatte in gewisser Weise die Staatsstruktur in sich aufgenommen. Die Kaderpolitik folgte dem Grundsatz: Alle maßgeblichen Staatsfunktionäre sind Parteifunktionäre; die Parteisekretäre aller Ebenen gehören den staatlichen Leitungen an, die staatlichen Leiter den Parteileitungen. Das Ministerium für Staatssicherheit und seine Bezirks- und Kreisverwaltungen nahmen eine Sonderstellung mit totalem Überwachungsauftrag ein.[14] Die Verflechtung mit den Leitungsebenen der Partei war allein schon durch die Parteizugehörigkeit der Sicherheitskader und durch den Minister als Politbüromitglied gegeben. In Fällen besonderer Dringlichkeit wurden die Parteikader im Rang der Ersten Bezirks- und Kreissekretäre über den Partei- und den Sicherheitsstrang in die Pflicht genommen.[15]

Der Selbstzerstörungsmechanismus, der dem System eigen war, hat die Führungsfigur Honecker nicht verschont. Wie vor ihm Ulbricht hat er eine ganz auf seine persönliche Herrschaft zugeschnittene Parteidiktatur errichtet.[16] Inhaber des DDR-Personalausweises Nr. A 0000001 hat er die absurden Strukturen des parteiadministrativen Systems zur Vollendung gebracht;[17] in ihnen hat sich der Antifaschist und Widerstandskämpfer moralisch zugrunde gerichtet. Die Demontage ist ihm zu Lebzeiten zuteil geworden. Vor dem Symbol der auf blauem Grund aufgehenden Sonne, d.h. als Jugendfunktionär mit kommunistischer Vergangenheit, ist er angetreten, um das bessere Deutschland zu erbauen. Das Land, das durch die Leistung unzähliger Menschen aus Kriegstrümmern wiedererstand, wurde für ihn zur besten aller Welten, und er meinte, der ›Fortschrittsstrang‹ deutscher Geschichte sei in der DDR wesentlich durch ihn zur Vollendung gelangt.

Parteihistoriker haben diese Vision ausgestaltet.[18] Sie wiesen nach, daß das realsozialistische Drittel der geteilten Nation den Deutschen in der Bundesrepublik um eine ganze Gesellschaftsordnung voraus sei. Es entstand die Auffassung, es gebe eine selbständige sozialistische deutsche (Teil-)Nation,[19] und diese kennzeichne eine zunehmende politisch-moralische Einheit. Die Fundamente dafür seien mit der Eroberung der Macht durch die Arbeiterklasse gelegt worden. Aber es war ja nicht die Arbeiterklasse, die die Macht ausübte. Angeblich im Namen der Arbeiter herrschte die Parteiführung. Sie organisierte die flächendeckende Überwachung der Bevölkerung einschließlich der Parteibasis, sie verteilte die Privilegien, sie disziplinierte über das Parteistatut, das Gruppenbildung als Plattformbildung diffamierte und verfolgte, sie disziplinierte die Mitglieder über die Abstimmungsmaschine des ›demokratischen Zentralismus‹ und machte sie hunderttausendfach zu Mitschuldigen. All das hat Ablehnung, ja Haß erzeugt, auch unter Parteimitgliedern. Tatsächlich war die SED eine Partei der permanenten Mitgliederwerbung. Diese war ein Weg zur Instrumentalisierung bei nachlassender Systemeffizienz, ein Mittel der Einbindung in das Wahrheitsmonopol angesichts der Tendenzen zum Rückzug aus der Gesellschaft in der Mehrheit der Bevölkerung. Die Massenaustritte aus der Partei im Jahr 1989 sind für nicht wenige ein Akt der Befreiung gewesen.

Die Machtausübung der Arbeiterklasse und die daraus abgeleitete politisch-moralische Einheit des Volkes waren eine Fiktion, die wie ein Kartenhaus zusammenfiel.

Das Ehepaar Honecker fand zuerst in einer kirchlichen Einrichtung Zuflucht,[20] dann in einem Krankenhaus der Sowjetarmee. An den ersten freien Wahlen in der DDR nahm es nicht teil. Die Kirchen ermahnten die Menschen, gegenüber den Honeckers Barmherzigkeit zu üben, trotzdem wollte ihnen niemand eine Wohnung zur Verfügung stellen. In dem Prozeß, zu dem es schließlich vorübergehend gekommen ist, hat Erich Honecker nicht mehr vor einem Gericht der DDR, sondern vor einem des vereinigten Deutschlands gestanden. Die Figur hat die Strukturen überlebt, nachdem die Strukturen die Figur zerstört hatten.[21]

Der Spitzel war in der DDR allgegenwärtig. Unerkannt hat er sich in unserer Mitte bewegt und lebt vielleicht noch heute unter uns so, als wäre er nicht aktenkundig in der ungeheuerlichen Aktenflut der Stasi. *Die Spitzel sind unter uns.*[22] Nicht ohne Grund hat das Bürgerkomitee Leipzig zur Auflösung des MfS am 10. Juni 1990 betont, daß es sich gegen alle Versuche von Regierung und Justiz wende, »diesen Teil der DDR-Geschichte für abgeschlossen zu erklären«.[23]

Wir alle haben uns in Strukturen der geschlossenen Gesellschaft bewegt und eingerichtet.[24] Nicht zuletzt gibt es diejenigen, die durch nichts als ihre Arbeit mitschuldig geworden sind – Opfer der Weisungspyramide, die auf ihnen lastete und deren Spitze der Erste Mann der DDR war. Es waren Hunderttausende, die als letzte Weisungen und Anordnungen ausführten. Viele steckten in Zwängen der Selbstzerstörung wie jener Traktorist, der regelmäßig die Gülle einer Großviehanlage aus dem Tankwagen in die Elbe fließen ließ. Dafür wurde er bezahlt. Der Arbeiter, der am Braunkohlenaufschluß beteiligt war und die Pflastersteine historischer Straßen ausgrub, wußte, daß sie sich in D-Mark verwandeln würden. Mancher Gebildete ließ es geschehen, daß unter seinen Augen Kunstschätze, wertvolle alte Bücher und Dubletten aus Bibliotheksbeständen der Devisenbeschaffung zugeführt wurden. Arbeit in solchen Zwängen verlor ihren Sinn. Stadtarchitekten wußten um die zerstörerische Wirkung der Plattenbauweise, um die Abrißkraft der Baukombinate, die historische Stadtviertel niederwalzten, um Montagekran und Betonplatte den Weg freizumachen. Die Arbeiter fragten häufig nicht nach den Gründen, solange ihr Lohn stimmte. In den Trabantenstädten wohnten Zehntausende und sahen zu, wie die Altstädte, die sie verlassen hatten, immer unbewohnbarer wurden und verfielen. 1989/90 hatte jede zehnte Altbauwohnung in der DDR so schwere Mängel und Schäden, daß sie mindestens teilweise hätten gesperrt werden müssen. Etwa 20% aller Altbauten waren beschädigt, von den rd. 48.000 denkmalgeschützten Einzelbauwerken galt ein Viertel als extrem gefährdet. Zum Teil sind sie es noch heute. Nach dem 1955 verfügten Mietpreisstopp deckten die Mieten nur noch 36% der Kosten, die zur Erhaltung hätten aufgewendet werden müssen.[25]

Der Machterhalt um jeden Preis hat auch die natürliche Umwelt in katastrophalem Ausmaß zerstört. Beispiele dafür sind die mitteldeutschen Industr: reviere. Orte wie Borna, Espenhain und Bitterfeld, die »dreckigste Stadt Europas«,[26] lagen als »rauchende Ungeheuer« im ökologischen Katastrophenland. Wolfgang Mattheuers Bild »Freundlicher Besuch im Braunkohlenrevier« (1974)[27] nimmt diese Realität auf und verbindet sie mit der Politinszenierung einer Abordnung, die Auszeichnungen verleiht, zu einem Sinnbild des DDR-Widerspruchs von Sein und Schein. Wie kein anderer hat Mattheuer als Maler und Graphiker Befindlichkeiten der Menschen in der DDR in Sinnbildern aufbewahrt, in dem Bild »Hinter den sieben Bergen« (1973) etwa die westwärts gerichtete Sehnsucht nach dem besseren anderen Leben, eine Sehnsucht, die sich von der Realität der DDR geradezu abstoßen mußte. *Von Borna kommen Wärme und Licht, / doch was in der Luft ist, sehen wir nicht* (Transparent auf der ›Montagsdemo‹ am 30. Oktober 1989 in Leipzig). Allein die Sanierung des strahlenverseuchten Uran-Bergbaugebiets im Süden der DDR wird Milliarden verschlingen. Ein Schäfer aus dem mit Schadstoffen hochbelasteten Leipziger Süden fragt: »Wer denkt mal an uns? An unsere Gesundheit, von der wir tagtäglich ein unwiederbringliches Stück verlieren?«[28] Industriekombinate haben chemische Schadstoffe in die Elbe oder deren Nebenflüsse eingeleitet. Dieser Umweltskandal ist spätestens bekannt, seit Greenpeace auf einer vierwöchigen Fahrt von der deutsch-tschechischen Grenze bis nach Cuxhaven diese Schadstoffe »im dreckigsten Fluß Europas« nachgewiesen hat.[29] Den Verlust an kulturellen Werten hat u.a. der unbeschreibliche Zustand öffentlicher und fachwissen-schaftlicher Bibliotheken[30] im alten Bibliotheksland Sachsen be-zeugt.

Die »Abschaffung der Wirklichkeit« sowohl durch die Polit-bürokraten im engeren Zirkel der Macht als auch im ›Apparat‹ trieb Menschen in Intoleranz und politische Gewalttätigkeit ge-gen Andersdenkende, in Lüge und Anpassung und schamlose Privilegienteilhabe, in Bewußtseinsspaltung und Sprachlosigkeit hinter Maske und Maulkorb, in denen sie funktionierten. Ein einzelner, der für viele steht, bekennt, daß er »tiefe Wunden durch Stasi-Praktiken in sich trägt«.[31] Eine Folge der staatlichen Selbstzerstörung war auch die Intoleranz, ja Feindseligkeit gegen Andersdenkende, die auf den späten Leipziger Montagsdemon-strationen in dem Massenruf und Massengesang *Rote aus der Demo raus* hervorbrach. Die Volksbildung der DDR hat einen neuen Menschen autoritär zu formen versucht und weithin tatsächlich auch geformt.[32] Ein Funktionierer im entwickelten Sozialismus sollte er sein, zusammengesetzt aus Arbeitsfleiß, Kritiklosigkeit und Genügsamkeit. Toleranz hat er an sich selbst selten erfahren. Und er verfährt nach dem Gesetz *Auge um Auge,* von dem Martin Luther King gesagt hat, daß es auf beiden Seiten Blinde schafft. Superintendent Magirius von St. Nikolai in Leipzig hat das Pro-blem früh ausgesprochen: »Kaputte Häuser lassen sich reparie-ren, mit Farbe und einem neuen Dach versehen«. Anders Men-schen, »die so eng erzogen sind, daß sie nie richtig zu einem eigenen Standpunkt gefunden haben, weil sie in der Schule nur eine Schulung erlebten, aber nicht eigenes Denken, eigenes Ent-scheiden, eigene Verantwortung geübt haben; ich denke, das ist der größte Schaden, den wir übernommen haben«.[33] Als Pfarrer fürchtete er neue Feindbilder.[34]

Nie wieder in einer geschlossenen Gesellschaft leben, sich nie wieder deren Zwängen aussetzen müssen! Es gab in der DDR ein parteiadministratives System mit unverwechselbaren eigenen Grundlagen. Es hat fast alle gedemütigt, denn es nahm den Menschen massenhaft den freien Willen. Dieses System entstand im ersten Nachkriegsjahrzehnt. An der Seite der Männer und Frauen aus dem Widerstand und neben kommunistischen Kadern wurde es damals auch von jungen Leuten mitgetragen, die vom Gedanken der Wiedergutmachung erfüllt waren und die der

Ideologiewechsel, den sie vollzogen, motivierte. Es waren nicht wenige Verführte, Mitläufer, Mittäter des Nationalsozialismus darunter. Oft waren sie schon im Elternhaus autoritär erzogen worden. Später hatten sie dann den autoritären Umgang mit Menschen als Schüler, im Jungvolk, als Hitlerjunge oder als Mädchen im BDM, im Arbeitsdienst und als Soldaten verinnerlicht. Das waren Voraussetzungen, unter denen auch der schwarze Schatten Stalins und des Stalinismus, der auf den Antifaschismus fiel, als eine Fülle von Licht wahrgenommen werden konnte.[35] Vielleicht hat das parteiadministrative System überhaupt nur mit diesen so geprägten ›jungen Leuten‹ der Nachkriegsjahre[36] und der ihnen auf Jahrzehnte, oft bis zum Ende der DDR anvertrauten Jugend dieses Ausmaß annehmen können. Es hat sich durch die HJ-Generation und alle, die von ihr diszipliniert wurden, auf eine Bereitschaft zum Gehorsam gestützt,[37] der die Selbstzerstörung des Landes so lange hat andauern lassen.

Selbstbefreiung

Seit Öffnung der ungarischen Grenze zu Österreich geriet das politische System der DDR zwischen zwei Räder, die sich in entgegengesetzten Richtungen zu drehen begannen. Das eine setzte der Flüchtlingsstrom in immer schnellere Bewegung, das andere wurde von der tiefen Betroffenheit der Zurückbleibenden angestoßen. Diese sahen sich in ihren Lebensgrundlagen bedroht und reagierten immer heftiger auf die Sprachlosigkeit der Partei- und Staatsführung[1] und großer Teile des Apparats, die sich in der Hoffnung wiegten, auf diese Weise fließe das Protestpotential ab. So erklärte Honecker in einem von ihm selbst redigierten Beitrag im Zentralorgan der SED, man solle den Weggegangenen »keine Träne nachweinen«.[2] Das Fernsehen brachte die Massenflucht in die Wohnungen: Bilder von Menschen, die in Volksfeststimmung die Grenze überschritten oder im Flüchtlingszug jubelnd in bayrische Grenzbahnhöfe einfuhren. Ihr einziger Wunsch: *Wir wollen raus!*[3] Dieser Ruf erklang auch in Leipzig immer lauter: am 4. September nach dem Friedensgebet in der Nikolaikirche sowie auf dem Hauptbahnhof: *Freie Fahrt nach Giessen!* und *Wir wollen raus!*, bis die Dableibenden den Ausreisewilligen mit dem trotzigen Gegenruf *Wir bleiben hier!* antworteten. Die Demonstration zerbrach an diesem Gegensatz. Nach dem Friedensgebet mit etwa 1400 Teilnehmern hatte eine Gruppe von Nichtausreisewilligen die Demonstrationsinitiative übernommen. »Schweigend marschierte die erste Reihe los. Aber plötzlich klaffte eine Lücke im Zug. Hinten blieben Menschen stehen und riefen *Wir wollen raus!* Die Spannung war perfekt. Hilflos und wütend gaben die vorderen Demonstranten ihren Versuch, durch die Innenstadt zu marschieren, auf; die meisten gingen frustriert nach Hause. Einige Aktivisten waren aus Furcht, ›vor den Karren der Ausreiser gespannt zu werden‹, erst gar nicht zur Demo gekommen.«[4]

Wer in der besten aller Welten des real existierenden Sozialismus lebte, mußte den Grundkonsens in Frage stellen, wenn er die Dinge kritisch sah. Sie kritisch zu sehen aber war er am Ende gezwungen – im Interesse seiner Selbsterhaltung und Selbstachtung angesichts der allenthalben um sich greifenden Selbstzerstörung. Dieser Übergang zur Selbstbestimmtheit kam in St. Nikolai in Leipzig in einer ganz exemplarischen Weise zustande. Das veranlaßte immer mehr Menschen, zu den Gebetsandachten zu gehen, trotz der auf den Dächern installierten Fernsehaugen und ungeachtet des Blickkontakts mit Polizei und Geheimdienst. Dieses Verweilen, Reden und Handeln in der Wahrhaftigkeit, unter dem kirchlichen Schutzdach, war ermutigend und aktivierte. Die Bezirksverwaltung Leipzig des Ministeriums für Staatssicherheit erkannte diese Gefahr durchaus: »Wir schätzen die Sache so ein«, meinte Generalleutnant Hummitzsch Ende August 1989, Auge in Auge mit Minister Mielke, »diese ›Friedensgebete‹ braucht man nicht mehr zu organisieren; das ist seit Monaten ein solches traditionelles Treffen dieser Leute, da braucht man keine Flugblätter, da braucht man auch keine anderen Aktivitäten. Die Leute gehen völlig selbständig dorthin.«[5]

Das Friedensgebet hatte für die Bezirksbehörde Leipzig unter den sogenannten »Aktivitäten des politischen Untergrundes und der reaktionären Kirchenkräfte« die »absolute Priorität«. »Die Lage ist so, Genosse Minister, nachdem jetzt acht Wochen Pause war ..., findet jetzt zur Messe am 4. 9., 17 Uhr, das erste Mal wieder dieses operativ relevante ›Friedensgebet‹ statt. Alle Bemühungen, die unternommen wurden bis hin zum Staatssekretär für Kirchenfragen, mit den leitenden Kirchenorganen zu einer Verständigung zu kommen, daß eine zeitliche Verlagerung bzw. ein Aussetzen dieser Veranstaltungen während der Messe erreicht werden sollte, sind ohne Ergebnis. Die Kirche hat schriftlich erklärt gegenüber dem Oberbürgermeister – ein Gespräch mit dem Kirchenvorstand durch Genossen Löffler steht noch aus, da verspreche ich mir aber gar nichts davon – sie werden dieses ›Friedensgebet‹ durchführen, sie sind nicht in der Lage, es abzusetzen. Es ist eine traditionelle kirchliche Veranstaltung; sie wollen im Gespräch bleiben, sie sind bereit zu diesem Gespräch, aber in Bezug auf eine Verlegung dieses Termins sind sie nicht ansprechbar. Wir rechnen mit einer außerordentlich hohen Beteiligung. Vorliegende Einzelhinweise gehen in die Richtung; also traditionell werden wir uns als Antragsteller dort wieder versammeln. Es gibt eine gewisse Erwartungshaltung, was sich dort tun könnte. Man spekuliert wieder mit Berichterstattungen der westlichen Journalisten. Es gibt aus unserem Nachbarbezirk Halle noch nicht endgültig überprüfte Hinweise auf angebliche Flugblätter, die orientieren, im Anschluß an das ›Friedensgebet‹ zur Bezirksleitung zu demonstrieren. Da sollen Verbindungen bestehen zu diesen Organisatoren dieser ›Friedensgebete‹.«[6]

Demonstrationen lagen nach dem mißlungenen Versuch vom 4. September in der Luft. In den fünf Etagen des Objektes *Runde Ecke* in Leipzig, des die Fleischergasse in ganzer Länge berührenden Stasi-Bezirkskomplexes, unter hoch aufragenden Antennen, sah man die Gefahr geradezu leibhaftig herannahen. Das vom Künstler verständlicherweise stilisierte große Ohrenornament, auf dem Münder von Ohren regelrecht bedrängt und eingeschlossen werden (es schmückt die hintere Fassade des Neubaus), steht durchaus für eine Realitätsnähe der damaligen Insassen. Hummitzsch, der Leipziger Stasi-Chef, Minister Mielke mündlich Bericht erstattend: »Was die Gesamtstimmung anbetrifft, so wie das hier bereits dargestellt wurde, ich kann das also hier genauso einschätzen: Die Stimmung ist mies. Es gibt umfangreiche Diskussionen über alle berechtigten und unberechtigten Probleme, die es gibt, und was uns hierbei besonders bewegt, es gibt solche miese Stimmungen auch innerhalb der Parteiorganisation. Wir haben zwar erreicht mit den Mitgliederversammlungen, die im August durchgeführt wurden, auf Beschluß des Sekretariats, Kommunist sein, heißt kämpfen und verändern. Das hat eine sehr gute Resonanz gezeigt. Es wurde mehr diskutiert, und die Versammlungen gingen länger als bisher. Es ist eine gewisse Bewegung entstanden. Aber so, wie wir die Partei uns vorstellen, daß sie in die Offensive geht und sich offensivwürdig mit den Dingen auseinandersetzt, das ist im Moment aus meiner Sicht jedenfalls nicht erreicht, und das Sekretariat sieht das genauso«. Besorgnisse mischten sich in die Beurteilung der politischen Gesamtlage, von deren Stabilität die Leipziger Bezirksbehörde des MfS zu diesem Zeitpunkt wohl noch ausgegangen ist. »Ansonsten, was die Frage der Macht betrifft, Genosse Minister, wir haben die Sache fest in der Hand, sie ist stabil. Wir haben auch nicht eine solche Situation, wie wir das aus der Vergangenheit kennen [gemeint ist der 17. Juni 1953], aber es ist außerordentlich hohe Wachsamkeit erforderlich und differenziert territorial sehr unterschiedlich und objektmäßig. Es ist tatsächlich so, daß aus einer zufällig entstandenen Situation hier und da auch ein Funke genügt, um etwas in Bewegung zu bringen.«

Innerhalb der »Aktivitäten des politischen Untergrundes und der reaktionären Kirchenkräfte« komme dem »bekannten Montagsgebet« die absolute Priorität zu. »Die ›Friedensgebete‹ verlaufen inhaltlich innerhalb der Kirche relativ harmlos, möchte ich sagen. Es gibt seitens der kirchlichen Amtsträger keine Aufwiegelei, wie wir das am Anfang hatten. Aber die Kirche schließt nach Ende der Veranstaltung die Türen, und was auf ihrem Vorplatz oder bei uns im konzentrierten Stadtzentrum geschieht, ist nicht in ihrer Verantwortung. Das ist ihr erklärter Standpunkt. Wir haben, Genosse Minister, gemeinsam mit der Volkspolizei und in Absprache mit Genossen Generaloberst Mittig vorige Woche alle Maßnahmen festgelegt. Es gibt Hinweise auf journalistische Aktivitäten aus dem Reuterbüro, daß man hingehen will, um zu sehen, was sich dort tut. Es gibt viele Erwartungshaltungen. Wir erwarten auch Neugierige, die dort hinziehen, um zu sehen, was tut sich in der Stadt. Die Lage wird kompliziert sein, aber ich denke, wir beherrschen sie. Ende.«[7]

1. Vorspiel: *We shall overcome* .

Leipzig am 25. September

Zur ersten in sich geschlossenen Leipziger Montagsdemonstration kam es dann am 25. September.[1] Die Medien von ›drüben‹ verpaßten sie glatt. Noch am Tag darauf, während der Fürbitt-Andacht in der Ost-Berliner Gethsemane-Kirche, flossen die Informationen spärlich. Immerhin wußte man von einer Straßendemonstration durch die Stadt, von etwa acht- bis zehntausend Teilnehmern, dem Gesang der Internationale und dem Freiheitsruf.[2] Die Andacht hatte um 17.00 Uhr begonnen, wie gewöhnlich; gegenüber den Vorwochen hatte die Teilnehmerzahl mit zweitausend in der Nikolaikirche und mindestens ebenso vielen vor ihr erheblich zugenommen. Pfarrer Führer verlas zu Beginn einen Protest des Kirchenvorstandes und der Superintendentur Leipzig-Ost gegen den Polizeieinsatz am 18. September. Die Kirche erwarte vom Rat der Stadt, Abteilung Inneres, künftig den Verzicht auf eine »derartige Machtdemonstration staatlicher Organe«. Außerdem werde erwartet, daß »seitens staatlicher Stellen die Entstehung öffentlicher Protestgruppen zum Anlaß genommen wird, Angebote eines öffentlichen Dialogs zur gegenwärtigen gesellschaftlichen Situation zu entwickeln und zu ermöglichen«.[3] Die Verständigungsformel *Dialog* war dabei, die Köpfe zu erobern; sie zerbrach, als sie zum Abwiegeln der Straßendemonstrationen benutzt wurde. Termine zu Fürbittandachten für Inhaftierte wurden bekanntgegeben, angekündigt, daß zur »Entlastung« des Montagsgebets in der Nikolaikirche und zur »Erweiterung der Basis« weitere Leipziger Kirchen sonnabends geöffnet würden.

Pfarrer Wonneberger, Leipzig, sprach das Montagsgebet zum Thema Gewalt: »Mit Gewalt ist der Mensch durchaus zu ändern.

Mit Gewalt läßt sich aus einem ganzen Menschen ein kaputter machen, aus einem freien ein Gefangener, aus einem Lebendigen ein Toter ... Wer anderen willkürlich die Freiheit raubt, hat bald selbst keine Fluchtwege mehr. Wer das Schwert nimmt, wird durch das Schwert umkommen. Das ist für mich keine grundsätzliche Infragestellung staatlicher Gewalt. Ich bejahe das staatliche Gewaltmonopol. Ich sehe keine sinnvolle Alternative. Aber: Staatliche Gewalt muß effektiv kontrolliert werden – gerichtlich, parlamentarisch und durch uneingeschränkte Mittel der öffentlichen Meinungsbildung. Staatliche Gewalt muß sinnvoll begrenzt sein: Unser Land ist nicht so reich, daß es sich einen so gigantischen Sicherheitsapparat leisten kann. ›Die Verfassung eines Landes sollte so sein, daß sie die Verfassung des Bürgers nicht ruiniert‹ – so schrieb der polnische Satiriker Stanislaw Jerzy Lec vor 20 Jahren. Da müssen wir die Verfassung eben ändern.«[4]

Die »Organe«, die vermutlich einen Tonbandmitschnitt anfertigten, wählten zwei Kernsätze für die Berichterstattung aus: *Wer den Knüppel zieht, muß auch den Helm tragen* und *Wenn die Verfassung nicht dem Bürger nützt, muß die Verfassung geändert werden.* Mitglieder des von Pfarrer Wonneberger geleiteten Arbeitskreises »Menschenrechte« entfalteten einzelne Gebetsinhalte zu Fürbitten, so für in der DDR und in der ČSSR Inhaftierte und für Polizisten, die »gegen ihren Willen die Staatsmacht verkörpern müssen«.

Gegen 17.55 Uhr verließen die Friedensgebetsteilnehmer die Kirche, nachdem sie aufgefordert worden waren, ruhig, besonnen, gefaßt zu bleiben und sich bei einer Konfrontation mit den Sicherheitsorganen unterzuhaken und hinzusetzen. Rat und Zuspruch für den Fall einer möglichen Festnahme und Vernehmung waren dringend geboten. Betroffene sollten vom Recht auf Aussageverweigerung Gebrauch machen. Alles Anzeichen eines drohenden Konflikts. Die Spannung hatte zugenommen, die Kulisse sich verändert. Thomas, 16 Jahre alt, berichtet: »Da standen unheimlich viele Schaulustige. Der eigentliche Kern war vor der Nikolaikirche«. Er sagt auch, was er fühlte: »Ich stand bei den Schaulustigen. Ich muß sagen, ich hab Angst gehabt und viele um mich herum auch«. Gefürchtet wurden vor allem die Überwacher. »Man wußte ja nicht, wer neben einem steht, ob das einer von der Staatssicherheit war oder wer? Und wie sich die Polizeiketten darum gebildet hatten und Zivilisten kleine Plakate herunterrissen.«[5] Die Allgegenwart der Stasi war auch für den Sechzehnjährigen beklemmend. Vor der Kirche vereinten sich dann Kirchenbesucher und Wartende, eine Masse meist junger Leute, von denen sich manche im Laufen an den erhobenen Händen hielten, zur ersten großen Protestdemonstration, die seit 1953 wieder den Karl-Marx-Platz betrat, die zwischen Oper und Hauptpost auf den Ring einschwenkte und gegen 18.50 Uhr »in voller Straßenbreite« den Bahnhofsvorplatz erreichte, von wo sie weiter zum Friedrich-Engels-Platz zog. Von dort kehrte sie zum Hauptbahnhof zurück. Vereinzelt wurden Fahrräder geschoben, also hatte man sich spontan angeschlossen. Bemerkenswert ist der Richtungswechsel der Demonstranten in Höhe des »Konsument« am Brühl, wo ein Weitergehen auf dem Ring und ein Einschwenken nicht ratsam schienen, weil von dort die Bezirksbehörde Leipzig der Staatssicherheit aus dem Halbdunkel herüberdrohte. Die an der Spitze Gehenden nahmen offensichtlich Abstand weiterzugehen. Vorsicht wird erkennbar. Sie stand mit dem Thema des Friedensgebets in Einklang.

Die Demonstrationsinitiative soll von etwa dreihundert Personen ausgegangen sein, die vorn als Gruppe marschierten, vermutlich die zuerst aus der Kirche Herausgetretenen. Die *Internationale* und *We shall overcome* wurden zu Massengesängen. Sie stehen für zwei verschiedene Traditionen bzw. Kulturen, die eine für eine stark kirchlich-international-friedensbewegte, die andere für eine eher nichtkirchliche, im Kern proletarische. Gesungen wurde, was der Situation entsprach und vertraut war. Selbst Ältere sangen dieses *We shall overcome* mit. »Als ich am 25. 9. mit Bekannten und den Demonstranten das amerikanische Bürgerrechtslied sang«, berichtet ein Invalidenrentner, 56, »standen mir die Tränen in den Augen; ich fühlte mich nicht alleingelassen, wir lernten den aufrechten Gang. Es war wunderschön, als wir sahen, daß viele Leute aus den Straßenbahnen und Bussen ausstiegen und sich uns anschlossen. Der Bann, die Angst vor dem Stasi war gebrochen.«[6] Ein junger Mann, den ein Greifkommando an den Beinen gepackt hatte und wegschleifen wollte, erhielt von, wie er schreibt, »Schaulustigen« Unterstützung.[7] Fotos, die an diesem 25. September entstanden,[8] zeigen eine locker ausschreitende Menschenmenge, die ihren Veränderungswillen noch ganz ohne

Spruchbänder bekundet. Sie hatte nur ihre Stimme. Die Sprechchöre waren *Freiheit* und *Neues Forum zulassen*. In der Westhalle des Hauptbahnhofs versammelten sich nach Schätzung der »Organe« etwa 800 Demonstranten und riefen dort »wie bereits während des Marsches im Sprechchor *Neu-es Fo-rum zu-las-sen*«.[9] Diese »Personenkonzentration« wurde von der Polizei aufgelöst. Dabei sind sechs Personen »zugeführt« worden, von denen fünf freikamen; gegen einen Bürgerrechtler beabsichtigten die »Organe« ein Ermittlungsverfahren ohne Haft einzuleiten und tausend Mark Geldstrafe zu erheben. Weitere Beteiligte sollten identifiziert und belangt werden, Antragsteller »auf ständige Ausreise« aber kurzfristig die Ausreise erhalten. In diesem Sinne ist die Staatsmacht, wenn auch mit Zähneknirschen, verfahren. (Sie hatte das Protestpotential seit Jahren abfließen lassen, andererseits durch »sozialpolitische Maßnahmen« die Geburtenzahl stimuliert und zur Aufrechterhaltung der Produktion zunehmend ausländische Arbeitskräfte ins Land geholt.) Die Mielke-Zentrale der Staatssicherheit in der Berliner Normannenstraße verlangte vom Staatssekretär für Kirchenfragen, daß er Bischof Hempel, Dresden, nachdrücklich auffordere, »die als Organisatoren und Gestalter des montäglichen Friedensgebets wirkenden kirchlichen Amtsträger zu disziplinieren und derartigen Friedensgebeten einen ausschließlich religiösen Charakter zu verleihen«. Das Montagsgebet sollte als »ständiger Ausgangspunkt für fortgesetzte und sich eskalierende Provokationen gegen den sozialistischen Staat« usw. usw. dargestellt werden.[10] Welcher Gegensatz zwischen dem Denken und Fühlen der Überwacher in den Apparaten und den einfachen Leuten, die beispielsweise ihre Kinder nicht verlieren wollten! »Am 25. 9. war, glaube ich, dann die erste größere Demonstration, die über den Karl-Marx-Platz ging«, erinnert sich ein Meister, 45. »Ich hab überlegt, ob ich da mitgehe. Ich bin mitgegangen – auch aus persönlichen Gründen. Ich bin Vater von drei Kindern, und ich möchte, daß sie in der DDR bleiben und ich sie am Wochenende besuchen kann. Mein Sohn wollte ausreisen; nur weil er ein kleines Kind hat, ist er geblieben. Sonst wäre er gegangen. Jetzt würde er das vielleicht nicht mehr tun.«[11] Bis zum 27. September waren seit Öffnung der ungarischen Grenze am 11. September 22.011 Flüchtlinge aus der DDR in den Westen gegangen.[12]

In der Nacht zum 1. Oktober wies die Regierung der DDR die Botschaftsflüchtlinge in Prag (etwa 5.500) und Warschau (etwa 800) in die Bundesrepublik aus.[13] Die Mitteilung des Außenministers des anderen Deutschland, daß sie dorthin würden ausreisen dürfen, hatten die Eingeschlossenen in der Prager Botschaft der Bundesrepublik mit einem Jubelschrei beantwortet. Dann fuhren sie in Sonderzügen der Deutschen Reichsbahn über Bad Schandau und Dresden Hauptbahnhof ein letztes Mal durch die Republik. Noch einmal demonstrierte die Staatsmacht an ihnen Staatsraison. Denn nur Heimgekehrte konnten ausgewiesen werden. Während dies geschah, überreichte in Berlin der Minister für Nationale Verteidigung Fahnen an Formationen der Zivilverteidigung.[14] In Leipzig erhielt die Formation Weise eine solche Fahne während eines feierlichen Kampfgruppenappells am Völkerschlachtdenkmal. Die ›Kämpfer‹ ahnten vermutlich nicht, daß es einen solchen Appell nie mehr geben würde. Zu Hause erlebten sie am Fernsehen die Ankunft der Ausgewiesenen in Hof und in Helmstedt. Junge Leute warfen Mark und Pfennige weg, als hätten sie nie damit bezahlt. Die DDR eine schlechte Münze. »Sie schaden sich selbst und verraten ihre Heimat«, urteilte der Generalsekretär. Er gebrauchte das alte Muster einer teuflischen Verführung, um das Geschehene zu erklären. Das »vorgegaukelte Bild vom Westen« solle vergessen machen, »was diese Menschen von der sozialistischen Gesellschaft bekommen haben und was sie nun aufgeben«. Sie hätten sich selbst »ausgegrenzt«.[15]

Die Signale der Macht wirkten aufreizend. Auf der Titelseite des »Neuen Deutschland«, das am Montagmorgen erschien, war zu sehen, wie Deng Xiaoping und Egon Krenz, der persönliche Grüße Erich Honeckers und die Glückwünsche zum 40. Jahrestag der Gründung der Volksrepublik überbrachte, sich am Vortag in Peking *Im Zeichen der Stärkung des Sozialismus* die Hände gereicht hatten. Krenz, im Halbprofil, lacht. Der Greis hat die Grußhand des Gastes mit seinen beiden kleinen Händen ergriffen, und dieser legt seine Linke wie einen Schutzschild darüber. So haben die Leser des Zentralorgans und tags darauf der SED-Bezirkszeitungen Krenz in ihrer Erinnerung aufbewahrt. »Wir verteidigen die gemeinsame Sache des Sozialismus, ihr in der DDR, wir in der Volksrepublik China«, versicherte Deng. »Wir haben letzten Endes in diesem Kampf gegen den konterrevolutionären Aufruhr gesiegt, weil wir uns auf die kollektive Stärke unserer Partei und des Volkes stützten, trotz der ernsten Fehler des Genossen Zhao Ziayang, den Aufruhr zu unterstützen und die Partei zu spalten.«[16] Dieses Titelbild verhieß nichts Gutes. Ein Blick auf den händeschüttelnden Krenz genügte, um zu begreifen, daß da eine chinesische Lösung angedroht wurde.

An diesem Montag begann in Berlin die Jubelwoche zum 40. Jahrestag der DDR. Sie sollte für viele zu einer Schmerzenswoche, zu einer Karwoche werden. Während der Generalsekretär und Vorsitzende des Staatsrats in Anwesenheit von Armeegeneral Keßler, Generaloberst Streletz und dem Leiter der Abteilung Sicherheitsfragen des SED-Zentralkomitees, Herger, Generale ernannte, ehrte der Stellvertreter des Staatsratsvorsitzenden, Politbüromitglied Sindermann, verdiente Persönlichkeiten und Kollektive in Würdigung besonderer Verdienste beim Aufbau und der Entwicklung der sozialistischen Gesellschaftsordnung und der Stärkung der DDR. Er überreichte höchste Orden, zuerst die Ehrenspange zum Vaterländischen Verdienstorden, zuletzt den Orden »Banner der Arbeit«. Im Anschluß an den Ernennungsakt bei der Armeeführung beförderte Honecker im Beisein von Minister Mielke Generale und Oberste des Ministeriums für Staatssicherheit. Aus seinen Händen nahmen Getreue auch den Scharnhorstorden entgegen. Wer die Fotos betrachtet[17] und den Gang der Ereignisse kennt, sieht den Boden unter diesen Männern schwanken. Zu anderer Stunde empfing der Staatsratsvorsitzende den Verleger Maxwell; dieser überreichte aus gegebenem Anlaß die britische Ausgabe des Handbuchs DDR. Das Foto zeigt, wie der Beschenkte sich selbst wohlgefällig betrachtet.[18] Er konnte nicht wissen, daß es das große, farbenprächtige Porträtfoto neben dem Titelblatt nur in diesem einen Exemplar gab. Das Büro Honecker hatte es anders gewünscht, am Ende hatte man sich mit dem Verleger auf eine Täuschung geeinigt. Dem Generalsekretär, ohne dessen persönliche Zustimmung keine Seite des »Neuen Deutschland« in Druck gehen konnte, blieb sie verborgen.

An diesem 2. Oktober bereisten Politbüromitglieder und ihr Gefolge die Republik. Hager sprach in Begleitung von Bezirkssekretär Ziegenhahn vor Werktätigen in Gera; der Ministerratsvorsitzende Stoph tat dasselbe in Dresden, begleitet von Bezirkssekretär Modrow; nur Inge Lange, die Kandidatin des Politbüros und als Frau dort in einer Statistenrolle, blieb ohne eine solche gehobene Begleitung. In Berlin-Pankow wurde das Carl-von-Ossietzky-Denkmal enthüllt. »Ich bin tief berührt von der Ehrung«,[19] sagte Rosaline von Ossietzky-Palm, die Tochter dieses Märtyrers der deutschen Demokratie, zu Politbüromitglied Schabowski, dem Berliner Ersten Bezirkssekretär, neben ihm Berlins Oberbürgermeister Krack – Wahlfälscher der eine, zum engsten Stasi-Info-Verteiler-Zirkel der Macht gehörend der andere.[20]

Im Panzerschrank Schabowskis lagen zu diesem Zeitpunkt die streng geheimen und zur Rückgabe an Mielke bestimmten Informationen 433/89 und 434/89 vom 2. Oktober.[21] Sie gaben bis in die Details Aufschluß über Vorbereitungen zur Gründungsversammlung des »Demokratischen Aufbruch«, die am 1. Oktober, als die Züge mit den Ausgewiesenen durch die Republik rollten und Krenz vor Deng stand, in der Samariterkirche zu Berlin-Friedrichshain stattfinden sollte, dann aber unterbunden wurde. »Einsatzkräfte« der Deutschen Volkspolizei verwehrten den Gründern den Zutritt. Zusammenkünfte im kleinen Kreis, von den Überwachern als »Ausweichvariante« bezeichnet, schlossen sich an. Man traf sich in der Wohnung von Pfarrer Neubert, einem Studienreferenten des Bundes Evangelischer Kirchen, sowie im Gemeindehaus der Evangelischen Kirchgemeinde Alt-Pankow, wo Bischof Forck dem Stellvertreter des Stadtbezirksbürgermeisters die gewünschte Einsicht in die Diskussionspapiere verweigerte. Forck, angeblich »in Leugnung des tatsächlichen Anlasses und Inhaltes der Zusammenkunft«, erklärte, man rede im Rahmen einer ökumenischen Begegnung über aktuelle Fragen von Frieden und Gerechtigkeit. Der Bischof wurde aufgefordert, die nicht religiösen Charakter tragende Zusammenkunft zu beenden. Er lehnte das ab. Die »Informationen« nannten die Pfarrer Neubert, Eppelmann, Schorlemmer, Meckel, Albani, Pahnke, Pastorin Misselwitz, Probst Falcke, Vikar Schatta, den Synodalen Fischbeck, Delegierter im konziliaren Prozeß in der Synode Berlin-Brandenburg wie im Kuratorium der Evangelischen Akademie, und andere als Beteiligte.

Der Physiker Hans Jürgen Fischbeck hatte am 13. August 1989 in der Ostberliner Bekenntnis-Gemeinde zur Gründung einer einheitlichen Sammlungsbewegung der Opposition aufgerufen. An diesem Tag hatten Großbritannien und die USA ihre Botschaften in der DDR geschlossen, nachdem Tausende das Land in Richtung Ungarn verlassen hatten und die Ständige Vertretung der Bundesrepublik in Berlin (Ost) wegen Überfüllung schon am 8. August geschlossen worden war. In einigen der etwa 500 Basisinitiativen, die es in der DDR gab, war Fischbecks Vorschlag seit Monaten in der Diskussion. Der Synodale vertrat die innerkirchliche Gruppe »Absage an Prinzip und Praxis der Ausgrenzung« gegenüber einer Politik, die Honecker betonköpfig befolgte. Als die Leipziger sie mit dem selbstbewußten Demospruch *Wir lassen uns nicht auskrenzen!* beantworteten, zielten sie gegen zwei Generalsekretäre und Staatsratsvorsitzende. Fischbeck erklärte, Marx und Engels hätten keine verstaatliche Gesellschaft gewollt, bevor er, eines der vielen Perestroika-Defizite in der DDR benennend, sagte: »Der Sozialismus in dieser Form ist nicht vereinbar mit ehrlicher Offenheit, mit Glasnost. Nirgends, außer im ›Neuen Deutschland‹, steht geschrieben, daß der Sozialismus nur auf diese Weise zu erreichen ist«.[22] Die innere Öffnung sei auch der einzige Weg, die Mauer abzubauen. Die Pfarrer Eppelmann und Meckel waren wichtige Vertreter demokratischer alternativer Parteibildung, Meckel als einer der vier Unterzeichner des Aufrufs der Initiativgruppe »*Sozialdemokratische Partei in der DDR*« vom 26. September,[23] Eppelmann als einer der Initiatoren des Aufrufs vom 1. Oktober,[24] der an die Gründung der Partei »*Demokratischer Aufbruch (DA)*« heranführte. Friedrich Schorlemmer, Wittenberg, als Pfarrer und Bürgerrechtler Mitverfasser der »20 Thesen zur Erneuerung der Gesellschaft« vom Kirchentag 1988 in Halle, war es, der am 4. September in der Reformierten Kirche zu Leipzig mit den 300 Bleibewilligen diskutiert hatte. Sein Ziel hieß: Erneuerung, nicht Emeritierung des Sozialismus. Entweder sei dieser von Peking bis Berlin reformfähig, oder er verschwände erst einmal von der Bildfläche.[25]

Schabowski, Honecker, Stoph, Hager, Keßler, Herger, Inge Lange hatten die geheimen Stasi-Informationen vom 2. Oktober erhalten, und sie alle spielten innerhalb des von der Staatsmacht perfekt überwachten Raumes an diesem 2. Oktober ihre Rolle. Stand ihnen der Schrecken ins Gesicht geschrieben? Oder entging ihnen das Menetekel an der Wand? Wie sicher waren sie sich der eigenen Sicherheit? »Die Sicherheit«, das wußten sie, ließ die »feindlichen, oppositionellem Kräfte«[26] nicht aus den Augen; sie drang bis in den unmittelbaren Umkreis der »bekannten reaktionären kirchlichen Amtsträger und anderer feindlicher, oppositioneller Kräfte«[27] wie Eppelmann, Meckel, Schorlemmer vor. Der Schriftsteller Christoph Hein hat später, am 28. Oktober, in der Erlöser-Kirche zu Berlin beim Bekanntwerden schlimmer Gewaltanwendung gegen ein Mädchen gefragt, wie es dazu hatte kommen können, daß Polizisten dieses Kind so demütigten. »Ich habe immer wieder überlegt, warum die Polizisten das taten; und ich fürchte, ich habe die Antwort gefunden. Ich sage, ich fürchte es, weil die Antwort fürchterlich ist: Ich glaube, die Polizisten haben diesem Mädchen das angetan, weil sie sicher waren, daß wir weiter schweigen. Ich glaube, Susanne Böden wurde das angetan, weil man sicher war, wir schweigen wie bisher. Irgendwie sind wir an diesem Mädchen, Susanne Böden, und den anderen schuldig geworden.«[28]

Es liegt nahe, daß an der Spitze der gleiche Verhaltensmechanismus funktionierte. Er entstand aus Erfahrungen im Umgang mit der Macht, auch aus Nachkriegserfahrungen, sowie mit einer im Ganzen eben doch gefügigen Masse. Aus der Reihe tanzten die »Republikflüchtigen«, die man abzuschreiben bereit war, und der tapfere Rest, den man im Griff zu haben meinte. Die Klasse mit Bauch wurde mit dem Postulat der absoluten Wahrheiten, das vor ihr aufgerichtet war, zum Schweigen gebracht. Die geradezu ritualisierte Verknüpfung von Kritik, sofern es überhaupt zu Kritik kam, mit einleitendem Bekennen des Positiven zeigt, wie das parteiadministrative System Kritik blockierte. Sie zeigt natürlich ebenso die Nöte derer, die Kritik äußerten.

»Die Information ist wegen Quellengefährdung nur zur persönlichen Kenntnisnahme bestimmt.«[29] Mit diesem Vermerk ermahnte der Minister Mielke die dem ersten und engsten Kreis der Macht Angehörenden zu absoluter Verschwiegenheit. Die DDR war eine geschlossene Gesellschaft. Sie war eine Gesellschaft geschlossener Kreise, und zwar in einer für moderne Gesellschaften extrem Weise, besonders seit dem 13. August 1961. Zu erklären ist das wohl aus der Abfolge zweier autoritärer Systeme und der in ihnen ausgebildeten Anpassungs- und Mitmachmentalität der nationalsozialistischen Kriegs- wie der Kriegskindergeneration, wobei aus der jugendlichen Restgeneration des ersten autoritären Systems die alternde Aufbaugeneration des nächsten hervorging. Dazu kam die Überwachungstätigkeit der Staatsorgane, die sondierten, wo Gefahr bestand, die »feindlichen Kräfte« benannten und versuchten, sie zu isolieren, einzuschüchtern, in die Kreisläufe der geschlossenen Gesellschaft zurückzudrängen, aus denen sie ausgebrochen waren. Der Übergang in eine offene Gesellschaft, der trotzdem zustande kam, wurde getragen von den alternativen Basisgruppen, Gesprächskreisen, Initiativen, aus denen bis Dezember 1989 eine breite Bürgerbewegung und mehrere Parteien hervorgingen, zunächst im Untergrund, dann in der legalen und halblegalen Sphäre kirchlicher Freiräume.

Am Beginn der Jubelwoche, am 2. Oktober, war das »Neue Forum« in seinen Grundlagen geschaffen.[30] »Wir rufen alle Bürger und Bürgerinnen der DDR, die an der Umgestaltung unserer Gesellschaft mitwirken wollen, auf, Mitglied des Neuen Forum zu werden.«[31] Die Führung des Neuen Forum als einer parteiübergreifenden Bürgerbewegung appellierte an die Parteibasis der SED, »die größte und wichtigste politische Körperschaft in unserem Lande«, ihr »enormes Potential von Fachwissen und Leitungserfahrung« in die Gesellschaftserneuerung einzubringen. »Ihr beansprucht die führende Rolle – übt sie aus! Führt die Diskussion in euren Reihen, führt die Gesamtpartei auf einen konstruktiven Kurs.«[32] Zu diesem Zeitpunkt waren die Ziele der Revolution eine Art Perestroika-Umbau des politischen Systems der DDR in einen Rechtsstaat und der zentralistischen Staatsplanwirtschaft in einen effektiven (marktwirtschaftlich organisierten) volkseigenen Wirtschaftsorganismus mit ökologischer Langzeitperspektive. »Wir wollen Spielraum für wirtschaftliche Initiative, aber keine Entartung in einer Ellenbogengesellschaft. Wir wollen das Bewährte erhalten und doch Platz für Erneuerung schaffen, um sparsamer und weniger naturfeindlich zu leben.«[33] Die Erstunterzeichner des Gründungsaufrufs vom 10. September[34] erklärten, unbeirrt davon, daß die Anmeldung auf Zulassung als Vereinigung abgelehnt worden war, ihre Tätigkeit als Bürgerinitiative fortzusetzen, Programm und Statut vorzulegen und die Vereinigung erneut registrieren zu lassen. Auch darüber lag den Hauptverantwortungsträgern am 2. Oktober ein detaillierter Bericht aus der Zentrale der Staatssicherheit vor.[35] Gegenwärtig, hieß es sinngemäß, arbeiteten die »Inspiratoren/ Organisatoren« des »Neuen Forum« an einem sogenannten Problemkatalog für gesellschaftliche Veränderungen in der DDR. »Es soll insbesondere ›Lösungsvarianten‹ in den Bereichen Wirtschaft und Ökologie (strategische Änderungen in der Wirtschaftsführung, Teilnahme der Werktätigen an der Lenkung der Wirtschaft, Reduzierung der Umweltbelastungen, Beseitigung des Mißverhältnisses zwischen Preis und Leistung), Wissenschaft, Kultur und Geistesleben sowie Staat (Schaffung eines Rechtsstaats, Reform des Wahlrechts, uneingeschränkte Gewährleistung der Grundrechte, uneingeschränkte Freiheit im Reiseverkehr) enthalten.«[36] Als Sprecher werden die Malerin Bärbel Bohley, der Leipziger Student Michael Arnold, der Rechtsanwalt Rolf-Rüdiger Henrich und der Biologe Professor Jens Reich sowie andere BürgerrechtlerInnen genannt.

Als erste haben Künstler, andere Kulturschaffende und kirchliche Kreise, dazu die vielgestaltigen Basisgruppen zur Legalisierung und vor allem zur republikweiten Ausbreitung der Bürgerbewegung beigetragen. Der Gründungsaufruf des »Neuen Forum« wurde auf kirchlichen und anderen Versammlungen verlesen, in Basisgruppen erörtert, vervielfältigt, weitergegeben, Unterschriften wurden gesammelt. *Die Zeit ist reif.*[37] Mit dem Massenruf *Neu-es Fo-rum zu-las-sen!* hatten sich Demonstranten, erstmals am 25. September in Leipzig, zur Bürgerbewegung bekannt,[38] von der sie ein Teil waren. Danach wurde die Forderung allmontäglich erhoben, bis das SED-Politbüro, das Ministerium für Staatssicherheit und das Ministerium des Innern der DDR am 8. November nachgaben.

In Dresden und Rostock setzten sich Mitglieder der Bezirksvorstände des Verbandes Bildender Künstler am 27. September für die Ziele des »Neuen Forum« ein.[39] Die mit 22 Ja-Stimmen bei 5 Enthaltungen verabschiedete Rostocker Resolution forderte die Partei- und Staatsführung zum »offenen politischen Dialog« mit allen politischen Kräften des Landes auf und begrüßte ausdrücklich die Tätigkeit des »Neuen Forum«. Die in der Öffentlichkeit wirkungsvollste Solidarisierung mit dem »Neuen Forum« ging aber am 25. September von der Sitzung der erweiterten Sektionsleitung Rockmusik sowie Lied und Kleinkunst aus. Die Teilnehmer beschlossen gegen den Widerstand des Generaldirektors, die Erste Resolution der Rock-Künstler vom 18. September[40] auch weiterhin auf öffentlichen Veranstaltungen zu verlesen.[41] Das geschah dann bei Auftritten der Rockgruppen *Die Zöllner*, *Notentritt*, *Pankow* und *Silly* sowie der Liedermacher Wenzel, Mensching, Eger, Schmidt, Riedel und Halbhuber. Sie haben sich nicht zum Schweigen bringen lassen. »Es geht nicht um ›Reformen, die den Sozialismus abschaffen‹, sondern um Reformen, die ihn weiterhin in diesem Land möglich machen. Denn jene momentane Haltung den existierenden Widersprüchen gegenüber gefährdet ihn«, heißt es in der Resolution. »Dieses unser Land muß endlich lernen, mit andersdenkenden Minderheiten umzugehen, vor allem dann, wenn sie vielleicht gar keine Minderheiten sind.« Schließlich: »Wir wollen in diesem Lande leben, und es macht uns krank, tatenlos mitansehen zu müssen, wie Versuche einer Demokratisierung, Versuche der gesellschaftlichen Analyse kriminalisiert bzw. ignoriert werden. Wir fordern jetzt und hier sofort den öffentlichen Dialog mit allen Kräften. Wir fordern eine Öffnung der Medien für diese Probleme.« Dann die schwer wiegende Feststellung: »Feiges Abwarten liefert gesamtdeutschen Denkern Argumente und Voraussetzungen. Die Zeit ist reif. Wenn wir nichts unternehmen, arbeitet sie gegen uns!«[42]

Diese Künstler haben viel dazu beigetragen, das Neue Forum außerhalb Berlins bekanntzumachen. Die Zustimmung zum »basisdemokratischen Wirksamwerden von DDR-Bürgern« und »offene Diskussion« über den Zustand des Landes forderten ferner Mitarbeiter im künstlerischen Bereich des Staatlichen Komitees für Rundfunk der DDR und besonders das Jugendradio. Die »chronische Diskrepanz zwischen Wirklichkeit und politischen Erklärungen« müsse überwunden werden. Die Gewerkschaftsgruppe Künstlerisches Personal und die Vertrauensleute des Deutschen Theaters Berlin verlangten am 26. September in einem Offenen Brief an den Vorsitzenden des Ministerrats, die »Massenmedien in unserem Land für das Gespräch über unser Land« zu öffnen und »die Gedanken von Neues Forum und anderen« zu veröffentlichen.[43] Gleichfalls am 26. September informierte das Neue Forum Leipzig, vertreten durch die Studenten Michael Arnold und Edgar Dusdal, daß die Abteilung Inneres des Rates des Bezirkes den Antrag auf Anmeldung des Neuen

Forum mit der Begründung, es gäbe in der DDR keine gesellschaftliche Notwendigkeit für eine solche Vereinigung, nicht stattgegeben habe. Alle Handlungen bezüglich dieser Organisation seien sofort einzustellen. Die beiden Sprecher bekräftigten, daß die Antragsteller in Übereinstimmung mit Artikel 29 der Verfassung[44] an ihren Zielen festhalten würden. »Deshalb bitten wir jede Bürgerin/jeden Bürger, die/der von einer gesellschaftlichen Notwendigkeit der Vereinigung Neues Forum überzeugt sind, sich per Eingabe an das Ministerium des Innern, Mauerstraße 29, Berlin 1086, zu wenden.«[45]

Der in der Überwachungszentrale des MfS, Normannenstraße, aus allen diesen Informationen gewonnene Extrakt wurde in den Köpfen und Nervensträngen der Hauptverantwortungsträger zur bohrenden Sorge um den Machterhalt. Die »streng geheimen« Informationen vom 2. Oktober 1989 haben sich offensichtlich noch vor der Montagsdemonstration am Abend des 2. Oktober zur Erkenntnis vom tatsächlichen Entstehen einer landesweiten Bürgerbewegung verdichtet. Leipzig, »die wahre Hauptstadt« der DDR, wie Uwe Johnson sie im Rückblick auf sein Studium dort genannt hat,[46] rückte nunmehr endgültig ins Zentrum des Demokratiegeschehens.

2. *Freiheit – Gleichheit – Brüderlichkeit!*

Leipzig am 2. Oktober

Die Markttage lockten viele Leipzigerinnen und Leipziger nach Arbeitsschluß in die Innenstadt, so auch an diesem Montag, an dem in der Nikolaikirche abermals 2 000 Menschen und mehr zum Friedensgebet zusammenkamen. Sie gingen dorthin aus Verantwortung und in der Sorge um die Zukunft ihrer Stadt und des Landes. Sie überwanden alle Bedenken, auch die, gesehen und erkannt zu werden. Auf dem nahegelegenen Sachsenplatz saß man im Freien, trank Bier, die Kinder Limo, das Glas Einfachbier noch für einundfünfzig Pfennige, Pilsener war teurer, man aß seine Bratwurst, die kostete achtzig und das Brötchen dazu fünf Pfennige, zum gleichen Preis gab es auch eine Bockwurst mit Semmel. Mancher stellte sich zweimal an oder kam mit zwei Biergläsern wieder, um zu essen und zu trinken, zu gucken und zu reden. Über dem Ganzen lag durchaus eine sonst unübliche Spannung. Denn die meisten, die gekommen waren, wußten, daß sich am späten Montagnachmittag um die Nikolaikirche herum gewöhnlich etwas zusammenbraute. Es schien, als hätten es die Leute nicht eilig, nach Hause zu kommen; sie dachten wohl, mal sehen, was passiert. An einem Tisch eine Bierrunde Männer. Keine Leipziger. Irgendwelche Lehrgangsteilnehmer, aus der Republik zusammengeholt, Parteischüler vielleicht. Sie redeten in den Dialekten der Republik über Unterricht und Leistungskontrollen und über Referate, die sie zu schreiben hätten. Während die anderen zuhörten, sagte einer ziemlich unvermittelt: »Da haben uns die alten Männer diesen Abend auch noch versaut.« Schweigen. Sie warteten. Bestellten die nächste Runde.

Die Nikolaikirche war zu diesem Zeitpunkt restlos überfüllt, deshalb entschied man sich, sie zu schließen, bevor die Andacht begann. Das Friedensgebet wurde an diesem Oktobermontag erneut zum Forum des innenpolitischen Protests. Am 18. September hatte in der damals mit mehr als 2 000 Teilnehmern überfüllten Nikolaikirche sowie in anderen Kirchen der Stadt die erste Fürbittandacht für die Inhaftierten vom 11. September stattgefunden. Kerzen brannten entlang der Kirche, Blumen verkündeten Protest. Die Bürger und Bürgerinnen waren aufgerufen, täglich, gegen 17.00 Uhr, Blumen zu bringen und schweigend stehenzubleiben. Am 20. September waren dann vier Leipziger Demonstranten zu je vier Monaten Haft verurteilt, über andere waren drakonische Geldstrafen verhängt worden. Jetzt sollte die Forderung nach Freilassung der in den Vorwochen inhaftierten Kirchenmitarbeiter und BürgerrechtlerInnen durch Fasten öffentlichkeitswirksam gemacht werden. Am Morgen dieses 2. Oktober hatten sich Leipziger Theologiestudenten zu einer Andacht zusammengefunden. »Was wird in den nächsten Tagen und Wochen auf uns zukommen? Der Weg der Reform oder der Weg der Gewalt?«, lautete die bange Frage. *Heile Du mich, Herr, so werde ich heil, hilf Du mir, so ist mir geholfen* (Jer. 17,14) . »Einfach das Geschäft des Tages weitertreiben, das kann derzeit wohl keiner von uns.« Der Weimarer Pfarrer Richter sei, hieß es, unter Hausarrest gestellt worden. Der Kirchensoziologe Neubert sähe, dies eine andere Nachricht, seine Wohnung weiträumig von Mitarbeitern der Staatssicherheit umstellt. Die Kampfgruppen, so das Gerücht, sollten in Leipzig am Nachmittag erstmals in Bereitschaft versetzt werden. »Die Uhren ticken anders, seit Wochen schon.« *Herr, unser Gott, wir stehen in den Umbrüchen und Erschütterungen unserer Zeit. Vielleicht sind sie nicht geringer als zur Zeit des Propheten Jeremia ... Gib den Inhaftierten die Ruhe und die Überlegenheit, vor ihren Untersuchungsrichtern klar und deutlich über die Gründe ihres Engagements zu sprechen.*[1] In den vergitterten Fenstern beiderseits der sich zum Nikolaikirchhof hin öffnenden Kirchentüren hingen Texte; unter Asternsträußen und Kerzen wurde die Freilassung der mindestens siebzehn seit dem 11. September inhaftierten Demonstranten gefordert.

Die Revolutionsgeschichte kennt nicht wenige Beispiele von Gefangenenbefreiungen. Das heißt, Gefangennahmen wurden mit Befreiungsversuchen beantwortet, die ihrerseits den Widerstand eskalieren ließen und häufig den offenen Konflikt mit der Macht überhaupt erst auslösten. Die Entwicklung in der DDR näherte sich damals diesem Punkt, zumal am gleichen Abend in Ost-Berlin in der Gethsemane-Kirche eine Mahnwache für die in verschiedenen Städten der DDR zum Teil schon seit Juni inhaftierten rund 30 BürgerrechtlerInnen begann.

In der Leipziger Nikolaikirche saßen inmitten der zweitausend Betenden eine »größere Anzahl gesellschaftlicher Kräfte«,[2] wie die Überwacher vor Ort im Apparat genannt wurden. Was sie berichteten, liest sich im Extrakt, den die Zentrale Auswertungs- und Informationsgruppe (ZAIG) des Ministeriums für Staatssicherheit am Tag darauf den Hauptverantwortungsträgern zuleitete, wie folgt: »In der Nikolaikirche wurde nach einem Gebet ein Brief der Studentengemeinde der Evangelisch-Lutherischen Landeskirche Sachsens verlesen, in dem gegen die Inhaftierung von Personen, die verhängten Sanktionen und den Einsatz von Sicherungskräften nach dem sogenannten Montagsgebet am 11. September 1989 protestiert wurde. Außerdem erfolgte eine Orientierung auf ein geplantes ›Fasten für die politischen Häftlinge‹ vom 2. bis 8. Oktober 1989 in der Versöhnungskirche in Leipzig-Gohlis. Anschließend wurde darauf verwiesen, daß ›Ausreise keine Alternative‹ ist und ›Demonstrationen kein Mittel‹ in der gegenwärtigen Zeit seien. Man sollte sich ›hier in den Kampf einreihen‹.«[3]

Die Proteste gegen die Massenfestnahme am 11. September wurden lauter und öffentlichkeitswirksamer. An jenem Septembermontag waren elf junge Männer und Frauen wegen »Zusammenrottung« in Haft genommen worden. Weitere 104 Zugeführte kamen wieder frei, aber mit Ordnungsstrafen in Gesamthöhe von 66 000.- Mark, wobei die Einzelstrafe zwischen 1 000.- und 4 000.- Mark lag.[4]

Gegenüber September war ein dramatischer Stimmungsumschwung eingetreten. Die Forderung *Wir bleiben hier!*, aus der Konfrontation mit Ausreisewilligen entstanden, rückte ins Zentrum des Montagsgebets. Sie wurde zum Willensfundament des Leipziger Oktobergeschehens, auch für schon Gehende, die dann, als sie zu Dableibenden geworden waren, für *Vereinigung* votierten. Der Journalistin Petra Bornhöft fiel am 2. Oktober auf, daß draußen, außerhalb der Kirche, nur wenige die übliche Ausreise-Kluft trugen, ›Schnee-Jeans‹, schwarz-rot-goldene Aufnäher, Gorbatschow-Sticker an der Brust. Die Zusammensetzung der Wartenden hatte sich verändert. Petra Bornhöft sah Schüler, Schülerinnen, »einige wenige Punks; ansonsten dominiert die Gruppe der Zwanzig- bis Vierzigjährigen«. Jemand sagte: »Wenigstens lassen sie uns mit dem Jubiläums-Zeug in Ruhe«. Der Journalistin von außerhalb war nicht entgangen, und den LeipzigerInnen natürlich auch nicht, daß außer den Fahnen an den Ausfallstraßen kaum etwas auf die Jubelwoche zum Vierzigsten der DDR hinwies,[5] die in Berlin am Vormittag mit einem Auszeichnungsakt begonnen hatte. Sie sollte nicht nur für viele Berliner zu einer Karwoche, einer Schmerzenswoche werden.

Wer an diesem Oktobermontag in St. Nikolai keinen Einlaß fand, wurde durch Aushang und dann durch den Kirchensprecher zur Reformierten Kirche am Tröndlinring weitergewiesen. »Wegen Überfüllung geschlossen. Bitte haben Sie Verständnis. Um 17.15 findet in der Kirche der Reformierten Gemeinde eine weitere Andacht statt.«[6] Dort waren schließlich etwa 1 500 Menschen versammelt; die »Organe« freilich zählten angeblich nur dreihundert bis vierhundert.[7] Die Predigt hielt Dominikanerpater B. Venzke. Die Entscheidung, auf Bitte von Superintendent Magirius auch in der Reformierten Kirche am Ring ein Friedensgebet abzuhalten, entsprach dem Bedürfnis nach Solidarisierung; sie konzentrierte nun Aktion und Aktionserwartung auf zwei Punkte in der Stadt, zu denen und von denen sich Menschen in Bewegung setzten. Der Zuzug in die innere Stadt verstärkte sich aus der Richtung Tröndlinring.

Die Menschenmenge, welche die Nikolaikirche umgab, begann sich bald ins Schumachergäßchen, in die Nikolai- und die Ritterstraße hinein zu stauen. Sie war von etwa drei- bis sechstausend Menschen (dem Minister für Staatssicherheit wurden nur elf- bis fünfzehnhundert gemeldet) auf dreizehn- bis achtzehntausend angewachsen (Meldung an die Zentrale der Staatssicherheit in Berlin: Eine »Personenkonzentration« von 3 500 Menschen[8]). Die Überwacher hielten »eine beträchtliche Anzahl« für »Neugierige«,[9] was sicherlich zutraf. Aber aus Neugierigen wurden Teilnehmende. Nachdem der Anfang gemacht war, zündete die Massenerkenntnis des Augenblicks: *Jetzt oder nie (Demokratie) jetzt oder nie!* Das war ein Massenappell neuer Art, ein Ruf zur Selbstermutigung, den Tabubruch zu wagen. Die Masse richtete ihn an sich selbst. Bisher waren die Appelle von den Tribünen gekommen, von den Präsidien, von jemandem, der andere anleitete, und die Leute hatten sich abgeduckt oder einfach nicht zugehört. Jetzt brach ihr Interesse durch: Es muß sich etwas ändern. *Jetzt oder nie, Demokratie!* – hineingerufen in die Helligkeit des anbrechenden Oktoberabends, noch hell genug, erkannt zu werden, einander aus der Nahdistanz voll ins Gesicht zu sehen, dem »Grünen« im Gesicht zu lesen, ob Zweifel darin waren, den Diensthundeführer mit Diensthund (mit Korb) anzustarren, den vermuteten IM (Inoffiziellen Mitarbeiter), den möglichen GMS (Gesellschaftlichen Mitarbeiter Sicherheit), alle diese Leute, die irgendwie falsch herumstanden mit leeren, verlorenen Gesichtern.

An diesem 2. Oktober war der Massenruf die Hauptform der Artikulation von Zielen und Absichten. Im Gerufenen brach das Grundinteresse spontan durch, während sich in den zu Hause vorbereiteten Spruchbändern der kommenden Montagsdemonstrationen ein anderes Phänomen vorbereitete: die Massenhegemonie. Das in einzelnen Köpfen Gedachte, das im kleinen Kreis, etwa der Familie, mit Vorsatz Geschriebene verdichtete sich zur Programmatik der Revolution und des Massenwillens. Der 2. Oktober verdeutlichte vor allem den Beteiligten, aber auch den »Organen« den im gegebenen Augenblick erzielten Zugewinn an Entschlossenheit und Handlungsfähigkeit. Plötzlich war das Land nicht mehr so, wie es gewesen war.

Unter dem Geläut der Glocken öffneten sich die Kirchentüren. Die gebetsverbrüderte und -verschwesterte Gemeinde drängte hinaus auf den Vorplatz, den ein Bauzaun aus Weißblech, mehr als gesichtshoch, verkleinerte. Wartende hatten am Zaun gerüttelt, gerufen: »Schikane!«. Jetzt war das Warten vorbei. Die Menschen wollten loslaufen, losgehen. *Losgehen! Losgehen!* »Geballte Fäuste und Victory-Zeichen streckten sich der filmenden Staatsmacht entgegen.« Einer ruft: »Ihr habt verloren, könnt abdanken, jetzt sind wir dran.« Jubel.[10] Am Schuh-Exquisit rufen sie *Durchlassen! Durchlassen!*, später an der Post, nachdem der Zug in langsame halbschrittartige drängelnde Bewegung kommt, *Aus-stei-gen!, Aus-stei-gen! An-schlies-sen!*, womit diejenigen herausgerufen werden sollten, die in den Straßenbahnen hinter der Scheibe saßen und auf die Weiterfahrt warteten. *Wir bleiben hier!*

Wir bleiben hier! Wir bleiben hier! Keine Gewalt!, riefen die Demonstranten und: *Kein neues China!* Andere riefen: *Gorbi, Gorbi.* Junge Leute setzten sich auf die Straße.[11] Die Demonstranten skandierten den Ruf der beginnenden Wende. Hoch über ihnen die Kameras, das Auge der Staatsmacht. Selbstbestimmtes Handeln, das auf Veränderung aus eigener Kraft drängte, stand gegen den selbstbestimmten schweren Entschluß, alles aufzugeben und wegzugehen: *Wir wollen raus!* Wer um seine Ausreise kämpfte, hielt die Verhältnisse für unveränderbar. Gerade das aber waren sie nicht. Andererseits verstärkte jeder einzelne, der das Land verließ, den Veränderungsdruck.

Zweihundert Jahre, nachdem die Pariser die Bastille gestürmt hatten, erhoben die Leipziger die Forderung nach *Freiheit Gleichheit Brüderlichkeit*. Wie viele Jahrestage hatten sie verdrossen und entnervt über sich ergehen lassen! In diesem Punkt aber, im Jahr des großen Revolutionsjubiläums, waren sie hellwach. Das läßt ein bestimmtes intellektuelles Umfeld dieses 2. Oktober erahnen. Bildende Künstler und Kunststudenten gehörten zu diesem Umfeld; in der Galerie auf der Burgstraße hatten sie im Juli gegen den Widerstand der »Apparate« eine Ausstellung mit eigenen Arbeiten zur Revolution in der aktuellen Perspektive der Erneuerung und des Protestes zustandegebracht. Sie forderten das parteiadministrative System heraus. Über einer Blutwanne erhob sich die Guillotine, die aus grauen Akten-Leitzordnern zusammengebaut war; Blutfarbe bedeckte Zeitungsausschnitte mit dem Bildnis Stalins; Glasnost-Berichte in kyrillischen Buchstaben enthüllten Scheußlichkeiten des Staatsterrors. Das war ein Bekenntnis zum »Enthüllungsjournalismus«, über den sich verunsicherte Genossen entrüsteten. Wer in die Galerie eintrat, konnte ein Trikolorefähnchen aus dem Karton nehmen, der herumgereicht wurde, und anstecken. Eine Kunsthistorikerin begrüßte alle und verlas anschließend mit erst stockender, dann fester werdender Stimme einen aufsässigen Text; das Revolutionsfähnchen hatte sie im blonden Haar stecken. Zum Massenruf konnte dieses *Li-ber-té Ega-li-té Fra-terni-té* als *Frei-heit Gleich-heit Brü-der-lich-keit* aber nicht werden; denn es ließ sich in dieser Dreiwortfolge, in der *Brüderlichkeit* aus der gleichmäßig gegliederten rhythmischen Bewegung ausbrach, nicht skandieren. Trotzdem, dieses *Freiheit! Gleichheit! Brüderlichkeit!*, es war an diesem 2. Oktober (und vermutlich schon am 25. September[12]) zu hören. Es gehört unverlierbar zur Geschichte dieser demokratischen Revolution, die im Herzen von Leipzig begann.

Der Massenruf *Neu-es Fo-rum zu-las-sen!* stand für die selbstbestimmte Wahrnehmung des Koalitionsrechts durch Bürger und Bürgerinnen dieser Stadt und die bald landesweite Bewegung zur Legalisierung des Neuen Forum; die Leipziger öffneten sich sofort und massenhaft dieser Bürgerbewegung, die für Gesellschaftserneuerung, Gerechtigkeit, Demokratie, Frieden, für Schutz und Bewahrung der Natur eintrat und einen demokratischen Dialog erhob. Mit dem Ruf *Frei-heit für die In-haf-tier-ten* wurde ein Verlangen der Fürbittandachten auf den Vorplatz der Nikolaikirche hinausgetragen. Gegen die Greiftrupps kam plötzlich der Ruf *Stasi weg, hat kein Zweck!* auf, den die Bezirksbehörde Leipzig der Staatssicherheit vermutlich nicht »hochmeldete«; denn in der zentralen Information an das engere Politbüro fehlt darauf jeder Hinweis.[13] Dieses *Stasi weg!* kündigte den bevorstehenden Bastillesturm an. Die Demonstranten begannen ihr *Gor-bi! Gor-bi! Gor-bi!* zu skandieren, dieses Bekenntnis zu Perestroika und Glasnost, den Grundelementen versuchter Sozialismuserneuerung in der UdSSR, und zur Gesellschaftsveränderung im eigenen Land. Die Bewußtseinslage der Beteiligten, welche vielleicht die Mauer an der Grenze zur Bundesrepublik noch als unabänderlich hinnahmen, aber Sturm zu laufen anfingen gegen den Mauerbau nach Osten und Südosten, wird in diesem *Gorbi! Gorbi!* überdeutlich. Der »entwickelte Sozialismus in der DDR« war eingeklemmt zwischen mehreren Mauern. Singend machten sich die Demonstranten Mut. Sie stimmten die Internationale an, Schulstoff aus dem Musikunterricht der Klassen 7 und 8 der Polytechnischen Oberschulen der DDR.[14] Gelernt, verdrossen abgesungen, freiwillig nie wieder angestimmt bis zu diesem Augenblick, wo ein Stück aus dem Refrain genau paßte, um den Protest mit der ganzen Kraft der Stimme herauszusingen. »Völker hört die Signale, / auf zum letzten Gefecht, / die Internationale / erkämpft das Menschenrecht«. Die Menschenrechte. Wie waren sie verzerrt worden. Jetzt empfanden alle das Gleiche. Auf die Straße zu gehen war ein Menschenrecht. Im Ruf *Demokratie jetzt!* und im Gesang *Auf zum letzten Gefecht* klang zusammen, was die Größe des Augenblicks ausmachte. Es zu wagen. Jetzt. Mancher begriff erst hier, inmitten der Einschließung durch die Macht, den Verlust von Menschenrechten und daß er drauf und dran war, sie wiederzugewinnen. Aber wer wollte die Gefährdungen übersehen, die Demonstrationswiderstand heraufbeschwor? Wer im Strom der Demonstranten mitgegangen ist, hat die Gewalt gespürt, die von der Straße ausging, selbst wenn während des Leipziger Herbstes keine Steine geworfen worden sind, keine einzige Fensterscheibe zu Bruch ging, im ganzen Land kein Schuß auf einen Demonstranten abgegeben wurde.

Der sorgenvolle Satz, daß Demonstrationen kein Mittel der Konfliktlösung seien, ist sicher angesichts des enormen Disziplinierungsdrucks, der auf der Fürbittgemeinschaft lastete, ausgesprochen worden. In dieser Ermahnung zu Vorsicht, vielleicht auch Verzicht, steckte auch das Noch-nicht-Wissen-Können und Nicht-vorher-Wissen-Können, welchen unglaublichen Entwicklungssprung die Ereignisse nach diesem Montagsgebet vom 2. Oktober nehmen würden. »Gegen 18.25 setzte sich die Personenansammlung demonstrativ in Richtung Grimmaische Straße, Karl-Marx-Platz in Bewegung und zog dann weiter über den Georgiring in Richtung Hauptbahnhof/Tröndlinring.«[15] Zum zweiten Male hatten die Demonstrierenden die Grundrichtung aller weiteren Montagsdemonstrationen, dieses großartigen demokratischen »Rundlaufs« revolutionärer Veränderung, eingeschlagen. Die friedvolle Eroberung des innerstädtischen Rings war tatsächlich ein »Rundlauf«. Am 9. Oktober wurde dann erstmals die volle Runde gegangen, die dann auch am zentralen Staatssicherheitsobjekt, am Stadthaus und am Neuen Rathaus, dem Sitz des Rates der Stadt, vorbeiführte.

Am 2. Oktober trafen die Demonstranten in Höhe Nordstraße/Reformierte Kirche, wo das Friedensgebet der Fünfzehnhundert stattgefunden hatte, auf massive Gegenwehr der Polizei. »Durch konzentrierten Einsatz der Kräfte der Schutz- und Sicherheitsorgane sowie der Kampfgruppen konnte gegen 19.15 Uhr die Personenbewegung auf dem Tröndlinring/Ecke Nordstraße zunächst gestoppt werden. Dabei wurden wiederum Parolen gerufen. Insbesondere durch Gruppen Jugendlicher kam es zu tätlichen Angriffen auf VP-Angehörige, verbunden mit verleumderischen Beschimpfungen. Teilweise gelang es diesen Kräften, die Sperrketten der Volkspolizei zu durchbrechen.«[16] Keine Erwähnung in diesem Bericht fand die LKW-Kette, die den Zug aufhalten sollte. Tätliche Übergriffe werden von Augenzeugen kaum bestätigt.

Vor den LKWs standen Polizisten dreifach gestaffelt. Die Männer in Uniform hielten sich an den Koppeln fest. Die Kette geriet unter den Druck der die »Marschsäule« von hinten Schiebenden. Andere umgingen die Polizei, zogen weiter. Die Demonstration bewegte sich auf dem für den Massenprotest optimalen Weg dorthin, wo die Zwingburg stand, die Bastille. Aber zu neu und zu überraschend war vieles noch, sowohl für die Demonstranten als auch für die Macht. Wer auf der Straße hätte für möglich gehalten, daß er binnen nur einer Woche in solcher gewachsenen Massenhaftigkeit mit anderen fast die ganze Stadt umrunden würde? Selbst die diensthabende Besatzung des Stasi-Bezirksobjekts *Runde Ecke* schien dies angesichts der am *Konsument* massierten Polizei nicht erwartet zu haben. Plötzlich stand eine Gruppe junger Leute vor dem der Straße zugewandten Portal, dort, wo tagsüber der weit auf den »Bürgersteig« vorgeschobene Posten stand, der, weil um ihn sowieso ein Bogen gemacht wurde wie um die ganze Einrichtung, verhinderte, daß Vorübergehende etwas vom halbdunklen Inneren der Eingangszone erhaschten. »Während an der bisherigen Marschroute vor jedem Frisörladen Polizisten standen, steht die Tür des dunkelgrauen Gebäudes sperrangelweit offen. Ein wenig zögernd, aber von den Rufen *Neues Forum zulassen!* angespornt, betreten einige die Stufen vor dem Portal. Sie stehen schon im Eingang, genauso verdutzt wie die Männer im Innern. In letzter Sekunde scheint denen der Schreck aus den Gliedern gefahren zu sein. Krachend fällt die Tür der Festung ins Schloß.«[17]

Später floß ganz in der Nähe Blut. Als sich gegen 20.20 Uhr in Höhe Thomaskirchhof erneut ein Aufgebot von etwa fünfzehnhundert »Personen« zu formieren und in Richtung Innenstadt/Markt zu marschieren versuchte, droschen Polizisten mit dem Schlagstock auf die Köpfe junger Leute, die in der Menge so eingezwängt waren, daß sie sich nicht einmal mit den Händen schützen konnten. »Insbesondere zur Abwehr der von diesen Kräften ausgehenden tätlichen Angriffe und zur Gewährleistung der Sicherheit der eingesetzten Kräfte der Volkspolizei war der Einsatz des Schlagstockes und von Diensthundeführern mit

Diensthunden (mit Korb) erforderlich. 21.25 Uhr war die Personenkonzentration aufgelöst. Es wurden insgesamt 20 Personen zugeführt, zu denen nach Aufklärung der konkreten Tatbeteiligung die erforderlichen rechtlichen Maßnahmen veranlaßt werden.«[18]

So begann die Schmerzenswoche vor der eigentlichen Jubelwoche. Schmerz, zugefügt durch Staatsterror, erlitten die einen, den Schmerz der Erkenntnis die anderen; auch Angst, die Erkenntnis befördern kann, und die Verachtung gegenüber der Macht verursachte solche Schmerzen, im Kopf, in den Eingeweiden. Mancher wurde von solcher Angst krank. Die Niederschrift eines Achtzehnjährigen vom 3. Oktober früh,[19] am Morgen nach der Behandlung in der Unfallklinik der Universität, zeigt an Gesprächen, Haltungen, wie Menschen in einer Menge, die Gerechtigkeit einfordert, die Fähigkeit zum Widerstand erlangen, wie sie die Angst überwinden und den Mut zur Gegengewalt aufbringen.

Sichtbar werden aber auch die Gefahren, die entstehen, wenn sich die Gerechtigkeit mit der Gewalt anlegt. Da werden die *Grünen*, die den Film herausrissen, im nächsten Satz zu *Bullen*. Da erwacht Gewalttätigkeit. *Den bringe ich um.* Es war die größte Gefährdung des in diesem Moment errungenen Freiraums Straße. Die im Zentrum des Evangeliums Stehenden setzten die strikte Gewaltlosigkeit und Friedfertigkeit dagegen. *Keine Gewalt.* Da war die Solidarisierung der Gemeinschaft gegen Spitzel. Da war das Gespräch in der Gemeinschaft, der Dialog. Er wurde auf der Straße geboren und hat sich nicht in die geschlossenen Räume hineinziehen lassen, ohne nicht gleichzeitig die Straße weiter zu behaupten. Da war die Entschlossenheit, wiederzukommen, die Demonstration permanent zu machen: »›Bist Du auch am nächsten Montag wieder dabei?‹ – ›Klar‹, sage ich.« Die Einsicht, daß »sich endlich etwas ändern muß«, wurde zur Massenerkenntnis. Ohne sie wäre die Steigerung der Massenteilnahme an Veränderung vom 2. zum 9. Oktober trotz der wahrscheinlichen, von vielen für fast sicher gehaltenen Anwendung von bewaffneter, militärischer Gewalt nicht möglich gewesen.

Alexander Z., geboren 1971 in Leipzig, berichtet: Was ich am 2. Oktober in der Innenstadt erlebte.

Ich bin am sonnigen Montag gegen halb vier nachmittags ins Städtchen gezogen, bewaffnet mit Rucksack und Fotoapparat, in dem der neue Film auf Motive wartete. Auf der Grimmaischen Straße stand ein Polizistenpaar mehr oder weniger unauffällig neben dem Eck-Ex(quisit), daneben ein Dutzend jugendlicher Männer, die halbe Liter in sich hineinfüllten. Am Elefanten [Porzellangeschäft] und vor der Passage sah ich wiederum zwei Grüne; dies sollte sich noch einige Male an anderen Orten wiederholen. Am Elefanten vorbei ging ich dann in Richtung Nikolaikirche, wo schon ein großer Trubel herrschte. Ich machte einige Bilder (was aber nicht problemlos war) aus Geschäften heraus, hinter Autos. Hinter dem Brühlpelz war ein riesiges Polizeiaufgebot: Jeeps, Ü(berfall)Wagen, besetzt mit Einsatzkommandos, Toniwagen. Ich knipste an der Ecke. Danach kamen drei Bullen auf die Straße; sie kamen von den Autos auf mich zu, schienen mich aber nicht zu beachten; drei Meter von mir entfernt, plötzliche Rechtswendung; schon spürte ich den Griff am Oberarm: Sie kommen bitte mal mit! Was knipsen Sie denn hier? Ich: Darf ich denn nicht knipsen. Einer: Haben Sie denn die Erlaubnis, mich zu knipsen? Wollen wir doch mal sehn, obs was geworden ist. – Nimmt mir den Apparat aus der Hand, macht ihn auf und zieht den ganzen Film raus. Sagt: Wenn wir das nochmal sehen, verbringen Sie ne Nacht bei uns. – Nachdem sie meinen Perso[nalausweis] inspiziert und Angaben notiert hatten (und auf meine Äußerung: Ich habe Sie gar nicht gefilmt: Na, das ist doch jetzt nicht mehr wichtig, geantwortet hatte und: bloß schade um den schönen Film), fragten sie nach meiner Arbeitsstelle. Ich gehe in die Schule. – Wo? – Dimitroff. – Na, was wird denn der Direktor sagen? Wenn wir Sie noch mal bei solchen Aktivitäten sehen, dann nehmen wir Sie mit.

Wieder auf die Straße zurückgekehrt, sprachen mich die umstehenden Bürger an, die alles mit beobachtet hatten: Mensch, da haben die einfach den Film rausgenommen, die Schweine! – Das ist die Freiheit! – Seien Sie doch froh, daß die Ihnen nicht den Apparat weggenommen haben! Ich gehe danach auf kürzestem Wege ins Fotogeschäft, gebe des Kiew-Film ab, hole einen neuen NP 20, lege ihn auf der Sitzbank in der Grimmaischen Straße ein und mache mich wieder in Richtung Nikolaikirche auf. Dort ist alles voll; kein Hineinkommen in die Kirche. Nehme die Sonnenbrille ab. Die Kirche ist restlos überfüllt. Draußen stehen noch ungefähr dreihundert Leute. Der Kirchensprecher fordert sie auf: Geht doch in die Reformierte Kirche am Tröndlinring; da ist auch ein Friedensgebet. Ich gehe dann noch ein wenig durch die Stadt und komme gegen 18 Uhr zur Kirche zurück. Dort ein Riesen-Menschenauflauf, fast kein Durchkommen. Der ganze Freiraum zur Kirche, alle Zufahrtswege sind überfüllt von Menschen. Ich will ein paar Bilder machen; frage einen Mann, der erhöht vor einem Geländer steht, ob er mich nicht mal hochläßt; darauf er: Kannst dir doch ne Leiter kaufen. Ich darauf: S'war ja nur eine Bitte an Sie. Er: Und ich habe nur geantwortet. Ich: Also, Sie sind ein schlagfertiger Mensch. Lache ihn dumm an. Dann klettere ich neben ihn, wo Platz ist, aufs Geländer, mache ein paar Bilder. Gerade kommt eine Truppe Polizisten die Straße hochmarschiert und stellt sich dann in Kette auf und macht die Straße zu. Ich will von der Ecke aus ein Foto machen. Vor mir stehen ein Junge und eine ältere Frau, vermutlich die Oma. Diese zu mir: Passen Sie nur auf, daß die sie nicht nochmal festnehmen. Sie hatte mich offensichtlich schon vorher gesehen und die Sache mit der Polizei beobachtet, aber die lag eine Stunde zurück. Dann zeigte sie auf einen Mann, der ungefähr drei Meter von uns weg stand: Vorsicht, sagte sie; man weiß nie ...; wer Freund oder Feind ist, sage ich. Man kriegts schon ein bissel mit, sagt die Frau. Dann stellen sich drei andere Frauen, die meine Absichten beobachten, vor mich hin und decken mich ab. Ich mache schnell zwei Fotos. Sind Sie fertig? Gleich, sage ich, und betätige den Auslöser. Okay, und vielen Dank auch. Dann hört man Klatschsalven aus der Kirche und das Lied: *We shall overcome*. Draußen wird danach *Völker hört die Signale* [Internationale] gesungen. Der ganze Platz ist voll, alle Fenster geöffnet. Bis zum Schuh-Ex alles voller Menschen, nicht mehr zu übersehen. Ich hebe auf Wunsch einer Frau ihren kleinen Sohn hoch, der alles überblicken kann. Dann folgen die Sprüche: *Frei-heit, Gleich-heit, Brüder-lich-keit*. Die ganze Menge brüllt. Dann: *Neu-es Fo-rum zu-las-sen!* Dann wieder die Internationale; es folgt: *Wir bleiben hier!* und *Stasi weg, hat kein Zweck!* Dann Rufe: *Gorbi! Gorbi!* Die Leute kommen kaum aus der Kirche heraus, so voll ist der Vorplatz. Der Zug setzt sich in Bewegung. Hinter mir, vom Bauzaun her, funkt ein

Blitzlicht auf. Zwei- bis dreimal. Die Menschen drehen sich um; ich schreibe mir die Sprüche auf, die gerufen werden; die Leute um mich rum gucken mich erstaunt an, was ich schreibe, sehen es aber nicht. Nahe dem Schuh-Ex dann: *Durch-las-sen! Durch-las-sen!* Die Menge setzt sich in Richtung Karl-Marx-Platz in Bewegung. Rechts von mir die Uni [Relief]. Ich bin in Höhe der Mehring-Buchhandlung. Neben mir Ehepaar Creutzmann aus dem Haus. Rufe: *Neu-es Fo-rum zu-las-sen!* Ich stütze mich auf Stefan, Holger und Christian, die neben mir stehen. Ich habe sie getroffen, Kumpels aus der alten Schule, Lehrlinge, und überschaue, auf sie gestützt, den Karl-Marx-Platz: ein riesiges Menschenmeer bis zur Oper auf der Linken und der Post geradeaus sowie dem Gewandhaus. Creutzmanns fragen mich, wieviele ich gesehen habe. Ich sage: Alles ist voll; der ganze Platz ist überfüllt wie am 1. Mai nicht mal. Keine Straßenbahn kommt mehr weiter. Die Leute rufen: *Aus-steigen! An-schlies-sen!* Einige Leute tun dies auch unter dem Beifall der Menge und verlassen die Bahn. Dann geht der Zug in Richtung Bahnhof, die Post rechts liegenlassend.

Der ganze Innenstadtverkehr kam zum Erliegen. Die Masse zog bis zum Bahnhof und dann bis zum Konsument am Brühl. Kurz vor der »Blechbüchse« staute es sich immer mehr auf. Die Polizei hatte für quer eine Kette gebildet; es wurden mehrere Ketten durchbrochen; dann wieder Stillstand. Die Absperrung verschob sich immer mehr in Richtung »Blechbüchse« [Konsument]. 19.06 flog die erste Bullenmütze durch die Luft, unterm Jubel der Massen. Sie wurde immer weiter nach hinten geworfen. Wie ein Luftballon. Ihr folgten weitere; bis 19.30 mindestens acht Stück. (In der Kette standen plötzlich Unbemützte.) Die Menge tobte. Dann wurde die Absperrungskette gestürmt. Die Polizei griff ein. Die Menge brüllte: *Schämt euch was!* Die ganze Straße war vom Bahnhof bis zum Konsument von Menschen voll. Zehn nach acht erfolgte der Durchbruch. Die Polizeikette zerriß. Die Massen konnten nicht mehr aufgehalten werden. Viele rannten über die Grünanlagen. Der ganze Zug war seit dem Karl-Marx-Platz von denselben Gesängen begleitet wie vor der Kirche. Alles zog zur Brücke. Dort standen schon Massen und guckten. Dann weiter zur Thomaskirche. Am Schauspielhaus glotzten die Leute. Aufforderung der Menge: *An-schlies-sen!* zum Balkon hoch. Das geht euch auch an, ruft eine Frau: Kommt runter! In Höhe Schauspielhaus, Stasigebäude, kommen große Bullentransporte, Ellos [Mannschaftswagen mit Sitz-bänken]. Die Leute sperrten die Straße ab, ließen sie nicht durch, setzten sich auf die Straße. Es entstand ein Riesentumult um die Autos. Plötzlich fuhr der eine Wagen an. Die Menschen sprangen zur Seite. Aufschrei und Tumult. Das hatte niemand erwartet. Die Leute waren entsetzt. Kreischten. Diese Schweine!, rief jemand. Die linke Fensterscheibe des Ello war kaputt. Ein Mann stellte sich auf die Straße und pinkelte. Der Zug lief weiter bis zur Thomas-kirche. Dann versammelte sich eine große Gruppe auf dem Tho-maskirchhof neben dem Topas [Modehaus]. Ich stehe mit den Kumpels in der ersten Reihe. Vor mir eine Polizeikette. Dann spitzt sich die Situation zu. Ich komme nicht raus. Ein Riesendruck von hinten. Ich schiebe mich an einem Polizisten vorbei. Die rechte Flanke reißt durch. Ich stürze nach rechts. Von links kommen mehrere Polizisten, stellen sich vor die stürmende Masse, machen eine (neue) Kette. Ich versuche durchzukommen, sehe vor mir einen Schlagstock ausholen. Dann ein derber Schlag auf meinen Kopf. Falle hin, kann mich aber schnell wieder hochrappeln. Neben mir stürzt die Menge über mich drüber und an mir vorbei. Ich bemerke, daß mein Kopf furchtbar schmerzt. Fasse mit der Hand drauf. Die ganze Hand ist rot. Der Kopf blutet stark. Neben dem Topas steht ein Krankenwagen bereit. Ich kämpfe mich durch, werde von den Polizisten durchgelassen. Entsetzte Menschen schauen mich an. Diese Schweine, rufen einige erschrocken, die müssen doch spinnen! Im Krankenwagen und draußen liegt schon einer auf der Trage. Er wurde von Bullen-Schaftstiefeln zusammen-getreten. Er hatte große Schmerzen. Dann wurde eine völlig kalk-weiße Frau hereingeschleppt. Sie war ganz verstört, konnte nicht sprechen; sie war hingefallen und wurde überrannt.

Im Krankenwagen sitzend, mit eingebundenem Kopf, sehe ich, wie Leute durch die Fenster schauen. Viele nicken mir anerken-nend zu, ballen die Faust; einer stellt den Daumen auf. Dann fährt der Krankenwagen in die Chirurgie. 20.30 Chirurgie: Eine junge Frau sagt, sie hätte den Scheinwerfer des losfahrenden Wagens vor den Kopf bekommen. Dann geriet auch sie in den Tumult an der Thomaskirche-Topas. Sie ist gestürzt und wußte nichts mehr. Ihr Freund (der jetzt neben ihr sitzt) zog sie irgendwie raus. In der Chirurgie war Chaos, alles überlastet. Ich fühlte mich wieder ganz gut. Dann wurde ich geröntgt und später genäht. Es war zum Glück nur eine Platzwunde. Der eine Junge auf der Trage hatte auch einen Schlag mit dem Gummiknüppel abbekommen; er sagte ganz leise zu mir: Wenn ich den erwische, den bring ich um! Der andere, den sie getreten hatten, sagte, auf der Trage liegend: Am nächsten Montag bin ich wieder dabei. Die Frau zu mir: Bist du auch am nächsten Montag wieder dabei? Klar, sage ich. Eine Frau kommt vorbei, sagt: Was in der Stadt los war; diese Menschen; also so was. Der junge Mann auf der Trage: Sie müssen aber auch mal bedenken, warum wir auf die Straße gehen; weil sich endlich was verändern muß. Die junge Frau auf der Trage: Bald gehts nach … (kleiner Ort bei Leipzig, den Namen habe ich vergessen) ins Krankenhaus. Gegen 23 Uhr verließ ich die Chirurgie. Es regnete. Ich lief nach Hause. So ging der Montag vor dem Vierzigsten zu Ende.

Mit der Demonstration der Zwanzigtausend in Leipzig am Montag, dem 2. Oktober, begann in der DDR die demokratische Revolution. An eben diesem Abend gab Politbüromitglied Kleiber, dem Verteiler von Mielkes geheimsten Lageberichten angehörend, ein Essen für die in der DDR weilende chinesische Partei- und Regierungsdelegation; aus dem Toast spricht der feste Wille zum Machterhalt. »Wir gehen unbeirrt in den Grundfragen unserer Zeit von gleichen Positionen und Erwartungen aus. In diesem Sinne waren auch die kürzlichen Ereignisse in China eine gemeinsame Lehre.« In der gegenwärtigen antisozialistischen Offensive aber stelle die DDR »ein Hauptangriffsobjekt« dar.[20] Auch mit dieser Verknüpfung der Ereignisse wurde der Bevölkerung der Bürgerkrieg angedroht.

Inmitten der Medienfinsternis in dieser Stadt und in diesem Land, damals, bleibt festzuhalten: Das Bündnis der Tausende zur Aktion und in der Aktion entstand durch Verabredung von Mund zu Mund, ergänzt durch die Bildberichte von ARD und ZDF, die noch an den Montagen über den Bildschirm gingen. Es bestand Transparenz des Geschehens in dreierlei Gestalt: erstens innerhalb der Gebetsgemeinschaft, zweitens unter den Demonstranten. Diese begannen eine Dauerdiskussion zu führen und auf den innerstädtischen Ring hinauszutragen, die es zuvor nur in der Nische, in der Familie, im Freundeskreis, unter Arbeitskollegen des persönlichen Vertrauens gegeben hatte. Es gab diese

Transparenz drittens bei den mit der Überwachung beauftragten Staatsorganen, zuerst bei denen vor Ort, dann bei den Informationsaufbereitern für die Weitergabe nach »oben«, schließlich dort, wo aus Transparenz das Gegenteil von Glasnost wurde: im Politbüro, der Zentralen Partei- und Kontrollkommission der SED, dem Ministerium des Innern und anderen Spitzengremien. Diejenigen, die dem engsten Zirkel der Macht angehörten, erhielten die ungetrübtesten, am wenigsten gefilterten Informationen, die Wahrheit pur. Über die »öffentlichkeitswirksame provokatorisch-demonstrative Aktion im Anschluß an das sogenannte Montagsgebet in der Nikolaikirche in Leipzig (am 25. September 1989)« sowie die »erneute öffentlichkeitswirksame provokatorisch-demonstrative Demonstration« usw. (am 2. Oktober 1989) wurden informiert:[21] am 26. September Mittag (in Vertretung von Honecker[22]) Stoph, Dohlus (ZPKK), Hager, Herrmann, Jarowinsky, Krenz, Schabowski, Dickel/Ahrendt, Herger, Sorgenicht, Mittag, Großmann, Neiber, Schwanitz, Carlsohn, das MfS intern; diese Information war »Streng geheim! Um Rückgabe wird gebeten!«. Die Rückgabe der Kopien wurde vermutlich nach dem gleichen Verteilerschlüssel kontrolliert. Die Information über das Demonstrationsgeschehen am 2. Oktober in Leipzig wurde am Tag darauf an Honecker, Stoph, Dohlus, Hager, Herrmann, Jarowinsky, Krenz, Mittag, Dickel, Sorgenicht gegeben, ferner an Mittig, Großmann, Neiber, Schwanitz, Carlsohn, das MfS intern. Der engere Zirkel der Macht wußte von allem. Er besaß das Monopol der auf Detailkenntnis gegründeten Entscheidung, er war der bestinformierte im Lande und hatte daraus längst den Schluß gezogen, die Fiktion für die in der Realität Lebenden Wirklichkeit werden zu lassen und dadurch jeden Widerspruch zu ersticken. *Nach uns die Sintflut.* Die Fiktion war der Knebel. Über dem Knebel trugen die Bürger noch den Maulkorb. Die von diesem Personenkreis mit Ausrufezeichen angemahnte prompte Rückgabe der streng geheimen Informationen läßt gut erkennen, daß es außerhalb des Zirkels der fast Alleswissenden verschiedene Zonen der Informiertheit wie der Abschottung gab. In ihnen bewegten sich Geheimnisträger der unterschiedlichsten Wahrheitseinsicht und Realitätsnähe. Die Gefahr, daß Informationen in der Papierflut des Apparats und dem Gewirr der Gleise nicht zu Mielke zurückfanden, bestand offenbar immer.

Am Informiertsein der obersten Führungskader sind deren Verlautbarungen zu messen; es waren Inszenierungen im Großformat, und sie waren auf Lüge und Heuchelei gegründet. Die Bewußtseinsspaltung riß die Gesellschaft mitten durch. Im Kartenhaus der Scheinheiligkeit haben sich Hunderttausende mit einer solchen Vorsicht bewegt, daß einfach nichts einstürzen konnte, haben die Stimme gesenkt, die Luft angehalten, Kopf und Schultern eingezogen, sich in schrecklicher Weise krumm gemacht. Nicht alle entschieden sich für den aufrechten Gang, als es mit immer weniger persönlicher Gefährdung möglich war. Sie bedauern das heute, können es sich nicht verzeihen, wollen es nachträglich gutmachen. In der erstmals am 25. September überfüllten Nikolaikirche geschah dieses Sich-Aufrichten gemeinsam, und dann Woche für Woche. Auch die Hunderte vor der Kirche, soweit sie nicht zu den Überwachern gehörten, veränderten Haltung und Ausdruck merklich. Die Veränderung sprach zuerst aus den Augen der Menschen, das veränderte die Gesichter. Es war den Menschen anzusehen, daß sie zu einer freien Würde zurückfanden, während die »Büttel« im Krampf des aufrechten Befehlsganges und angesichts dieser mutigen Menschen politisch-moralisch aufzugeben begannen.

3. Im Feierton

Am Tag nach der Demonstration der Zwanzigtausend in Leipzig schlug der Erste Mann der Republik im Haus des Zentralkomitees der SED auf einem Treffen des Politbüros mit Widerstandskämpfern und Aktivisten der ersten Stunde den Feierton zum 40. Jahrestag der DDR an. »In vier Jahrzehnten hat sich bestätigt, daß die Existenz der sozialistischen Deutschen Demokratischen Republik ein Glück für unser Volk, für die Völker Europas ist.«[1] An einer Tafel in der vollen Breite des Festsaales, auf die vier Tischreihen zuliefen, hatten Politbüro und Staatsführung Platz genommen, das Orchester auf der Bühne im Rücken. Ahnte in diesem Präsidium auch nur einer, daß das an der Wand von den Zahlenblöcken 1949 1989 eingefaßte Staatsemblem mit den Werktätigensymbolen Hammer, Zirkel, Ährenkranz binnen Jahresfrist Zeugnis ablegen würde für das Ende des DDR-Staates.

»Liebe Kameraden des antifaschistischen Widerstandes!«[2] Rührte eine solche Anrede aus dem Mund des Generalsekretärs die einstigen Widerstandskämpfer an? Wer ahnt, was sie aus gegebenem Anlaß fühlten – mit der Vision von einer gerechteren Gesellschaft in die Zukunft Aufgebrochene, die ein Jahrhundertexperiment versucht hatten? Jüngere waren ihnen gefolgt. Gestanden sie sich ein, daß der sozialistische, ja kommunistische Zukunftsentwurf, dem sie gefolgt waren, von Anfang an nicht ohne den autoritären Zugriff auf das Individuum ausgekommen war, um den *Neuen Menschen* zu schaffen? Wenn sie aber fest an die planbare Größe Produktivkraft Mensch geglaubt hatten, die es nur unentwegt zu erziehen und in der als wahr und richtig erkannten Richtung politisch-ideologisch durchzuformen galt, waren sie da nicht zum Scheitern Aufgebrochene gewesen? Mußten sie nicht irre werden an ihren Objekten, als »*die* Menschen, *unsere* Menschen« die heroischen Züge der Sockelfiguren entlang des Vierzigjahresweges nicht annahmen? »Liebe Aktivisten der ersten Stunde!« Mit ungestümem Schwung waren sie aufgebrochen, dann aber auf dem Weg durch erstarrende Strukturen ermüdet, auch zerbrochen beim Vergessen der zu Unpersonen Gewordenen,[3] abgestumpft beim Immer-Weiter-Gehen durch Verengungen, die sich wie Tunnelwände aneinanderreihten. Die Innenansicht von Ausschluß, Verfahren, Haft hatte gefühlstaub gemacht. Andere waren an die Seite getreten, von wo sie in Abständen, aus den Ordens- und Auszeichnungsregistern heraus, zur Ehrung aufgerufen wurden. »Liebe Freunde und Genossen!«[4] Was hieß das angesichts der allgemeinen Sprachlosigkeit, die lähmte, einmal überwunden aber erschreckte, nämlich als auf den Straßen das Durchatmen und drinnen das Aufatmen einsetzte, dieses »Nach langem Schweigen endlich sprechen«.[5]

Die Sitzordnung des Präsidiums demonstrierte die ›Geschlossenheit‹ der im Demokratischen Block unter Führung der SED vereinten Parteien. Sie war Programm. Politbüromitglied Kleiber (SED) saß zwischen dem Nationaldemokraten Homann (NDPD)[6] und dem Liberaldemokraten Gerlach (LDPD), der Bauernparteivorsitzende Maleuda (DBD) fand seinen Platz zwischen den Politbüromitgliedern Mittag und Herrmann,[7] und neben Herrmann saß Götting (CDU).[8] Mittag und Herrmann werden mit Honecker am 18. Oktober entmachtet werden, Maleuda wird als erster Volkskammerpräsident der Wende an die Stelle von Sindermann treten, Rechtsanwalt de Maizière[9] (er befand sich als einziger der Genannten nicht im Saal) Götting ablösen, Gerlach am 6. Dezember mit der Wahrnehmung der Aufgaben des amtierenden Staatsratsvorsitzenden beauftragt werden. In einer vorgezogenen Rede zum 40. Jahrestag hatte er Betroffenheit darüber ausgedrückt, daß »Kinder der Revolution, hier erzogen und politisch gebildet«, das Land verlassen,[10] und hatte später sogar die verheerende Sicherheitsdoktrin des Honecker-Politbüros angegriffen. »Was Liberaldemokraten heute mit Sorge erfüllt, ist, daß sich politische Wachsamkeit auch gegen Bürger zu kehren beginnt, die sich, in ihrem demokratischen Verständnis von Humanismus, von Dasein für Mitmenschen folgend, kooperativ an der Gestaltung des Sozialismus beteiligen wollen, aber Gefahr laufen, als Quertreiber ausgegrenzt zu werden.«[11] Armeegeneral

Mielke,[12] dafür zuständig, blieb an der Festtafel unauffällig. Krenz[13] hatte den Blick von einem entfernten Platz auf den Redner gerichtet: von Honecker trennten ihn Hager, Axen, Stoph. Von der entgegengesetzten Seite blickte Mittag[14] mit ebensolcher Aufmerksamkeitshaltung zum Rednerpult. Zwischen ihm und Honecker saßen Keßler und Sindermann. Das Politbüro, das eine offene Debatte nicht kannte, »nicht einmal am Rande«,[15] wo jede Fehlerdiskussion verpönt war,[16] war vor dem Parteiherrn in der Habachtpose erstarrt. Der Gewerkschaftsvorsitzende Tisch[17] war von Krenz durch Mückenberger getrennt, von dem es hieß, er schliefe im Stehen. Zu seiner Linken ragte Alfred Neumann auf; an seiner Seite hatte der Berliner Bezirkssekretär Schabowski Platz genommen, der Stoph »einen Aktivposten in der Technologie des Sturzes von Honecker« nennen wird.[18]

Als die »verdorbenen Greise«, wie der geächtete Sänger sie genannt hat,[19] und die anderen einzogen, applaudierten die Gäste stehend. All das zählt nicht in der Geschichte, aber es gehört dazu. »Mit herzlichem Beifall begrüßen Widerstandskämpfer und Aktivisten der ersten Stunde die Mitglieder der Partei- und Staatsführung.« Es war eher ein Hineinrufen in den Saal mit hoher, sich überschlagender Stimme als ein Sprechen: »Wir sind gewiß, daß die DDR auch die Anforderungen der Zukunft bewältigen wird.« Der Generalsekretär reichte einem Genossen die Hand, dieser nahm sie mit beiden Händen.[20] Zwei Mitunterzeichner der Gründungsurkunde der Freien Deutschen Jugend von 1946, inzwischen beide weißhaarig, standen sich gegenüber. Ministerratsvorsitzender Stoph, rechts neben Honecker, dessen Absetzung er in der Politbürositzung am 17. Oktober fordern wird,[21] enthüllte am Nachmittag im Ministerium eine Tafel zum Gedenken an die Staatsgründung vor vierzig Jahren. Währenddessen traf die Regierung letzte Vorbereitungen, den paß- und visafreien Reiseverkehr zwischen der DDR und der ČSSR für die Bürger der DDR mit sofortiger Wirkung auszusetzen.[22] Denn nach der Ausweisung der Botschaftsflüchtlinge war die Bonner Vertretung in Prag binnen Stunden zum zweiten Mal von Flüchtlingen überrannt worden.[23] Die zweite Ausweisung in Sonderzügen über das Territorium der DDR stand bevor. Die Schließung der Grenze, die ADN noch am 3. Oktober meldete, versperrte den Fluchtweg nach Prag und Budapest.

Mit einem Male erschien das Land seinen Bewohnern wieder wie ein Haus ohne Fenster und Türen. Ein Ausbruch von Massenwut stand bevor. Zuerst eskalierten Gewalt und Gegengewalt am 4. Oktober abends am Dresdner Hauptbahnhof, nachdem die Ankunft der aus Prag angekündigten Züge um 24 Stunden verschoben worden war. Die einen wollten die Grenzöffnung erzwingen, die anderen auf Bahnsteig 5 zu den Ausgewiesenen in den Sonderzügen aus Richtung Bad Schandau aufspringen, wieder andere die Demokratiebewegung beginnen. Was in Dresden geschah, wirkte am Beginn der Jubelwoche wie eine Explosion. Am 4. Oktober waren gegen 17 Uhr Haupt- und Vorhalle des Bahnhofes, der Dreh- und Angelpunkt der Berufsverkehrszüge war, mit Menschen so angefüllt, daß er nicht mehr betreten werden konnte. Die Polizeiketten standen mittendrin im Stau der meist jungen Leute. Bahnsteig 5 war geräumt und wurde von Schutz- und Transportpolizei (ohne Schilde) abgesperrt. Die anderen Bahnsteige konnten nur mit Fahrkarte betreten werden. Über allem lag eine relative, aber spannungsgeladene Ruhe. Es gab weder Sprechchöre noch Transparente. Einzelrufe wie *Raus!* waren zu hören. Vor dem Bahnhof hatten sich rund 500 bis 700 »Schaulustige« angesammelt. Dann fuhr die Polizei in etwa 20 bis 25 LKWs auf das entferntere Bahnhofsgelände und rückte von dort ins Innere des Bahnhofs vor. Die Hallen und Bahnsteige wurden »freigeräumt« und dabei verwüstet. Die Wartenden wurden mit Wasserwerfern und Schlagstöcken herausgetrieben; anschließend verbarrikadierten sich die Polizeikräfte. Vor den Ausgängen in Richtung Prager Straße standen die Menschen, durchmischt mit Stasi, Kopf an Kopf und warteten in der ganzen Breite bis über die Fahrbahn vor dem Lenindenkmal. Jugendliche, teils mit Motorradhelm, wagten sich vor, warfen Pflastersteine, später Benzinkissen (mit benzingetränktem Material gefüllte Plastebeutel), während behelmte Polizei hinter Schilden aus der Bahnhofsdeckung herausstürmte und die Werfenden zurückzudrängen suchte, bis diese erneut vorrückten, nur unterbrochen vom Einsatz zweier Wasserwerfer (der zuerst eingesetzte Wagen hatte unter dem Jubel der Menge technisch versagt), die wechselnd heranfuhren und ihr Wasser verspritzten. Die Ereignisse wogten bis zwei oder drei Uhr in der Nacht.

Angesichts dieser Konfrontation entstanden die ersten Sprechchöre: *Schämt euch!, Bullenschweine!* und *Freiheit!* (Leipzig am 25. September und 2. Oktober). In veränderter Form wiederholten sich die Zusammenstöße in Dresden am 5. und 6. Oktober, verlagerten sich aber, weil der Bahnhof abgeriegelt war, stärker in die Prager Straße und nahmen allmählich Demonstrationscharakter an. Über Lautsprecher befahlen die Polizeikräfte *Räumen!* Dann, »wie bei den Römerspielen mit den Schlagstöcken an die Schilde klopfend«, rückten sie gegen die Menschenmenge vor. Was dort auf beiden Seiten passierte, »das war rein auf Kampf aus, da waren keine Sprechchöre; das war wie Bürgerkrieg«.[24] Der Zustrom aus der Bevölkerung zwang die Staatsmacht, die Konfrontation mit den Massenprotesten abzubrechen. Dadurch kam die Bürgerbewegung erstmals in eine Verhandlungsposition, wobei Kirchenvertreter mit Umsicht und Energie als Vermittler auftraten. In Dresden brachte der Schlagstock-Einsatz keinen solchen ›Erfolg‹ wie in Leipzig noch am 2. Oktober. Gleich war die Art des Vorgehens der Staatsmacht. Sie suchte die Konfrontation. Diese Härte zeigte chinesische Züge. Der Generalsekretär hatte auf Abschreckung durch Angst und Unnachgiebigkeit gesetzt. Deshalb kam der am 9. Oktober abends zwischen dem Dresdner Oberbürgermeister Berghofer und der »Gruppe der Zwanzig« vereinbarte Dialog erst so spät zustande.

Der Partei- und Staatsapparat in der Provinz nahm den hauptstädtischen Feierton auf: er stellte sich nach den Regeln der rituellen Kommunikation auf die Sprachregelung der Zentrale ein. Die Durchhaltestimmung oben verstärkte das Schweigen und die Abschottung der Kader unten. Es wurde im Brustton der Überzeugung weitergeredet und Schulterschluß bewiesen. »Treffen des Politbüros des ZK der SED mit verdienstvollen Gründern der DDR« (Sächsische Zeitung).[25] »Veteranen sangen Lieder«, die sie (im Kampf) begleitet hatten. »Du hast ja ein Ziel vor den Augen / Wir lieben das fröhliche Leben / Bau auf, bau auf, Freie Deutsche Jugend bau auf.« An diesem Tag wurde der Stammbetrieb des Stahl- und Walzwerks Riesa ausgezeichnet; der erste Schmelzer nahm ein Ehrenbanner aus der Hand des Ministers entgegen. Das Rohrkombinat erhielt für erfüllte Pläne und die termingemäße Übergabe aller Ratio(nalisierungs)mittel den Ehrennamen *Karl Marx* verliehen. Die Beschenkten dankten in Wendungen des Rituals.[26] Das Gesprochene machte das scheinbar Erhabene zu Trivialem. Im Rohrwerk IV wurde der Jugendbrigadier der Brigade *Karl Marx* für die »Sächsische Zeitung« befragt, was der Name des »großen Klassikers« ihnen bedeute. Antwort: »Wir sind an und mit ihm gewachsen, auch wenn das mitunter recht unbequem war.« Frage: »Bedeutet der Name des weltbekannten Philosophen für euch, auch ständig und überall Spitze zu sein?« Antwort: »Er bedeutet zumindest, immer zur Spitze zu wollen. Stolpern gehört dabei zum Laufen. Auch wir hatten schon mit der Kondition zu kämpfen, standen mit 1250 Tonnen in der Kreide. Klingt viel, sind aber ›nur‹ fünf Schichten. Wir haben uns gesagt, wir achten peinlichst auf Qualität. Nicht alle sahen das gleich so« usw. Frage: »Nun seid Ihr seit gestern also doppelt mit Marx verbunden?« Antwort: »Was heißt hier doppelt? Mehrfach! Wir freuen uns natürlich, daß unser Kombinat diese hohe Anerkennung erhielt. Wir wissen, daß ein solcher Ehrenname weit mehr als eine Geste der Anerkennung ist. Uns freut es, daß wir mit unserem Namen ein bißchen Vorreiter im Kombinat waren. Wir sehen Marx aber nicht nur gern auf unserem Brigadetagebuch, sondern auch am Zahltag, auf den blauen Scheinen. Denn: Gute Arbeit soll sich ja für jeden daran Beteiligten auch auszahlen, womit wir wieder bei Marx wären.«[27]

So wurde die um Höchstleistungen ringende Arbeiterklasse inszeniert. Der Brigadier war die Klasse; diese folgte Marx, und dieser verantwortete im Verständnis der Benutzten die beste aller Welten, den realen Sozialismus. Das Marx-Plakat im Wahlkampf 1990 mit der Aufschrift *Proletarier aller Länder vergebt mir* schloß an diese Erfahrung an. Das administrative System bewegte den Arbeiter ›von oben‹. Er stabilisierte es durch Arbeit und Anpassung. Die Inszenierung der machtausübenden Arbeiterklasse hielt an bis in die letzten Stunden vor der Wende. Der *Arbeiter*, der *Angehörige der Intelligenz*, der *Genossenschaftsbauer*, der *Handwerker* usw., das waren die Denkfiguren des administrativen Systems, die in einer ritualisierten Rang- und Reihenfolge als Identifikationsmuster dienten. Krenz hat nach seiner Wahl zum Generalsekretär am 18. Oktober die erste Fernsehansprache in beispielloser Verkennung der Realität auf dieses Muster aufgebaut.[28] Die *hochgebildete Intelligenz* war zu diesem Zeitpunkt um einige Plätze an die *Arbeiterklasse* herangerückt, die *Soldaten* dagegen waren zurückgefallen. Hinter ihnen gab es nur noch die

Veteranen der Arbeit, die *Rentner,* sowie die *Kirchen.* Die stärkste Autorität im Lande war das Allerletzte.

Als sich der Einzelne dem Rollenspiel entzog und die Nische verließ, destabilisierte er das System. Der Zulauf zu den Friedensgebeten, schließlich zu den Leipziger Montagsdemonstrationen und deren landesweiten Anschlußbewegungen kennzeichnete die Veränderung des Kräfteverhältnisses. Damit verlor die Führung die Balance. Die Arbeiter hatten mehrheitlich durchaus ihre Rolle gespielt und als *herrschende Klasse* funktioniert. Sie kannten die Vorteile wie die Nachteile des Mitspielens. Im Betrieb funktionierte Herrschaft politisch, kaum ökonomisch. Der Arbeiter mußte nicht das Letzte aus sich herausholen, er ging aber mit in den Ruin. Die gigantische Fiktion der im Bündnis mit der Klasse der Genossenschaftsbauern und den anderen Werktätigen die Macht ausübenden Arbeiterklasse konnte ohne das Stillhalten der Klasse mit Bauch nicht aufgerichtet werden. Die Revolution hat all diese Rollenspiele beendet. Das Staatsschauspiel Dresden sprach für eine ganze Bevölkerung: *Wir treten aus unseren Rollen heraus.*[29] »Unsere Arbeit steckt in diesem Land. Wir lassen uns das Land nicht kaputtmachen.« (Es war kaputt.) »Ein Land, das seine Jugend nicht halten kann, gefährdet seine Zukunft. Eine Staatsführung, die mit ihrem Volk nicht spricht, ist unglaubwürdig. Eine Parteiführung, die ihre Prinzipien nicht mehr auf Brauchbarkeit untersucht, ist zum Untergang verurteilt. Ein Volk, das zur Sprachlosigkeit gezwungen wurde, fängt an, gewalttätig zu werden.« (Die Künstler hatten die bürgerkriegsähnlichen Zusammenstöße am Hauptbahnhof vor Augen.) »Wir haben ein Recht«: 1. auf Information, 2. auf Dialog, 3. auf selbständiges Denken und Kreativität, 4. auf Pluralismus im Denken, 5. auf Widerspruch, 6. auf Reisefreiheit, 7. unsere staatlichen Leistungen zu überprüfen, 8. neu zu denken, 9. uns einzumischen. »Wir haben die Pflicht ... das Wort Sozialismus so zu definieren, daß dieser Begriff wieder ein annehmbares Lebensideal für unser Volk wird.« Die aus ihrer Rolle heraustretenden Arbeiter haben diese »Pflicht« nicht mehr oder immer weniger gefühlt. »Wir haben die Pflicht, von unserer Staats- und Parteiführung zu verlangen, das Vertrauen zur Bevölkerung wieder herzustellen.« Das Wort ›unser‹ gehörte zum Ritual, es liest sich in der Rückschau wie das Erschrecken vor dem eigenen Mut.

Dadurch verlor die Erklärung an Kraft. Denn sie endete gehorsam.

Die aus der Rolle des Machtausübens heraustretenden Arbeiter begannen das System zu zerstören oder doch mitzuzerstören, nachdem der Erfolg der friedlichen Straßendemonstrationen sie in immer größerer Zahl angezogen hatte. Erst die Massenteilnahme der Arbeiter gab den Demonstrationen die schließlich entscheidende, die systemzerstörende Wucht.

Es lohnt nicht, die Feierlichkeiten zum Vierzigsten Jahrestag darzustellen. Wenn die Ereignisse vom 3. Oktober an einem Höhepunkt zustrebten, dann war das nicht die Festveranstaltung im Palast der Republik mit den Generalsekretären Honecker und Gorbatschow als Festrednern[30] und auch nicht der Fackelzug der Einhunderttausend und deren FDJ-Gelöbnis,[31] sondern die akute Staatskrise. In der Rückschau werden die Begegnung mit dem tschechoslowakischen Generalsekretär Miloš Jakeš (zurückgetreten am 24. November 1989) und das Treffen mit dem rumänischen Diktator Nicolai Ceauşescu (am 25. Dezember 1989 von einem Militärgericht zum Tode verurteilt und erschossen) zu unverrückbaren Krisenzeichen.[32]

Der Dialog führte die Zentrale in die Niederlage. Denn Dialog bedeutete Anhörung, und daraus entstand druckvolle Einwirkung, schließlich Mitverantwortung und ein die Apparate aufsprengendes Hineindrängen der Bürgerbewegungen in die öffentliche Verantwortung. Die von der Zentrale gesteuerten Gewalttätigkeiten gegen die »Kinder der Republik«, in Berlin am 7. Oktober, dem Staatsfeiertag, und am 8. Oktober mit besonderer Brutalität ablaufend, gehörten zur Logik dieser aufs Ganze gehenden Konfrontation. Sie schien den Hauptverantwortungsträgern angesichts der Verweigerung vor allem junger Menschen nötig, denn diese trieb den totalen Stimmungsumschwung im Lande weiter voran. Mit beeindruckendem Mut protestierten Jugendliche an zahlreichen Orten, auch in kleinen Städten wie Bischofswerda,[33] gegen das unerträgliche Jubilate von Partei und Staat, gegen die Jubelwoche in einem solchen Land des Verfalls und der Krise, und überall griffen Polizei und Sicherheitskräfte rücksichtslos durch, indem sie Proteste erstickten und Beteiligte verhafteten.

4. Exkurs: Staatsterror

Der 7. und 8. Oktober in Ost-Berlin

Im Selbstverständnis der Partei und der Sicherheitskräfte hatte ›der Apparat‹ vom 2. Oktober an die Situation im Griff. Dafür standen die ›Erfolge‹ bei den Schlagstockeinsätzen und ›Zuführungen‹ in Leipzig, Dresden und Magdeburg. Allein schon Form und Ausmaß der Repressionen am 7. und 8. Oktober, landesweit, haben nur den Schluß zugelassen, daß die Befehle dazu aus dem Politbüro und dem Nationalen Verteidigungsrat gekommen sind. Die parlamentarische Kommission des Berliner Stadtparlaments zur Untersuchung der Übergriffe von Angehörigen der DDR-Schutz- und Sicherheitsorgane bei den Ereignissen um den 7. Oktober hat das dann auch nachweisen können.[1] Die engere Führung hatte sich gegen den Dialog mit der Provinz entschieden. Sie vertraute auf die Stärke der ›Apparate‹.

Der Staatsterror wurde erst nach Abschluß der Jubelfeiern befohlen, als im Friedrichshain »das wunderbare Feuerwerk zur Feier des vierzigjährigen Bestehens unseres Staates«, wie ein ›Zugeführter‹ es ausgedrückt hat, verpufft war. Zu diesem Zeitpunkt, bei vollständiger Dunkelheit, gab es keinen anderen Grund loszuschlagen als den, die Bevölkerung zu erschrecken, die radikale Hinwendung zu Fürbitte, Gebet, Diskussion im Schutzraum der Kirchen, besonders der Gethsemanekirche und der Erlöserkirche, die auf die existentielle Umkehr des einzelnen gerichtete Hinwendung zu beenden, die in die Legalität drängende Demokratiebewegung aufzuhalten. Eine Augenzeugin: »Ich sah, wie sich Menschen das Recht auf freie Meinungsäußerung nahmen und wie diese von unscheinbaren Zivilisten abgeführt wurden«.[2] Bürger und Bürgerinnen sollten von dem die Anerkennung als Bürgerbewegung fordernden Neuen Forum ferngehalten werden. Dieselbe Augenzeugin über ihr Verhör: »Ich wurde gezwungen, eine Erklärung zu unterschreiben, die beinhaltete, daß ich wisse, daß das Neue Forum verfassungs-feindlich sei und daß ich mit Ordnungswidrigkeitsbestrafung bzw. strafrechtlicher Verfolgung zu rechnen hätte, wenn ich die ›Ideen des Neuen Forum‹ verbreitete bzw. mich mit ihnen iden-tifizierte. Ich wurde danach befragt, ob es von seiten der Kirche, der kirchlichen Gemeinden Aufforderungen gegeben hätte zu Aktionen im Rahmen der Ereignisse des 7. Oktober, was ich natürlich verneinte«. Ein Augenzeuge nennt Fragen, die ihm gestellt wurden: »Was wußten Sie von den Vorgängen auf dem Alex und um die Gethsemanekirche? / Kennen Sie die Initiatoren des Neuen Forum? / Wer hat die Zusammenrottungen auf dem Alex und in der Schönhauser Allee organisiert? / Welche Ein-schätzung würden Sie zur derzeitigen politischen Situation tref-fen?«.

In jahrhundertealter Weise zeigte die Macht den Menschen auf den Straßen, in den Bahnhöfen, an den Haltestellen, später in den Einsatzwagen, den Polizeigaragen, den Kellern, Sport- und Amtsräumen (immer wieder genannt wurden Hellersdorf: Al-bert-Norden-Straße, Immanuelkirchstraße, Lichtenberg, Marzahn, Pankow) die ›Instrumente‹, die alten und neuen ›Folterwerkzeu-ge‹.

Die *Wasserwerfer*. »Ich sah Wasserwerfer, drei an der Zahl, und bekam Angst vor soviel Macht und Gewalt.« Ein anderer Augen-zeuge: »Als ein Wasserwerfer vorfuhr, ertönten Rufe: *Wir sind friedlich!* Alles vergeblich. Die Polizei ging mit Wasserwerfern gegen die in der Straße eingekesselten 40 Personen vor«. – »Mich wunderte anfangs die seltsame Frisur einiger Menschen, ich überlegte allen Ernstes, ob es Haargel sei, verwarf diesen Gedan-ken und mußte dann die naheliegende Erklärung begreifen – Wasserwerfer –, die Leute hatten in durchnäßten Klamotten Stunden im Hof zugebracht ...«.

Die *Plastikschilde*. »Unter weiteren Stockschlägen wurde er dann von wenigstens drei Mann hinter die Linie der vorrückenden Plastikschilde gezerrt.«

Die bis zu dreifachen *Sperrketten*. »Vor der Pappelallee war über die gesamte Stargarder Straße eine massive, lückenlose Kette uniformierter Personen-, auch Bereitschaftspolizei aufgebaut – alle mit Gummiknüppeln ausgerüstet. Ca. 15 Meter vor der Polizeikette stand eine Gruppe von etwa 50 jungen Leuten auf der Straße mit Kerzen in den Händen.«

Die *Schlagstöcke.* »Mit Entsetzen sah ich, wie uns aus der Richtung, in die wir flohen, ganze Horden ziviler Sicherheitskräfte entgegenstürmten – ebenfalls mit Schlagstöcken bewaffnet.« – »Gleichzeitig sah ich in dem Bus, wie ein Polizist mit seinem Schlagstock spielte, anscheinend, um die Leute einzuschüchtern. Da wurden Erinnerungen in mir wach an einen Film aus der Nazizeit.«

Die *Stahlschläger,* auch *Totschläger* genannt. »Die Sicherheitskräfte in den Uniformen der NVA rückten in Ketten auf die Straßenmitte vor, in den Händen hielten sie Stahlschläger.« – »Draußen liefen Uniformierte in Reithosen, Schaftstiefeln und mit Totschlägern umher.«

Die *Schäferhunde.* »Polizisten mit Gummiknüppeln in der Hand und Schäferhunden hatten uns zu bewachen.« – »Als wir in den Hof fuhren, standen dort mehrere Polizisten mit Schäferhunden, die sie extra bellen ließen.«

Die *Einkesselungen.* »Das Wachregiment kam aus der Willi-Bredel-Straße in einer Kettenformation und umstellte uns – Zuschauer der brutalen Polizeieinsätze gegen Demonstranten.«

Der *Polizeigriff* zum Oberarm. »Der Leutnant, der meinen Personalausweis behalten hatte, griff mich am linken Oberarm und führte mich an die Ladefläche des linken LKW und sagte ›Rauf!‹«

Das *Durch-die-Gasse-Laufen.* »Ich erinnere mich, im Laufschritt durch eine Gasse aus Polizisten, die Gummiknüppel schlagbereit in den Händen hielten, etwa dreißig Meter zu einer Halle mit einer Rampe gelaufen zu sein.«

Das *Stehen* der meisten *in Fliegerstellung* an der Garagenwand. »Er tritt mir gegen die Beine und brüllt: ›Weiter weg vom Tor, Beine und Arme weit auseinander!‹ Ich stehe jetzt ca. 90 cm von der Wand entfernt, Beine ungefähr genausoweit auseinander, die Arme ausgestreckt an die Wand stützend.«

Die »*sadistischen Spiele*« von Abschnittsbevollmächtigten. »Die ganze Nacht über mußten wir (ca. sechs Stunden) mal ›Beine auseinander‹, mal ›im Stillgestanden‹ stehen.«

Die *Befehle*, die *Drohungen* und *Beschimpfungen*, die *Liegestütze*, das *Hüpfen*, das *Aufrechtsitzen im Sprechverbot*, das *Treten* und *Schlagen*. »Wenn einer nicht ›ruhig‹ stand, wurde er getreten und geschlagen.« (Ein Beispiel von vielen.)

Die *Schreckgeräusche* zur physischen und psychischen Demoralisierung. »In völliger Ruhe schlugen die Volkspolizei-Angehörigen immer wieder mit den Gummiknüppeln an die große Garagenpforte.«

Das *Sprechverbot*, die *Ausweisabgabe* usw., das *Fotografieren*. »Es wurden uns alle Effekten abgenommen (auch Schnürsenkel, Gürtel usw.), erkennungsdienstliche Maßnahmen eingeleitet (vier Fotos von vorn, Profil, Halbprofil, Ganzfoto; Fingerabdrücke, Personenbeschreibung), Leibesvisitationen vorgenommen und schließlich auch die Befragungen durchgeführt.«

Die *Handschellen*. »Unterdessen wurden ständig junge Leute in Handschellen aus den obenliegenden Zellen zum Verhör geführt.«

Die *Zellen*. »Pro Zelle (ca. 89 m²) wurden 15 bis 40 Personen eingewiesen. Es ging bis Zelle 13.«

Das riesige Aufgebot von Polizeikräften sollte eine Schockwirkung haben; das gelang nicht bei jedem. »Beim Näherkommen wirkte es wie eine Collage zwischen amerikanischem Film und George Grosz, ein faszinierendes Puzzle, eine Verschachtelung von Dutzenden Funkwagen und Einsatzlastwagen und Hunderten Polizisten, die ohne ersichtlichen Grund truppweise knüppelschwingend umherliefen; es war faszinierend und lächerlich zugleich; die Leute kamen, glotzten und gingen, es war wie im Zoo.«

Der Zugriff auf den Menschen blieb anonym: Dienstränge ohne Namen; mit einer einzigen bezeichnenden Ausnahme, nämlich gegenüber der Tochter der Schriftstellerin Christa Wolf, weigerten sich die Verhörenden, ›Zugeführten‹ ihren Namen zu nennen.

Wie sahen die Menschen aus, die einander gegenüberstanden? Welche Figur machten sie?

Die Instrumente der Macht, die *Kämpfer* der Kampfgruppen, die *Grünen* der Bereitschaftspolizei, die *Sicherheitskräfte* in NVA-Uniformen, sind als Figuren bekannt. Sie erhalten das Wort als erste. Unteroffiziere hatten die Gethsemanekirche gegen Ende des Gottesdienstes umstellt und ließen längere Zeit keinen mehr heraus. Sie sagten: »Wir wollen auch Veränderungen, aber wir haben Befehle«.

Die Figur des *Spitzels*, wie wurde er gesehen, wie in der Verkleidung erkannt? Ein Augenzeuge sah ihn so: »Auf dem Gehweg neben unserem Bus patrouillierten Dreiergruppen zivil gekleideter Männer. Weiter hinten, in der Nähe der Kongreßhalle, sah ich andere Gruppen von Männern mit Aktenkoffern, stehend und in Bewegung. Der Unterschied zwischen den jugendmodisch gekleideten Patrouillen und den in Anzüge gekleideten Männern im Hintergrund fiel mir auf, und daß keine Frau zu sehen war«. – Über den auf Punks angesetzten Spitzel wird mitgeteilt: »Ich habe nicht erzählt, daß ich gesehen habe, wie ein Zuschauer in schwarzen Lederstiefeln, schwarzer Lederhose und Lederjacke mit Igelfrisur und weißem Stirnband von den Greifern des Ministeriums für Staatssicherheit über die Straße gezerrt wurde, diesem es dabei aber gelang, einen kleinen klappbaren Ausweis zu zeigen, der bewirkte, daß er sofort losgelassen wurde«. – »Zwei andere zivile Jungen führten mich an den Armen gepackt ab zum Bus.«

Gelegentlich wird der Habitus, die Kleidung der Betroffenen wahrgenommen. Eine von ihnen über den Vernehmer: »Ich mußte begründen, warum ich schwarze Kleidung trage, warum sich an meinem Sweatshirt ein Gorbatschow-Anstecker befindet, warum ich diesen Zettel besitze« (am Vormittag des 7. Oktober an der Gethsemanekirche verteilte Aufforderung zu besonnenem Handeln mit der Bitte, unbedachte Reaktionen zu unterlassen). Eine Augenzeugin über einen vom LKW springenden Flüchtling: Es war »ein junger Mann, bekleidet mit einer schwarzen Lederjacke und Stiefeln«. Über einen Radfahrer, den ein Polizei-Wartburg gejagt hatte und den Bereitschaftspolizisten mit Schlagstöcken überwältigt hatten: »Der Radfahrer war 20-25 Jahre alt und trug schwarze Hosen, eine braune Joppe und eine schwarze Baskenmütze«. Äußerungen einer Polizeibeamtin über einen jungen Mann mit einer punkigen Haarsträhne: »Die würde ich ihm als allererstes abschneiden, ach, nein, jedes Haar einzeln ausreißen müßte man«.

Der Massenruf der Leipziger *Wir bleiben hier!* und der Massengesang *Die Internationale erkämpft das Menschenrecht* war von den Berlinern aufgenommen worden. Die Gedächtnisprotokolle erwähnen beides für den 7. und 8. Oktober,[3] dazu den Ruf der Bedrängten, Gefährdeten: *Wir sind friedlich!* und *Keine Gewalt!*. Kleine Gruppen sind es, die rufen, und mancher Ruf mag wie ein Angstschrei in höchster Gefahr geklungen haben. Dann, am 8. Oktober, Stagarderstraße/Ecke Pappelallee, wo ungefähr zweihundert vorwiegend junge Leute eine Mahnwache abhielten, weil der Weg zur Gethsemanekirche von Polizeieinheiten verstellt war, ertönten wieder Sprechchöre, als die Polizeieinheit gegen die Mahnwache anstürmte: *Wir wollen keine Gewalt!* und *Wir bleiben hier!* (auch an diesem Ort der Mahnung!). *Keine Gewalt!*, dieser Massenruf der Berliner (und Dresdner), er wird am 9. Oktober zum Ruf der Leipziger werden, die mit ihm zugleich die Kriminalisierung abgewehrt haben: *Wir sind keine Rowdies!*, sondern das Volk: *Wir sind das Volk!*

Im Gegensatz zur Gewaltlosigkeit der Demonstrierenden dokumentieren die Gedächtnisprotokolle der am 7. und 8. Oktober sowie in der Nacht zum 9. Oktober ›Zugeführten‹ Gewalttätigkeit auch durch Sprache, sie lassen die Befindlichkeit instrumentalisierter, zum Dienst am Machterhalt befohlener Männer und Frauen erkennen. Die Protokolle ermöglichen, ein Art Psychogramm der Gewalt zu entwerfen.

Auf die Frage der ›Zugeführten‹ nach den Gründen der Festnahme antworten sie, höhere Dienstgrade, Offiziersschüler, Mannschaften, stereotyp: »Das haben Sie alles vorher gewußt«. Uniformierte sahen sich Überzeugungstätern gegenüber, oder doch Menschen, die bewußt ein Risiko eingegangen waren, sofern sie nicht einfach willkürlich herausgegriffen wurden, nur weil sie sich dort befanden, wo Greiftrupps im Einsatz waren. Sie hätten sich, das schließt das Stereotyp ein, systemkonform wie die Ordnungskräfte verhalten können. Durch Funktionieren, Getriebearbeit als Rädchen im großen realsozialistischen Ganzen, hätten die Betroffenen das alles vermeiden können; auch die Nachteile und Schädigungen, die sie den Bereitschaftspolizisten zufügten: kein Nachhausekommen, Übermüdung, tagelanges In-der-Uniform-Stecken, Gewissensbeunruhigung. Womit hatte man das verdient? *Das haben Sie alles vorher gewußt!*

Am Ende hatten die Werkzeuge der Macht der friedlichen Demokratiebewegung nichts entgegenzusetzen; ihre auf Delegierung von Macht beruhende Identität zerbrach mit dem parteiadministrativen System. Vorher aber traf sie eine Verachtung, die durch alle Altersklassen hindurchging. Das demonstrative Anderssein von Menschen, die Kerzen trugen, Lieder wie »Dona nobis pacem« anstimmten, Massenrufe erschallen ließen, Transparente enthüllten und mit Bekennermut hochhielten, Würde selbst in Bedrängnis bewahrten oder doch zu bewahren suchten, die beteten – alles das war ihnen nicht geheuer. »Von den ungefähr 12 Stunden, die ich in Gewahrsam war, habe ich bestimmt acht Stunden gebetet. Nach einer gewissen Zeit fing man aber an, mich zu respektieren, ich sahs an ihren Augen«, erinnert sich der Hausmeister eines Kindergartens, »die sich senkten, wenn sich unsere Blicke trafen, obwohl sie immer wieder spöttisch, nicht verstehend und neugierig zu mir hinschauten.«

Der sprachliche Ausdruck von Gewalt: In bestimmten Situationen ging das ›Sie‹ verloren; die Büttel duzten die ›Zugeführten‹: »Ich denk, ich spinne, der betet ja, der hat wohl nicht mehr alle, dieser Betbruder, wir werden dir den Gott noch austreiben; dein Gott kann dir jetzt auch nicht mehr helfen«.

Befehle vor und bei der Festnahme. Achtung, Bürger, verlassen Sie die Straße Richtung Schönhauser Allee, sonst wird geräumt! – Greifen! – Alles festnehmen! – Los, alles mitkommen! – Kommkommkommkomm! – Das haben Sie alles vorher gewußt. – Los, da sind noch paar von diesen Pennern!

Beim Verladen. Gehen Sie, gehen Sie! – Rauf! – Macht Euch rauf, Ihr Dreckschweine! – Einsteigen und Hinsetzen! – Hinsetzen und Mund halten! – Durchtreten und Schnauze halten, sonst gibts noch mehr!

Während des Transports. Der Offiziersschüler: Das haben Sie alles vorher gewußt! Hier wird zugeführt. – Der Polizist: Das haben Sie alles vorher gewußt! Hier herrscht Ruhe! – Watte? Gibts nicht. – Hättest dir eher überlegen müssen. – Wer sich naßmacht, ist selbst schuld. – Pißt euch doch ins Hemd, wenn ihr das Auto wieder saubermacht. – Frischfleisch. – Schwanger? Das kann ja jede behaupten.

Beim Absteigen vom LKW. Alles was weiblich ist, einzeln raus! Los, runter im Laufschritt! Mach, mach. Los, schnell los. Absitzen, aber im Laufschritt, ihr Schweine!

Während des Eingesperrtseins in der Garage. Mittelreihe bilden!

Wollen Sie eine Sonderbehandlung? Schiffen Sie sich in die Hosen, oder schwitzen Sie es sich aus den Rippen! – Hier herrscht Ruhe! Gespräche unterbleiben! Ruhe! – Verstehen Sie kein Deutsch! – Das haben Sie vorher gewußt. – Pack! – Schnauze halten! – Neger! – Als Frauen weinten: Oben naß, unten naß, da muß man ja aufpassen, daß man nicht wegschwimmt. – Köpfe zur Wand! – Ein Polizist zum andern: Laß sie stehn, bis sie weich sind! – Steht gefälligst grade! – Mit dem Gesicht zur Wand! – An die Wand stellen, Beine breit, Gesicht zur Wand, Arme hoch, Hände an die Wand! – Wir werden euch Demokratie schon beibringen! – Das will ein Deutscher sein? Bettnässer, was? – Wir werden euch zeigen, was Demokratie heißt! – Pisser! – Penner! – Schweine! – Chaoten!

Während des Aufenthalts im Polizeigebäude. Schön von der Wand weg, hier ist kein Sanatorium! – Sie werden ja länger bei uns bleiben! – Hier gibts keinen Arzt, das hättet ihr euch alle eher überlegen müssen. – Seien Sie ruhig, das erfahren Sie noch. – (Dem auf der Treppe Hüpfenden zusehend:) Den machen wir so fertig, daß er sich morgen vor Muskelkater nicht mehr bewegen kann. – Ihr wollt auf dem Alex Polizisten aufhängen, wir werden an euch Rache nehmen. – Na, was haben wir denn da gemacht?! – Wir sind auch schon seit gestern hier. – Gerade, losloslos. – Mach, du Gurke, oder ich mach die Beine. Locke, komm, und du, ja du, du gefällst mir, du bist der nächste.

Beim Verhör. Sagen Sie nicht immer ›Wir‹, sagen Sie ›Ich‹. – Rechte? Sie können sich beschweren.

Bei der Entlassung. Wenn Sie nochmal mit uns zu tun bekommen, dann geht es anders aus.

Das war die Realität. Für das Allgemeine Deutsche Nachrichtenbüro Berlin/DDR sah sie so aus: In den Abendstunden versuchten Randalierer die Volksfeste zum 40. Jahrestag zu stören. Im Zusammenspiel mit westlichen Medien rotteten sie sich am Alexanderplatz und in der Umgebung zusammen und riefen republikfeindliche Parolen. Dank der Besonnenheit der Schutz- und Sicherheitsorgane und Volksfestteilnehmer kamen die beabsichtigten Provokationen nicht zur Entfesselung. Die Rädelsführer wurden festgenommen.[4]

Gleiches geschah in Potsdam, in Magdeburg (93 Personen

wurden ›zugeführt‹ und erhielten Ordnungsstrafen), in Arnstadt (demonstrativ-provokatorische Zusammenrottung von 150 Personen zur Störung des Volksfestes der Werktätigen), in Ilmenau, Leipzig, Karl-Marx-Stadt, Plauen, Dresden und Rostock. Im Zentrum von Leipzig störten »Gruppen von Rowdys« die Markttage und beeinträchtigten zeitweise das normale Leben und den innerstädtischen Verkehr. Am Luxor-Palast in Karl-Marx-Stadt störten mehrere hundert Personen eine Veranstaltung der städtischen Theater, behinderten den Programmablauf und erzwangen den Abbruch der Veranstaltung. Im Stadtzentrum störten sie dann das Volksfest und legten den öffentlichen Verkehr lahm. Die rechtswidrigen Ansammlungen wurden schließlich im Interesse der öffentlichen Ordnung und Sicherheit aufgelöst. 26 Personen, die sich als Rädelsführer hervortaten, wurden vorläufig festgenommen. Das war die Sprache der Stasi. Generalleutnant Gehlert, Bezirksverwaltung Karl-Marx-Stadt, versicherte Mielke Ende August des Jahres: »Es ist so organisiert, daß also die Rädelsführer, die bekannt sind, observiert werden«.[5] Die Abhängigkeit der ADN-Berichterstattung von Sprachregelungen des Staatssicherheitsdienstes steht außer Frage. »Auch hier waren unter den Anstiftern Personen aus anderen Kreisen und Bezirken der Republik.«[6] In Rostock »krakeelten« am 7. Oktober auf dem Universitätsplatz etwa 30 junge Leute, »ohne recht zu wissen, was sie eigentlich wollten«; die Partei der Arbeiterklasse und der sozialistische Staat wurden von ihnen »in Parolen in den Schmutz gezerrt«.[7]

Die Betroffenen übten Solidarität. Eine junge Frau hatte ihre zwei Kinder ins Bett gebracht und sich, nachdem sie eingeschlafen waren, noch einmal zur Gethsemanekirche begeben, »um eine Kerze aufzustellen und somit den bis zu diesem Tage Inhaftierten« ihre »Solidarität zu zeigen.« Eine ältere Bürgerin mit einem Krückstock, die ansehen mußte, wie Polizisten schlugen, unter Tränen: »O Gott, was tut ihr denn, es könnten doch eure Brüder und Schwestern sein! Wir sind doch ein Volk. Seid doch froh, daß wir alle noch hier sind!« – Ein junger Mann: »Lassen Sie die Frau los, die hat doch nichts getan!« – »Wir Frauen, die sich auf dem LKW, auf dem auch ich in die Haftanstalt gebracht worden war, befanden, hatten uns verabredet, uns vor der Fürbitte am hinteren Zaun der Gethsemanekirche zu treffen, falls wir entlassen würden.« – Sie berichtete, daß ihr der Gottesdienst am 8. Oktober und die täglichen Fürbitten, die Infos über die Geschehnisse in so vielen Städten unseres Landes und hier in Berlin, die Unterstützung durch ihren Freund, der ihre Kinder betreut und es ihr so ermöglicht, hierher zu kommen, die vielen, vielen Menschen, die sich in diesen Tagen so solidarisch verhalten, wieder Kraft gegeben haben. – Eine Bürgerin ruft aus ihrem Fenster: »Laßt sie doch frei, sie haben euch nichts getan!« Bewohner, die in der Dänenstraße aus dem Fenster rufen, während Sicherheitskräfte die Zugänge abriegeln: »Arbeiterverräter! Steuerfresser! Wir haben vierzig Jahre für dieses Land gearbeitet, und ihr schlagt alles kaputt!« – Hausbewohner, die Flüchtlinge in ihre Wohnungen bitten.

An diesem Tag gründeten die Mitglieder der Initiativgruppe »Sozialdemokratische Partei in der DDR« in Schwante bei Potsdam die SDP (Sozialdemokratische Partei). Wichtigstes politisches Ziel: Eine ökologisch orientierte soziale Demokratie, wichtigstes ökonomisches Ziel: Soziale Marktwirtschaft mit striktem Monopolverbot zur Verhinderung undemokratischer Konzentration ökonomischer Macht, Demokratisierung der Strukturen des Wirtschaftslebens. Die Gründungsmitglieder forderten die »grundsätzliche Bestreitung des Wahrheits- und Machtanspruchs der herrschenden Partei«.[8]

5. Allerhöchste Weisung und Drohung

Für den Untergang der DDR innerhalb nur eines Jahres war der 8. Oktober 1989 ein folgenschwerer Tag. Generalsekretär Honecker entschied sich für die gewaltsame Niederwerfung der Bürgerbewegung. »Es ist damit zu rechnen, daß es zu weiteren Krawallen kommt. Sie sind von vornherein zu unterbinden.«[1] Die Bezirke erhielten das Fernschreiben vom 8. Oktober in dieser Reihenfolge: Berlin, Leipzig, Dresden, Karl-Marx-Stadt, Halle, Erfurt, Potsdam. Das Ausmaß der innenpolitischen Erschütterung war vorgezeichnet in der Größenordnung der Leipziger Montagsdemonstration vom 2. Oktober, den Gewaltausbrüchen in Dresden vom 4.-8. Oktober und in dem Staatsterror in Berlin und anderen Städten am 7. und 8. Oktober. Offen blieb die Art der Machtmittel; über sie entschied Honecker nicht auf dem ›Parteiweg‹, sondern über den anderen Machtstrang, als Vorsitzender des Nationalen Verteidigungsrates.

An diesem 8. Oktober entschlossen sich aber auch die Politbüromitglieder Schabowski (Jg. 1929), Krenz (Jg. 1937) und Lorenz (Jg. 1930), Bezirkssekretär von Karl-Marx-Stadt, den Sturz Honeckers in die Wege zu leiten. Die Vorentscheidung war Anfang September gefallen, »als die Situation schon vollkommen verfahren war«; »das einzige, was uns vorschwebte, war der Begriff der Perestroika«.[2] Der Besuch Gorbatschows hatte die Ereignisse beschleunigt. Bei der Begegnung im Schloß Niederschönhausen am Staatsfeiertag antwortete Honecker dem Gast (mit starrem Blick, leicht gerötet und grienend) »mit einer Rede, die mit keinem Wort auf die Schwierigkeiten einging«, stattdessen die ökonomische und technische Überlegenheit der DDR herausstellte. Auf diesem Treffen mit dem SED-Politbüro hat Gorbatschow den berühmt gewordenen Satz ausgesprochen: »Wer zu spät kommt, den bestraft das Leben«.[3] Die »Opposition« hatte freilich keine Strategie, auch war der »Fahrplan bis zum 8. Oktober früh unentwickelt«.[4]

Während das parteiadministrative System, dessen Kopfstück Honecker war, in den Bezirken und Kreisen die aus dem »Haus des Zentralkomitees« ergangene Weisung verarbeitete, schaltete der Minister für Staatssicherheit, Armeegeneral Mielke, den Sicherheitsapparat ein. Er übersandte Honeckers Fernschreiben den Leitern der MfS-Bezirksverwaltungen »zur persönlichen Information« und ordnete die Überwachung des Parteikaders an: »Sie haben sich, ohne Kenntnis von dem Fernschreiben zu geben, auf die dort angewiesene sofortige Zusammenkunft der Bezirkseinsatzleitungen einzustellen und die erforderliche Lageeinschätzung aus der Sicht der Erkenntnisse des MfS zu gewährleisten. Es sind die notwendigen Vorschläge einzubringen, um die Lage im Verantwortungsbereich zu beherrschen. Weitere Weisungen erfolgen«.[5] Auf beiden Wegen, über die Partei und über den Sicherheitsapparat, sank die Weisung nach unten: in die Bezirkseinsatzleitungen, die Kreiseinsatzleitungen, die territorialen Kreisleitungen sowie die SED-Kreisleitungen der zentralen Staatsorgane.

Honecker sah sich in der Entscheidung. Er war bereit, aufs Ganze zu gehen, und legte den Apparat der Partei, der Gewerkschaft, der FDJ und ebenso den Staatskader auf den Staatsterror fest, »damit diese Funktionäre unmittelbar vor Ort an der Unterbindung der Krawalle teilnehmen und offensiv in Erscheinung treten«.[6] Diese Weisung ist dem Befehl eines Kommandeurs vergleichbar, der seine besten Truppen in die Schlacht wirft. Die Verbindung von Parteikontrolle und Überwachung durch das MfS schien angeraten; deshalb ist ein Alleingang Mielkes wenig wahrscheinlich. Aus der Form der doppelten Kontrolle spricht das gesteigerte Sicherheitsbedürfnis Honeckers. Mielke war »eindeutig ein Untergebener von Honecker, da bestand überhaupt keine Frage«. Denn »Honecker hat die Sache hart im Griff gehabt«, und als Vorsitzender des Nationalen Verteidigungsrates auch das Ministerium für Staatssicherheit.[7]

Für Honecker waren die Bürgerbewegungen verfassungs- und deshalb staatsfeindlich. Er ächtete sie in einer Weise, die im ›Apparat‹, bei den Sicherheitsorganen und den Kampfgruppen die

Eskalation von Gewalt begünstigte, nannte die Proteste *rowdyhaft* und *gewalttätig, für unsere Bürger in höchstem Maße beunruhigend.* Der Generalsekretär übertrug den Ersten Sekretären der Bezirksleitungen vier Aufgaben: 1. Sofortige Zusammenkunft der Bezirkseinsatzleitungen, Lagebeurteilung, Maßnahmen. 2. Festlegung des einzelnen Funktionärs wie des Apparats auf Konfrontation durch aktive Mitwirkung. 3. Veröffentlichung »entsprechender Mitteilungen und sachlicher Berichte über stattgefundene Krawalle in allen Bezirkszeitungen der Partei, verbunden mit Stellungnahmen von Arbeitern und anderen Werktätigen«. 4. Tägliche Informationen an die Abteilung Parteiorgane des ZK über die Lage und eingeleitete Maßnahmen (jeweils bis 6.00 Uhr mit Stand von 4.00 Uhr bzw. dem Zeitpunkt der Information).[8]

Wenn allgemein gilt, was für Karl-Marx-Stadt (seit 1. 6. 1990 wieder Chemnitz) nachgewiesen ist,[9] dann vereinten die Bezirkseinsatzleitungen: ausgewählte Kader aus den Parteiorganisationen, aus den Diensteinheiten des Ministeriums für Staatssicherheit, aus den Schutz- und Sicherheitsorganen, aus der Heerschar der republikweit sehr zahlreichen Gesellschaftlichen Mitarbeiter (GM) des MfS sowie Mitarbeiter des Staatsapparats und Chefredakteure. Eine solche ›Verknotung‹ von Spitzenkadern, eine der schlimmsten Erscheinungsformen des parteiadministrativen Systems, schuf mafiaähnliche Verbindungen. Beispielsweise gab es im Bezirk Karl-Marx-Stadt eine Arbeitsgruppe des Ersten Sekretärs der Bezirksleitung zur Eindämmung der Massenflucht sowie nach ihrem Muster gebildete Kreiskommissionen unter Leitung des jeweiligen SED-Kreissekretärs. Mitglieder der Bezirksarbeitsgruppe waren die Abteilungsleiter für Staats- und Rechtsfragen bzw. für Sicherheit, der Chef der Volkspolizei-Bezirksbehörde, der Stellvertreter Inneres, der stellvertretende Abteilungsleiter für Parteiorgane und der Leiter der Bezirksverwaltung für Staatssicherheit. »Diese Arbeitsgruppe tagt jeden Dienstag, nennt sich Reisebüro.«[10] Sie war bevollmächtigt, Abteilungsleiter aus der SED-Bezirksleitung vorzuladen, Berichte zu verlangen und Berichterstattungen entgegenzunehmen, »in die Betriebe zu gehen« und den Ersten SED-Kreissekretären »Lageberichte« abzufordern. Je mehr die Bevölkerung sich gegen ›die Apparate‹ abgrenzte, desto mehr brachten ›die Strukturen‹ solche Verknotungen der Macht hervor. Der Mielke-Stasi-Strang des parteiadministrativen Systems glich einer unter Putz gelegten elektrischen Leitung; er umschloß, wie Mielkes Weisung vom 8. Oktober zeigt, den Parteistrang, was einer Destabilisierung an der Basis vorbeugte und der Selbstbefreiung entgegenwirkte. Daß Honecker eine solche Destabilisierung nicht ausschloß, beweist sein Versuch, den Apparat einer Doppelkontrolle zu unterwerfen.

Gegenüber der Presse war das nicht nötig. Die Bezirkszeitungen der Protestbezirke haben die Signalworte Honeckers binnen weniger als 24 Stunden zu Argumentationsschleiern entfaltet. Während die Parteijournalisten zu verhüllen hatten, tauchten die Überwacher sondierend in die Realität ein. Das »Neue Deutschland« behielt auch am 9. Oktober den gehobenen Feierton des Siegers der Geschichte bei.[11] Die »Sächsische Zeitung« (Bezirk Dresden) und die »Leipziger Volkszeitung« dagegen überließen ihre Spalten weisungsgemäß *den in höchstem Maße beunruhigten Bürgern.* Da sagte die Arbeiterin auf dem Dresdner Hauptbahnhof, Carmela Vock, mit neunzehn »Bediener«, nicht Bedienerin (und die Zeitung kommentiert: sie ist »so alt wie viele dieser Krakeeler«), daß sie nur Abscheu empfinde. »Auf diese Art und Weise kann man keine Probleme lösen.« Am 4. Oktober hatte sie über Lautsprecher zu Ruhe und Besonnenheit gerufen. »Ich fordere harte Strafen. Und auf jeden Fall müssen sie auf Heller und Pfennig den angerichteten Schaden bezahlen.«[12] Die Gewaltausbrüche wurden abgelehnt, der Anteil der Staatsgewalt daran blieb unerwähnt. Den Maurer Jörg Klamt in Leipzig, FDJ-Abgeordneter im Stadtbezirk Mitte, vor kurzem noch Lehrling, störte, daß im Stadtzentrum, wo doch gebaut werde, »regelmäßig Leute auftauchen, die Unruhe verbreiten wollen«. Es müsse besser gearbeitet werden. »Deshalb erwarte ich, daß keiner den Frieden auf unseren Straßen stören kann.«[13] Die Menschen wurden wie Marionetten benutzt. Der Spieler saß in Berlin. An den Fäden, die er zog, hingen die Bezirkssekretäre, an deren Fäden die Kreissekretäre.

Gegen lautstarke Krawalle, kriminelle Gewalt und *rowdyhaftes Verhalten* unter dem »Reformschutzschild« sprach sich der Rektor der Technischen Universität Dresden »prinzipiell« aus. Er wünscht sich, daß die Denken-Streiten-Entscheiden-Handeln-Kontrollieren-Kette »immer besser funktioniert«, daß Erscheinungen wie Unfähigkeit, Passivität, Bequemlichkeit, Verantwortungsscheu, mangelnde Konsequenz »noch intensiver ausgeschaltet« werden.[14] Wer »Erneuerungsgedanken« hege, solle sich mit »diesen Provokateuren« nicht solidarisieren, meint ein Chirurg der Medizinischen Akademie Dresden.[15] Ein Obermeister der Volkspolizei vom Volkspolizeiamt Dresden schildert, wie er sich plötzlich einer aufgeputschten, aufgewiegelten, aggressiven Menge gegenübersah, die nicht nur Läden zerschlägt, Türen und Fenster demoliert, sondern, »weil du für Ruhe und Ordnung eintrittst, mit Pflastersteinen, ja auch mit Brandsätzen nach dir und auf deine Genossen wirft. Das hat aber unsere Volkspolizisten um so mehr zusammenrücken lassen. Wir lieben unser Dresden und werden deshalb auch in Zukunft nicht dulden, daß unser Staat durch *Rowdys* diskriminiert wird«.[16] Daraus wurden Schlagzeilen. Die »Sächsische Zeitung«: Nur konstruktiv und im Dialog lassen sich Probleme lösen. Bürger des Bezirks Dresden verurteilen *antisozialistische Ausschreitungen* von *Rowdys*.[17] Die »Leipziger Volkszeitung«: Leipziger fordern: Wir wollen Ruhe und Sicherheit in unserer Stadt. *Rowdys* beeinträchtigen ein normales Leben. Krimineller wollte Menge zur Gewalt aufwiegeln: als einer der ersten stürmte er am Gebäude der Bezirksverwaltung für Staatssicherheit die Treppen hinauf, hämmerte mit Händen und Füßen gegen die Eingangstür und brüllte: »Wir stürmen das Gebäude!«[18] Die »Volkswacht« in Gera: Die Story hieß Tumult. BZ am Abend, Berlin, berichtet über *antisozialistische Ausschreitungen* und ihre Hintermänner.[19] Über die Ereignisse in Leipzig und in Dresden schwieg die »Volkswacht« selbst noch am 11. Oktober.[20] Mit Gespür für Machterhalt hatte der thüringische Bezirkssekretär Ziegenhahn im damals noch demonstrationsfreien Bezirk Gera kein Interesse daran, daß darüber berichtet wurde. Am Sonnabend, dem 22. Oktober, erzwangen dann hauptsächlich Jugendliche die erste Demonstration in Geras Innenstadt; nach der zweiten am 26. Oktober[21] trat der Bezirksgewaltige zurück.

Das Diktum des Generalsekretärs von *rowdyhaften Ausschreitungen* und den *aufs höchste beunruhigten Bürgern* verwandelte sich in Bürgerwünsche. In Anrufen an die staatlichen Organe Leipzigs und an die Redaktion der »Leipziger Volkszeitung« zeigten sich Bürger über das *Rowdytum* und die Störungen des Zusammenlebens beunruhigt und verlangten, den Unruhestiftern entschieden zu begegnen.[22] Leipzigs Oberbürgermeister Seidel, im Januar 1990 wegen Wahlfälschung verhaftet, drohte: Wir lassen unsere Errungenschaften von niemandem antasten, und wir wissen uns dabei einig mit den Leipzigern. Zu ehrlicher, fleißiger Arbeit ist zu jeder Zeit und in jedem Stadtteil Ruhe nötig. Auch in unserer sozialistischen Gesellschaft gibt es keine Rechte ohne Pflichten, keine Freiheiten ohne Verantwortlichkeiten, usw.[23]

Worte wälzten sich durch die Köpfe der Leser oder, wenn sie nur Überschriften oder Anzeigen lasen, an ihren Augen vorbei. *Dialog* war in diesem Wortstrom ein Wort von vielen, bis die Inhaber der Macht danach griffen wie nach einem Rettungsring. *Dialog* statt *Demo:* »Mit überzeugenden Argumenten, offen und mit Geduld wollen wir den Dialog führen, so wie das am Wochenende bereits an verschiedenen Orten geschah, wobei feststeht: Die Straße ist für einen konstruktiven Dialog nicht der richtige Ort. Verschiedentlich sagten uns Dresdner, die sich um die weitere Entwicklung sorgen, daß dieser Dialog durch rowdyhafte Ausschreitungen nicht nur behindert, sondern unmöglich gemacht wird«.[24] Bezirkssekretär Modrow, Dresden, und der Dresdner Oberbürgermeister Berghofer[25] haben das als erste aufgenommen. Die Leipziger dagegen liefen weiter ihre Runde, Montag für Montag. Massengesänge, Sprechchöre und Transparente waren ihr *Dialog mit der Macht.* Hier begann die Entwicklung, die jene friedlichen Massenumzüge (außerhalb der Arbeitszeit) entstehen ließ, die Erstaunen weckten. Die Straßendemonstrationen begründeten einen neuartigen Dialog, der zur Praxis der Runden Tische führte, der für eine kurze Zeit – und zusammen mit den Bürgerkomitees – eindrucksvollsten Praxis revolutionärer Gegenöffentlichkeit.

In die von Honecker angeordnete Pressekampagne mischte sich (von außen) allmählich die Forderung: Keine *Gewalt!*, zuerst und am deutlichsten in Zeitungen der damaligen Blockparteien. Als Beispiele seien »Der Morgen« (LDPD), »Die Union« (Dresdner Ausgabe, CDU) und das »Leipziger Tageblatt« (LDPD) genannt. Der erste Einschnitt war der von den Dresdner Ereignissen ausgehende Gewaltschock, an den sich dann der vom 7. Oktober anschloß. In Dresden gelang es, die bürgerkriegsähnlichen Zustände der Tage vom 4. Oktober abends bis zum 8. Oktober abends[26] unter Bürgerkontrolle zu bringen, als nach dem vermittelnden, besonnenen Eingreifen der Kapläne Richter und Leuschner, von Superintendent Ziemer und Landesbischof Hempel in einer hochexplosiven Situation auf der Prager Straße durch Zuruf über Lautsprecher aus der Massendemonstration heraus die »Gruppe der Zwanzig« entstand. Dieses für Dresden historische Ereignis bildete den Übergang zum Dialog. Er begann, wie am Vorabend im Rathaus zwischen den Kirchenvertretern und Oberbürgermeister Berghofer verabredet, am 9. Oktober morgens 9 Uhr, als das demokratisch legitimierte Bürgerkomitee der Zwanzig und die kommunale Macht zu einem Gespräch zusammenkamen, während die Parteimacht (Bezirksleitung Dresden) im Hintergrund blieb. Die Ereignisse entwickelten sich also ganz anders, als Honecker am Sonntag, dem 8. Oktober, wollte, daß sie ablaufen. Der Staatsterror vom 7. und 8. Oktober in Berlin und anderswo verstärkte das Verlangen der Bevölkerung nach Gewaltlosigkeit. Vom 9. Oktober an erlangten die Wortmeldungen dazu Eigendynamik. Die BürgerInnendebatte ergoß sich wie durch eine Bresche als Leserbriefflut in die Redaktionen. Die ersten Äußerungen zur Gewalt waren einseitig, typisch dafür die Äußerung eines Ärztlichen Direktors: »Ich glaube, man muß nicht Arzt oder Schwester sein, um Gewalt zu verurteilen, die eingesetzt wird, um Veränderungen von Zuständen zu erreichen, mit denen man nicht zufrieden ist«.[27] Daß auch die gegen die Veränderer eingesetzte Gewalt zu verurteilen ist, sagt er nicht. *Keine Gewalt!* – Gegen die einen nicht und nicht gegen die anderen, das war die Formel der Bürgerbewegung. Es waren Schlüsselworte, entscheidend für das Gelingen der friedlichen Revolution.

Für die schwierigen mentalen Übergänge in die politische Krise wie in die Revolution gab es viele Erscheinungsformen. Die sog. »Wortmeldungen« aus der »Bevölkerung« zeigen dies selbst noch im Bemühen um den rituellen Dialog. In irgendeiner Weise begriffen sehr viele Menschen die Notwendigkeit einer Erneuerung. Sie konnten nicht jubeln, sie lebten auch nicht nur in der Phrase und in der Lüge, sondern zugleich in einem Mangel. In dem bis zum 9. Oktober Geschriebenen ist zu erkennen, daß sich in all diesen Menschen etwas anstaute, das, weil es nicht abfließen konnte, eine große und vielleicht nicht vermutete Zerstörungskraft entwickelte. Der Generalsekretär sprach von *rowdy-haften Zusammenrottungen.* Journalisten verstärkten diese Aussage, indem sie von *Rowdys* und *Rowdytum* sprachen. So wurden die Andersdenkenden kriminalisiert. Möglicherweise ist die politische Benutzung des Wortes Rowdy damals aus den intensiven Begegnungen mit chinesischen Politikern Anfang Oktober hervorgegangen. Nach der Niederwerfung der Demokratiebewegung unterschied die chinesische Regierung zwischen der Masse der Verleiteten, einer Handvoll »Aufrührer«, die sie als die eigentlichen Konterrevolutionäre ansah, und eben den Rowdys. Das waren Arbeitslose, Gelegenheitsarbeiter, Händler, von denen viele hingerichtet worden sind.[28]

Am 9. Oktober nachmittags schrieb eine Frau beim Lesen der »Leipziger Volkszeitung« aufgebracht zwei Bemerkungen an den Rand. Sie sind es wert, wiedergegeben zu werden, zeigen sie doch die Spannung unmittelbar vor der großen Demonstration. Die erste Bemerkung bezog sich auf die Frage, ob kriminelle Handlungen nicht denjenigen zu denken geben sollten, die vielleicht etwas Gutes wollen und »nur die untauglichen Mittel wählen«.[29] Die Antwort lautete: *Es gibt ja keine tauglichen Mittel!* Die zweite Bemerkung ist ein Kommentar zu Äußerungen des amtierenden Vorsitzenden des Zivilsenats am Bezirksgericht Leipzig, Matheiowetz, in einem Interview.[30] Das Ziel dieser Äußerungen ist klar erkennbar: Demonstrationsabschreckung. Die »Veranstaltung« am 2. Oktober (das Wort ›Demonstration‹ nimmt er nicht in den Mund) war »ungesetzlich«, weil unangemeldet (das Ungesetzlichkeitsrisiko). Bei Auflösung durch die »Ordnungskräfte der Volkspolizei« können Personen zu Schaden kommen (das Gefährdungsrisiko). Eine Teilnahme könne strafrechtliche Tatbestände wie Rowdytum, Körperverletzung, Sachbeschädigung, Zusammenrottung erfüllen (das Strafbarkeitsrisiko). Teilnehmer können für den von ihnen verursachten Schaden voll haftbar gemacht werden (das Haftbarkeitsrisiko), während Bürger, die bei der Herstellung von Ruhe und Ordnung Schaden nehmen, »vollen Rechtsschutz« genießen. Erziehungsberechtigte, die ihre Aufsichtspflicht verletzen, müssen damit rechnen, für schadensverursachende Handlungen ihrer Kinder aufzukommen (das Schadensersatzrisiko). Die Randbemerkung zu all dem: *Also, man muß mitgehen!*

6. *Wir sind das Volk!*

Leipzig am 9. Oktober 1989

Zur ersten Montagsdemonstration auf dem Leipziger Ring war
es am 25. September gekommen. Aus dem Schutzraum der Kirche waren die Menschen endlich herausgetreten und hatten sich
mit den draußen Wartenden zur Demonstration vereinigt. Mit
dieser Entscheidung begannen sie das parteiadministrative System aus den Angeln zu heben. Aus der Selbstfindung des einzelnen im Konflikt mit der Macht entstand ein neuartiger über-
individueller Zusammenhang, der die kollektive Selbstbefreiung
ermöglichte. In den nicht genehmigten Montagsdemonstrationen
sind der Wille zur gesellschaftlichen Erneuerung und die Übertragung dieses Willens in eine auch symbolisch vermittelte Interaktion und eine bestimmte rituelle Praxis[1] regelmäßig aktualisiert
worden. In diesen normativen Konsens der Demonstrations-
gemeinschaft traten seit dem 9. und dem 16. Oktober bald landesweit Hunderttausende ein. Wo dieses Grundeinverständnis
gemeinsamen Handelns zerfiel, wie später im November und
Dezember, spaltete sich die kollektive Aktion auf bzw. konsti-
tuierte sie sich neu.

Die große Menschengruppe, die in Leipzig am 25. September
das Demonstrationsgeschehen eingeleitet hatte, wuchs sprung-
haft. Im Übergang zum 2. Oktober und vor allem zum 9. Oktober
gelang es, die Permanenz der Demonstration zu sichern. Am
Anfang des langen Zyklus der Leipziger Montagsdemonstrationen, der bis zum 12. März des Jahres 1990 andauerte, standen die
Massenrufe *Freiheit!* und *Neues Forum zulassen!* (seit dem 25.
September), *Freiheit, Gleichheit, Brüderlichkeit!* (am 2. Oktober),
Freiheit für die Inhaftierten! (seit dem 2. Oktober), *Stasi weg, hat kein*

Zweck! (seit dem 2. Oktober). Die Demonstrationen verliefen seitdem mit der Wucht der akuten Systemdestabilisierung und schließlich Systemveränderung. Beides leitete in die friedliche, aber keineswegs gewaltlose Revolution des Herbstes über.

Der Raum, den die Demonstranten für sich öffneten und zunächst nur für Stunden besetzten, weitete sich aus. Er wurde zum Freiraum für ein ganzes Land. Die Demonstrationskultur, die ihn ausfüllte, begann die DDR zu verändern. Die Menschen gewannen Handlungsfähigkeit zurück. Aus den Bezirken sah man erwartungsvoll auf Leipzig, und die Leipzigerinnen und Leipziger warteten voller Ungeduld und anfangs auch Zorn auf die Demonstrationen in den außersächsischen Bezirken. Unvergeßlich war der Aufschrei der Beleidigten am 9. Oktober gegen die Diskriminierung der Demonstrationen durch die Medien, die Honecker selbst und Politbüromitglied Herrmann steuerten:[2] der Protestruf, herausgeschrien: *Wir sind keine Rowdys!*, mit dem die Kriminalisierung der Straße durch den SED-Funktionärskader zurückgewiesen wurde, der dann aber, gleichsam in einem einzigen langen Atemzug, in die Massenerkenntnis überging: *Wir sind das Volk!*[3] Es begann der »Aufstand« der in den Ruin getriebenen messestädtischen Bevölkerung gegen das »Zentrum« der Macht, Berlin.

Die Provinz hatte die Last des parteiadministrativen Systems und seiner ›Apparate‹ zu tragen. Sie erhob sich gegen die das Land von der Hauptstadt aus beherrschende »Spitze«,[4] insoweit auch gegen Berlin. In diesem stürmischen Herbst 1989 ist die Spitze von der Provinz aus gepackt und abgebrochen worden.[5] Die Last eines Riesenrisikos lag dabei auf allen, die vor dem 16. Oktober beteiligt waren. So sehr der Leipziger *neunte Oktober* aus der Montagsdemonstration des 2. Oktober hervorging, die Bedingungen für Demonstrationsteilnahme hatten sich seit den Zusammenstößen mit der Macht am 7. Oktober, dem Staatsfeiertag, wesentlich verschlechtert. Die ›Apparate‹ waren in erhöhter Alarmbereitschaft. Der Funktionärskader empfand Furcht, denn er war auf eine Konfrontation festgelegt, die »bürgerkriegsähnliche blutige Auseinandersetzungen« wahrscheinlich machte.[6] Deshalb schürte der ›Apparat‹ aus den unterschiedlichsten Gründen Angst. Er wollte abschrecken. In den Familien gab es ein Gefühl der Gefahr und das Wissen um die Gefährdung. Eltern begriffen plötzlich ihre besondere Verantwortung. Der einzelne geriet an einen Punkt, wo er die Interaktion mit anderen suchte, um diese Verantwortung aushalten zu können.

Angst

Angst drohte den aufrechten Gang zu lähmen. Die Angst, daß die Montagsdemonstration blutig unterdrückt werden würde, war am 8. und 9. Oktober in Leipzig allgemein. Aggressionen verwandelten sich in Drohungen. Es drohten diejenigen, die Sicherheit(en) verloren. Der Pfarrer von St. Nikolai, Christian Führer, notierte am 11. Oktober unter der Last des Erlebten: »Die Ereignisse vor diesem Montag waren erschreckend«. Es gab anonyme telefonische Drohungen (»Wenn ihr noch ein Friedensgebet in der Kirche abhaltet, steht eure Kirche in Flammen«). Die Presse drohte, es sei an der Zeit, die angeblich konterrevolutionären Aktionen endgültig und wirksam zu unterbinden. »Wenn es sein muß, mit der Waffe in der Hand!«[7] »Wie ernst diese Drohungen zu nehmen waren, zeigten die Ereignisse am 7. Oktober. Wie bisher immer an staatlichen Feiertagen (1. Mai und 7. Oktober) war unsere Kirche nicht geöffnet. Von unserer Wohnung aus wurden wir Zeugen des gewaltsamen Polizeieinsatzes, den wir persönlich erlebten, gegenüber einer wehrlosen, gewaltlosen Menschenmenge, die erstaunlicherweise dennoch keine Angst zeigte. Das Einschlagen auf wehrlose, bereits festgenommene Menschen hat uns um so mehr entsetzt, da wir solches Vorgehen staatlicher Organe bisher nicht kannten.«[8] So war es in Dresden, Berlin, Magdeburg und zahlreichen anderen Städten. Auch dieser Augenzeuge registrierte das auffällig veränderte Vorgehen der Macht. Aus Betroffenheit entstand das Bedürfnis nach Mitteilung und Hilfeleistung. »Am Sonntag war ein für den 20. Sonntag nach Trinitatis erstaunlich hoher Gottesdienstbesuch. Betroffene berichteten uns im Anschluß über die Härte des Einsatzes, über Verletzungen, wobei eine Zahl der Verletzten nicht zu ermitteln war. Der Montag begann und verlief mit einer nicht abreißenden Menge von Anrufen, uns zu warnen. Noch während des Friedensgebetes wurde meine Frau von tränenerstickten Anrufern erreicht, es würde geschossen, wir sollten die Menschen alle warnen und schützen. Die Bedrückung, der Druck auf uns waren sehr hoch.«[9]

Die Honecker-Weisung vom Vortag an die Bezirkseinsatzleitungen hatte die Situation aufs äußerste zugespitzt. Aus den verschiedensten Kanälen sickerten Wahrheiten und Gerüchte. Aus dem engsten Kreis der Eingeweihten und den vorgelagerten engeren Kreisen der Gutinformierten drangen sie nach außen. Als Kommandeure von Kampfgruppen in Wortmeldungen die Entschlossenheit bekundeten, gegen sog. »konterrevolutionäre Machenschaften« gegebenenfalls »mit der Waffe« einzuschreiten,[10] verbreitete sich dies in der Stadt wie ein Lauffeuer. Am 8. Oktober hatte Generalsekretär Honecker festgelegt, daß der Funktionärsapparat der Partei, der Gewerkschaften und der FDJ sowie »die Mitarbeiter« der staatlichen Organe »unmittelbar vor Ort an der Unterbindung der Krawalle teilnehmen und offensiv in Erscheinung treten« sollten.[11] Gemessen an der bisherigen Praxis war diese Festlegung ungewöhnlich. Honecker warf den gesamten Funktionärsapparat in die Waagschale des Machterhalts. Und wenn ihm aus dem engsten Kreis der Machtträger nachgesagt wird, daß er »ein gerissener Mann war, wie immer man das sehen mag«,[12] so verband sich diese Gerissenheit (sie sollte sich bald auch in der von Honecker veranlaßten Vernichtung der Bestände des internen Archivs des Politbüros durch den Minister für Staatssicherheit, Mielke, zeigen) mit Skrupellosigkeit. In den Machterhalt verstrickte der Generalsekretär auch den einzelnen Funktionär. Verantwortungsträger sahen sich in eine bürgerkriegsähnliche Zuspitzung der politischen Auseinandersetzung hineintreiben. Entweder sie funktionierten mit allen Konsequenzen, die das hatte, oder sie verweigerten sich. So war die Lage.

Die Leipziger SED-Bezirkssekretäre Roland Wötzel, Kurt Meyer und Jochen Pommert standen seit dem 8. Oktober vor einer solchen Gewissensentscheidung. Das Telefonat, das Wötzel noch am Sonntag, nachdem der »Ticker« die Honecker-Weisung übermittelt hatte, mit dem parteilosen Kabarettisten Lange führte, bestätigt dies. Wötzel, so erinnert sich Lange,[13] erklärte, er habe mit großer Sorge die Polizeieinsätze am 7. und 8. Oktober verfolgt: Wir sollten irgend etwas unternehmen. »Ihm schwebte vor, in die Nikolaikirche zu gehen, dort die Leute anzusprechen.«

Lange widersprach. »Ich war für eine genehmigte Demonstration.« Daß dies der Honecker-Weisung in allen Punkten widersprach, konnte er nicht wissen, während sein Gesprächspartner sie irgendwie zu befolgen suchte, sicherlich auch auf der Suche nach einem Kompromiß. Lange sagte auch: »Es ist in diesem Land immer so, daß man mit Verspätungen recht bekommt. 68 demonstrierte ich gegen den Abriß der Universitätskirche. Wer damals dagegen war, galt auch als staatsfeindliches Element. Nach wenigen Jahren gab man uns recht, aber es nützte uns nichts mehr. Und so ist es heute wieder. Die Menschen wollen ihr Recht aber heute, sie wollen jetzt ein besseres, demokratisches Land.«[14] Den nächsten Telefonkontakt vereinbarten Wötzel und Lange für Montag 14 Uhr.

Daß Wötzels Anruf mit der »Allerhöchsten Weisung und Drohung« nicht in Zusammenhang stand, ist kaum anzunehmen. Die Überlegung, in die Nikolaikirche zu gehen, in der einen oder anderen Weise am »Friedensgebet« teilzunehmen oder mit dem »Sympathiefeld um die Kirche«[15] ins Gespräch zu kommen, erfüllte zunächst einmal die »Anforderung« der Partei, »vor Ort« »offensiv in Erscheinung« zu treten. Das Vorhaben, ein Parteiaufgebot in die Nikolaikirche zu schicken, von dem noch zu reden sein wird, geht darauf wohl zurück und vermutlich auch ein Gespräch, das Wötzel am Vormittag des 9. Oktobers mit einigen Professoren der Universität führte. Offensichtlich lag ein Beschluß schon vor, als sich Wötzel sondierend an Lange wandte. Über die für Leipzig aus der Honecker-Weisung entstandene Gefahr war sich dieser Bezirkssekretär nicht im Zweifel.

Die Verweigerung

Der Gang der Ereignisse bestätigt den Satz Hölderlins von der Größe der Gefahr, aber auch von dem Über-sich-Hinauswachsen der Menschen, um die Gefahr abzuwenden. Gegen 13.45 am Montag ergriff Gewandhauskapellmeister Kurt Masur, Vorkontakte nutzend,[16] die Initiative. In einem Telefonat mit dem SED-Bezirkssekretär für Kultur, Dr. Meyer, den er kannte, sagte er: »Lassen Sie uns gemeinsam darüber nachdenken, was man tun kann, um heute abend das Schlimmste zu verhindern.«[17] Meyer antwortete, er habe die gleichen Befürchtungen, er werde nach einer Verständigung im »Sekretariat« zurückrufen. Die Gefährdung war derart, daß die drei SED-Bezirkssekretäre den von Masur vorgeschlagenen Weg zur Gefahrenabwendung in einer Gewissensentscheidung wohl ohne Zögern mitgegangen sind, obwohl sie wußten, daß ein solcher Alleingang gegen die Zentrale nach dem Parteistatut Fraktionsbildung, »eines der schlimmsten Vergehen«,[18] war. »Dann ging ich zu Helmut Hackenberg, informierte ihn von diesem Gespräch, von unserer Sorge und Angst. Dort befand sich auch Jochen Pommert. Wir beide waren uns einig, man müsse alles tun, um jene, die gewillt sind, zu einer friedlichen Lösung zusammenzuführen. Mit dieser, sagen wir, Legitimation, ging ich zurück in mein Arbeitszimmer und traf auf dem Gang Roland Wötzel, der an diesem Tag mit Dr. Peter Zimmermann und Bernd-Lutz Lange Kontakt hatte. Wötzel und ich wußten um gemeinsame Positionen, und ich wußte, daß bei Jochen Pommert ein großer Umdenkungsprozeß eingesetzt hatte. Ich sagte, wir würden Masur anrufen, um ihm ein Gespräch vorzuschlagen. Pommert sagte zu mir und Wötzel: ›Wir sind uns doch klar darüber, was das für uns drei heißt – Parteiausschluß, denn die Parteiführung sieht die Massen auf der Straße als Konterrevolution an, und wir drei stellen uns auf diese Seite.‹ Wir waren uns einig, daß man trotzdem nicht länger zögern dürfe. Ich rief Masur zu Hause an.«[19] Der amtierende Erste Sekretär der Bezirksleitung, Hackenberg, der den schwerkranken Horst Schumann auch in der Bezirkseinsatzleitung[20] vertrat, trug diesen Entschluß sonach nicht mit.

Eine »friedliche« Lösung erforderte den Dialog und machte ihn zur Bedingung für einen Kompromiß. Die Sicherheitsdoktrin des Politbüros mit ihrem anachronistischen Feindbild schloß beides aus. Die Dialog-Aktion richtete sich in der Sache direkt gegen Honecker, der die Ersten Sekretäre der SED-Bezirksleitungen, wie Krenz erwähnt,[21] angewiesen hatte, »feindliche Aktionen im Keim« zu ersticken und »die Organisatoren der konterrevolutionären Tätigkeit« zu isolieren. Die Bezirksbehörden des Ministeriums für Staatssicherheit, zumindest in Leipzig, waren darauf ebenfalls festgelegt.[22] Es war nur folgerichtig, daß eine Abstimmung der Drei mit der Bezirksbehörde des Ministeriums für Staatssicherheit unterblieb,[23] denn in der gegebenen Situation war sie zum Zentrum des Machterhalts geworden.[24]

Meyer, Wötzel und Pommert gehörten in Leipzig zu den Eingeweihten im engsten Kreis der Macht. Ihre Entscheidung, sich zu verweigern, spricht für eine bedrohliche Situation, für die es unmißverständliche Handlungsanweisungen gegeben haben muß. Sie spricht auch dafür, daß ein Schießbefehl oder ähnliches vorlag oder daß der Gebrauch der Schußwaffe gewollt und deshalb nicht auszuschließen war, selbst wenn einer der Hauptverantwortlichen das Vorhandensein eines Schießbefehls später entschieden verneint[25] und beteuert hat, die Sicherheitskräfte seien am Abend des 9. Oktober so massiert nur zum Zwecke einer »Demonstrativhandlung« aufgeboten worden.[26] Auszuschließen ist das nicht. Daß sich der in der Bevölkerung angestaute Haß zuerst und frontal gegen die ›Organe‹ richten würde, sofern die in den Kirchen und durch die Bürgerbewegung verkündete Gewaltlosigkeit nicht aufrechtzuerhalten war, beurteilten führende Kreise des Ministeriums für Staatssicherheit gewiß realistisch. »Ich wollte nicht, daß alles außer Kontrolle gerät. Und ich wollte keine Erstürmung der Bezirksverwaltung. Für die Objektverteidigung gab es klare Befehle. Wenn Mitarbeiter angegriffen worden wären ..., ich weiß nicht, wie ich mich entschieden hätte. Wenn es um Leben und Tod gegangen wäre. Zum Glück kam es nicht dazu. Dank der Besonnenheit auf beiden Seiten.«[27] Diese Aussage verdeutlicht immerhin, daß in der bestehenden Situation der Gebrauch von Schußwaffen nicht ausgeschlossen war. Auch führte das fehlende oder mangelnde Vertrauen innerhalb der Spitzengremien zu gravierenden Informationsverlusten, und das erhöhte die Unsicherheit.

Die drei Bezirkssekretäre Meyer, Wötzel und Pommert schlugen dem Gewandhauskapellmeister vor, in dessen Wohnung zu kommen und den Kabarettisten Lange und den Theologen Zimmermann mitzubringen.[28] Kurt Masur hatte sein Amt 1970 angetreten. Sein Engagement entsprach durchaus dem seines Vorgängers Václav Neumann, der Leipzig aus Protest gegen den Einmarsch der Truppen des Warschauer Pakts in die Tschechoslowakei verlassen hatte. Kurt Masur war an diesem 9. Oktober in aller Munde. Später zu den Motiven seines Handelns befragt, bekannte er seine Verantwortung für die Menschen dieser Stadt, das

Land, sein Orchester, den humanistischen Auftrag. »Aber die Vorgänge in Leipzig und im ganzen Land haben mich einfach gefordert – da ich einer von denen bin, denen man in der Stadt nachsagt, einen gewissen Einfluß, eine gewisse Glaubwürdigkeit zu besitzen. Ich mußte versuchen, das zu tun, was jeder andere in meiner Position auch getan hätte. Es war sozusagen ein humanitärer Akt des Augenblicks. In diesem Moment war gar nicht abzusehen, was sich daraus in Zukunft entwickeln würde, die Ereignisse überstürzten sich. Dazu kam: Diese Stadt Leipzig ist mir mehr und mehr ans Herz gewachsen durch die Menschen, die hier leben. Sie müssen sich nur die grauen Häuser anschauen, die Luft atmen, um zu wissen, daß jemand, der hier lebt, andere Werte gesucht haben muß und auch gefunden – sonst würde er nicht hier leben.«[29] Er betont, daß er im Falle einer Tragödie an diesem 9. Oktober die Stadt verlassen hätte, die ihm »zweite Heimat« geworden ist.

Die Drohgebärden der Macht und die Eskalation der Angst im Vorfeld des Montagsgebets vom 9. Oktober hat Kurt Masur höchst sensibel reflektiert, stellvertretend auch für die Orchestermusiker. Im Rückblick des Zeitzeugen erweist sich der September 1989 als das dramatische Vorspiel des Leipziger Oktober. Die Gewandhausmusiker haben »wie alle Menschen dieser Stadt das Geschehen um die Nikolaikirche sehr bewußt beobachtet«. Masur erinnert sich: »Je mehr Polizei aufgefahren wurde, um so mehr waren wir verstört. Die Kollegen waren belastet. In dieser Situation haben wir die ›Eroica‹ aufgenommen. Und als wir sie damals anhörten, sind wir zu dem Schluß gekommen: Es geht nicht, im Augenblick können wir nicht.« Die Konzentrationsfähigkeit der Musiker hatte nachgelassen. »Weil jeder von uns belastet war.« Das Eingebundensein in die Gefährdung und auch die Angst wurden überdeutlich. »Einige hatten Kinder, die bei den Friedensgebeten dabei waren, danach auf die Straße gingen. Die Angst vor der Konfrontation wuchs.«[30] Die Erinnerung an den 2. Oktober verstärkte diese Angst. Masur gehörte zu den ersten Prominenten Leipzigs, die das brutale Hineinschlagen der Sicherheitskräfte in die jugendliche Menge an diesem ersten großen Demonstrationsmontag in der Messestadt als unannehmbar zurückwiesen. Noch am Abend erklärte er über das Fernsehen: »Ich schäme mich«.[31] Am Dienstag früh, am 3. Oktober, erwarteten die Gewandhausmusiker und die Mitarbeiter des Hauses ihren Chef im Foyer. Sie stellten sich hinter Masur. In diesem Umfeld und aus Verantwortung für die ganze Stadt handelte der Gewandhauskapellmeister an jenem 9. Oktober, der vielen LeipzigerInnen als ein Tag der Gefährdung und lastender Angst im Gedächtnis bleiben wird.

Katherina, 15, erinnert sich, daß der Schuldirektor vor die Klasse trat und sagte, daß sie da nicht hingehen sollten am Abend, »und wenn wir hingehen, dann können wir von ihm keine Hilfe erwarten«.[32] Ein anderes Mädchen begreift erst am Abend, weshalb die Mutter sie zum Flötenunterricht nicht in die Stadt gehen ließ. »Denn es bestand die Möglichkeit, daß auf die Demonstranten geschossen wird.«[33] Ein »Mitglied der SED« ließ einen Bekannten wissen, es gäbe ein Zehnpunkteprogramm des Zentralkomitees, ihm zufolge sei »die Konterrevolution am 9. Oktober in Leipzig niederzuschlagen«.[34] Staatliche Leiter wußten mehr als ihre Mitarbeiter. Der Direktor des Musikverlags Edition Peters warnte in der Presse nicht ohne eigene Furcht: »Falls die Zusammenrottungen im Stadtzentrum weiter eskalieren und sich weiter kriminalisieren, falls die sozialistische Staatsmacht weiter so verunglimpft wird, kann das kein gutes Ende nehmen«.[35] Vermutlich sprach aus ihm die Stimme der Bezirkseinsatzleitung, die solche Wortmeldungen, der Honecker-Weisung vom Vortag folgend, einholte.[36] Er wollte den »Dialog« auf »der Straße, unter dem Druck und Zwang solcher Ausuferungen, nicht führen«. Mit den »Einsichtigen« und »nur mit ihnen, nicht mit den notorischen Feinden unseres Staates«, hoffe er, werde ein Konsens gefunden werden.

Die ›Apparate‹, die Institutionen, die Betriebe und Schulen wurden durch den Funktionärskader auf die Gefahrenstufe am Nachmittag und Abend des 9. Oktober eingestellt. Die Nichtleipziger sollten die Stadt, die Leipziger die innere Stadt meiden oder rechtzeitig verlassen.

»Früh im Büro am 9. Oktober: Die Stimmung ist bedrückt; es wird kaum geredet. Entsetzen über das gewaltsame Vorgehen der Polizei in Leipzig, Berlin, Dresden. Und Angst, Angst vor chinesischen Verhältnisses. Wird uns zukünftig nur noch Gewalt regieren?« Ein anderer sagt über die Aussetzung des visafreien Reiseverkehrs in die ČSSR: »Nun ist das letzte Loch geschlossen«. An Randalierer, die die Jubelfeier zum 40. Jahrestag stören wollen, glaubt keiner.

Um neun Uhr wird in einer Beratung vom Vorsitzenden des Rates des Kreises das Vorgehen der Polizei gerechtfertigt. Sein Standpunkt ist im Prinzip der in den Medien propagierte: »... durch westliche Aggressoren gesteuerte Rowdys und Randalierer haben das Volksfest stören wollen. Die Schließung der Grenze war ein folgerichtiger Schritt, um die Ordnung im Lande herzustellen. Auf die, die gegangen sind, können wir verzichten«. Dann Verhaltensmaßnahmen: Dienstreisen nach Leipzig nur, wenn der Termin nicht veränderbar ist. Spätestens bis 15 Uhr sollen alle Leipzig verlassen haben. Mit den Bauarbeitern ist das politische Gespräch zu führen; es sind Stimmungen und Meinungen zu erfassen. Die Arbeiter sind anzuweisen, die Baustellen bis 14 Uhr zu verlassen. Die Baustellen im Zentrumsbereich sind gut zu sichern, besondere Vorkommnisse, auffällige Personen sofort zu melden. Keiner hat sich nach 16 Uhr auf der Baustelle aufzuhalten. »Gegen die Randalierer müssen wir konsequent vorgehen, wenn sie keine Vernunft annehmen, auch mit Gewalt.« Um 14 Uhr Beratung in Leipzig im Büro für architekturbezogene Kunst (BAK). Man hat das Gefühl, daß alle fahrig und unkonzentriert sind. Das Thema wird schnell abgehandelt. Kommentar der Abteilungsleiterin für Kultur des Rates des Kreises Delitzsch, Frau W.: »Zum Bahnhof. Wir müssen schnell machen. Wir müssen zurück. Aus Sicherheitsgründen!«[37]

Zu diesem Zeitpunkt, etwa um die Mittagszeit, fand in Berlin zwischen den Politbüromitgliedern Krenz und Schabowski ein Gespräch statt. »Er kam zu mir, als die Leipziger Demonstration am 9. Oktober anstand, und sagte, ich habe ein Fernschreiben bekommen, in dem darum gebeten wird, daß keine Gewaltanwendung stattfindet, ich werde jetzt mit dem und dem und dem sprechen. Das war auch der Grund, warum sich das hingezogen hat. Gegen Mittag kam er zu mir, er wollte nachmittags mit denen reden, hat dann den einen oder anderen nicht bekommen, und das war der Grund, warum er in Leipzig zu spät zurückgerufen hat. Er hat erst gegen 19 Uhr zurückgerufen.«[38] Die Entscheidung gegen die Anwendung von Gewalt, und das hieß wohl eindeutig Waffengewalt, fiel in Leipzig und nicht in Berlin. Die Verantwortungsträger am Ort waren, aus welchen Gründen auch immer, auf sich gestellt. Möglicherweise hat sich die Zentrale gar nicht beeilen wollen, die eigene Entscheidung schneller herbeizuführen.

Während im Haus des Zentralkomitees »Gespräche« geführt wurden, füllte sich das Schiff der Nikolaikirche. Es war gegen 14 Uhr »gut gefüllt«, um 15 Uhr und endgültig um 15.30 Uhr mit etwa 2000 Menschen überfüllt. »Tausende konnten aus Platzgründen nicht mehr eingelassen werden.«[39] Die Aufforderungen des Pfarrers, in den Kirchenbänken zusammenzurücken, wurden befolgt, ebenso sein Appell an die vor den Türen Drängenden, eine der durch Schilder ausgewiesenen Kirchen aufzusuchen – bis auch diese Kirchen überfüllt waren: Die Reformierte Kirche mit 1100 Friedensgebetsteilnehmern, die Thomaskirche mit 2000 und die Michaeliskirche mit 900.

Mit bangen Gefühlen gingen die Menschen in Richtung Nikolaikirche. »Es war abzusehen, daß heute alles kippen mußte. Mit dem Bewußtsein, Teilnehmer einer blutigen Auseinandersetzung zu werden, ging ich gegen 14.30 Uhr aus dem Haus.« Eine Hausfrau, 37, mußte ein »Heerlager von Polizisten und Staatssicherheit« durchqueren.[40] Eine Schriftsetzerin, 32, berichtet: »Es war ja Wahnsinn, in welcher Menge Polizei, Armee und Kampfgruppen seit dem Vormittag ausgerückt sind. Ich war erschrocken, als ich von der Arbeit nach Hause fuhr und das sah«.[41] Eine Angestellte, 43, ging eine größere Runde, zuerst zur Nikolaikirche. Der Platz war durch Bauzäune eingeengt und gegen 15 Uhr schon voller Menschen. »Vor allem Männer.« An der Kirche ein großes handgeschriebenes Plakat: »Laßt die Pflastersteine liegen.« Brennende Kerzen in den Kirchenfenstern und Blumen. Die Kirche übervoll. »Die Stadt voller Menschen, ich denke, die Hälfte Sicherheitskräfte; Männer zu zweit oder dritt – scheinbar unbeteiligt –, aber doch zu erkennen. Das Unauffälligseinwollen entlarvte sie.« An der Ecke Reichsstraße/Grimmaische Straße machten Straßenmusikanten[42] den Kontrast sichtbar: »Friedliche Stadt bis an die Zähne bewaffnet«. Am Neumarkt standen vielleicht zehn Überfall-Wagen hintereinander. »Ich gehe langsam vorbei, sehe die Uniformierten fragend an. Will prüfen, ob sich in ihren Gesichtern der Ausdruck ändert. Sie blicken unverändert ernst.« Am Feuerwehrdepot sah sie die »schwere Technik« stehen: Wasserwerfer, Lastwagen mit Schiebeschildern, eine Kette von Polizisten mit weißen Schilden davor. »Um die Staatssicherheitsgebäude wimmelte es von ›unauffälligen‹ Personen, aber auch grünen Polizisten.« Am Cafe »Concerto« an der Thomaskirche, am »Bach«, ist der Platz gegen 16.30 Uhr inzwischen voller Menschen, »vorwiegend Jüngere, aber auch Ältere, um die 60, einzelne, Paare, Gruppen, und es kommen mehr und mehr aus der Richtung Nikolaikirche«. Im Cafe: »Wir schließen heute bereits um 17 Uhr.« »Was ist der Grund?« »Alle Geschäfte und Gaststätten sollen heute 17 Uhr schließen – aus Sicherheitsgründen.« – Der Platz um das Bachdenkmal hatte sich inzwischen gefüllt. »Die Gesichter sind ernst, und es wird geschwiegen. Eine unnatürliche Stille für eine so große Menschenansammlung. Ich denke, es waren Studenten, Angestellte, Intellektuelle, kaum Arbeiter.«[43]

Die Betriebskampfgruppen waren schon am Morgen in erhöhte Alarmbereitschaft versetzt worden. Gegen 14 Uhr wurden sie in den »Stützpunkten« zusammengezogen. Es hatte aufgeregte Diskussionen über Befehl und Gewissen gegeben. »Wir waren uns einig: Wir sind bereit, so wie wir das in unserem Eid zum Ausdruck gebracht haben, Einrichtungen zu schützen, Leben und Gesundheit von Menschen zu schützen. Wir sind aber nicht bereit, uns benutzen zu lassen, um unzufriedene Bürger der DDR zu behindern.«[44] Die »Kämpfer« hatten die Aufgabe, Absperrungen durchzuführen. Auf eigenen Wunsch konnte der Schlagstock zum »persönlichen Schutz« mitgenommen werden. Von den 160 »Genossen« waren in dem einen Fall achtzig erschienen. Ein Kollege, Vater von fünf Kindern, zitterte vor Angst. »Nicht um sich, vor Angst, daß seine Kinder den Ernährer verlieren.« Er sagte dann: »Wenn ihr alle geht, komme ich auch mit.«[45] Zwei Freundinnen, Rentnerinnen, mußten auf der Goethestraße, um zur Nikolaikirche durchzukommen, an LKW-Kolonnen, behelmten Polizisten und anderen Einsatzkräften vorbei.[46] Gegen 13 Uhr waren beispielsweise die Bereitschaftspolizisten (Bepos genannt) der 21. Volkspolizei-Bereitschaft »Arthur Hoffmann« in der Essener Straße durch Politoffizier und Kompaniechef in die Tagesaufgabe eingewiesen worden. Der Politoffizier: »Genossen, ab heute ist Klassenkampf. Die Situation entspricht dem 17. Juni 53. Heute entscheidet es sich – entweder die oder wir. Seid deshalb klassenwachsam. Wenn die Knüppel nicht ausreichen, wird die Waffe eingesetzt«.[47] Die Gegenfrage der Neunzehn- und Zwanzigjährigen: Zur Demo werden aber auch Frauen mit Kindern kommen. Was wird mit den Kindern? »Die haben Pech gehabt.« Wieder die Frage: »Wer übernimmt die Verantwortung dafür?« »Die Verantwortung übernehmen wir.« – Andere lagen in den Betten und weinten, Leipziger waren darunter. Wieder andere versuchten, Dienst in der Küche oder im Klub zu bekommen. »Jeder stritt mit jedem, wie man sich verhalten solle.«[48]

Diejenigen, die gegen 14 Uhr ausrückten, fuhren ins Untere Barfußgäßchen. Dort saßen sie acht Stunden auf den Fahrzeugen. An ihrem Standort, dem Stasi-Gebäude, waren sieben LO-Mannschaftswagen (Kapazität zwölf Personen) aufgefahren, sechs LKW (Kapazität 24 Personen), besetzt auch mit drei MP-Schützen mit Maschinenpistolen, die mit tränengasgefüllten Platzpatronen geladen waren. Die Offiziere waren mit Pistolen bewaffnet. In der Essener Straße standen mit laufendem Motor zehn Schützenpanzerwagen in Bereitschaft, drei Wagen zum Soforteinsatz standen abrufbereit im Trakt der Bezirksverwaltung der Volkspolizei neben dem Gebäude der Staatssicherheit. Sie waren mit scharfer Munition bestückt. An diesem Tag sollen allein in Leipzig von den Volkspolizei-Bereitschaften 28 Kompanien mit je 80 Mann im Einsatz gewesen sein, neben Kampfgruppen, Nationaler Volksarmee, Spezialeinheiten und Stasi-Angehörigen. Die Bereitschaftspolizei der Stadt mit ihren vielen Kontakten zur Zivilbevölkerung war gegenüber Einheiten aus anderen Bezirken bewußt das letzte Glied der Einsatzplanung.[49] Die Nikolaikirche war regelrecht belagert.

Als die Hausfrau, 37, dort anlangte, sagte ihr jemand, es sei schon seit 13 Uhr so voll. Genossen hätten den Auftrag bekommen, sich hineinzusetzen und die Andacht zu stören. Trotzdem war es ruhig, und mit dem Vorrücken der Zeit wurde es immer stiller im Raum.[50] Die von der Partei Geschickten kamen gegen 14 Uhr »in kleinen Gruppen« zur Kirche, aus dem Neuen Rathaus, wo sie gegen 13 Uhr durch einen Sekretär der SED-Kreisleitung nochmals angeleitet und auch ermahnt worden waren, Parteiabzeichen abzulegen. Die meisten verließen später die Kirche in einem Aufruhr des Gewissens, er hatte bei manchen schon vorher begonnen. »Ein Student sagte in der Anleitung, er halte das Ganze für ein Husarenstück. Ihm wurde maßregelnd das Wort entzogen. Eine Genossin beschwerte sich daraufhin über diese

Art und Weise und den Umgangston. Es gab ein Hin und Her, bis Professor Bernd Okun aufstand und erklärte, warum er eigentlich hier sei und auch in der Kirche etwas sagen wolle. Die ungeheuerliche Arroganz der Parteiführung und Ignoranz den Geschehnissen im Lande gegenüber, sie sei schlimm. Er sprach zum erstenmal öffentlich aus, was viele von uns dachten. Es sei vielleicht schon zu spät, das einzige, was wir machen könnten, sei, Zeit zu gewinnen, um miteinander zu reden, daß nichts Schlimmes passiere. Plötzlich brüllte einer von der Tür, wie lange wir denn noch diskutieren wollten, die Kirche fülle sich schon. Dann haben wir diese Stunden dort gesessen.«[51]

Die Dozentin, die von der Karl-Marx-Universität gekommen war, spürte, wie das Ausgrenzungsmuster, das sie verinnerlicht hatte, zerfiel. »Ich las die Anschläge, über die Verhaftungen, auch den Bericht einer ehemaligen Studentin von mir: Warum begegnet ihr uns so, mit diesem Haß in den Augen, so feindlich?, fragte sie. Seltsam. So dachte ich auch, aber über die andere Seite.« Das Schlimmste scheint, daß sich Ausgrenzungsmuster derart halten konnten. Waren sie nicht Ergebnis einer verheerenden Indoktrination und eines zerstörerischen Realitätsverlustes? Nicht wenige haben mit dem Zusammenbruch ihres Weltbildes und ihrer Persönlichkeit bezahlt. »Von draußen drangen Pfiffe und Buhrufe zu uns herein. Wir dachten, es gelte uns, weil man wisse, wer hier mit drinnen sitzt. Ich hatte Angst. Ich setzte meine Brille auf, die andere, die stabilere.«[52]

Die Kirchenleitung wußte von der Anwesenheit von Parteimitgliedern. »SED-Genossen saßen in der Kirche. Wir waren ... überrascht, aber bei uns gilt voll und ganz: ›Nikolaikirche – offen für alle!‹«. Der Verkündigung lag Jesaja 45 zugrunde, berichtet Pfarrer Christian Führer weiter, aber die Konzentration habe unter der Spannung des Tages »und den auch in der Kirche vernehmbaren Rufen der Tausende um die Kirche herum« nicht gelitten.[53] Nach der Andacht berichteten zwei Dresdner über die Dialogbereitschaft in ihrer Stadt und ein erstes Gespräch mit Oberbürgermeister Berghofer. Anschließend wurde eine Erklärung der Konferenz der katholischen Priester des Dekanats Leipzig zum Thema Vertrauensschwund verlesen. Das Neue Forum und die Arbeitskreise Gerechtigkeit, Menschenrechte, Umweltschutz riefen in schriftlichen Appellen zur Gewaltlosigkeit auf.

Danach das Spektakuläre. »Während des Gottesdienstes wurde mir eine Stellungnahme dreier SED-Sekretäre der Bezirksleitung, Professor Masurs und anderer überreicht, welche ich verlesen ließ.«[54] Mehrmals wurde Beifall geklatscht. Der Name des Überbringers fehlt in dem Bericht des Pfarrers, wohl nicht grundlos. Im November 1990 bekannte er, mit der Staatssicherheit in Verbindung gestanden zu haben. Man könnte die Tat von 9. Oktober als einen Ansatz zur Selbstbefreiung aus dieser Verstrickung sehen.

Es war der Theologe Dr. Zimmermann. Eine Teilnehmerin an dem Friedensgebet (die schon erwähnte Hausfrau) sah, wie er völlig erschöpft und entnervt Pfarrer Führer ein Papier übergab und dringend darum bat, es verlesen zu lassen. Die sechs Unterzeichner verlangten den »freien Meinungsaustausch über die Weiterführung des Sozialismus in unserem Land«; sie versicherten »allen Bürgern«, ihre ganze Kraft und Autorität dafür zu verwenden, »daß dieser Dialog nicht nur im Bezirk Leipzig, sondern auch mit unserer Regierung geführt« werde. »Wir bitten Sie dringend um Besonnenheit, damit der friedliche Dialog möglich wird.«[55]

Der in vier Kirchen verlesene kurze »Aufruf der Sechs«, ein Text der Verweigerung, war angesichts des Demokratieanspruchs der fast Hunderttausend auf den Straßen ein Kompromiß auf kleinstem Nenner; sich an alle »Bürger« wendend, schloß er die Ordnungskräfte stillschweigend ein. Besonders sie mußten sich angesprochen fühlen. Die Sechs weigerten sich, in die befohlene Konfrontation hineinzugehen bzw. hineingezogen zu werden. Damit gaben sie ein Beispiel, während Berlin nicht einmal ein Zeichen gab. Sie verlangten, wenn auch verdeckt, die innenpolitische Öffnung.

Der Text war am frühen Nachmittag in Masurs Wohnung entstanden, gemeinsam verfaßt von Masur, den drei SED-Bezirkssekretären, dem Theologen Zimmermann und dem Kabarettisten Lange. »Masur hatte schon entsprechende Gedanken parat, und dann formulierten wir gemeinsam.«[56] Gegen 16.30 Uhr schrieb Lange im Gewandhaus den Text mit Durchschlägen in die Maschine. Masur sprach ihn auf Band, es lief über den Stadtfunk, als die Demonstration begann. Wer ihn hörte, empfand Erleichterung. Kurz vor 17 Uhr lief Zimmermann mit den

Durchschlägen vom Gewandhaus zu den Kirchen. An der Nikolaikirche nahm ihm ein Mitglied des Neuen Forum den für die
(am weitesten entfernte) Michaeliskirche am Nordplatz bestimmten Durchschlag ab und brachte ihn dorthin.

Die Hausfrau, 37, in der Nikolaikirche: »Einen Moment lang
entspannten sich alle – ein kurzes Aufatmen. Das hielt nicht an,
denn von draußen drangen die gewaltigen Sprechchöre zu uns
hinein: Neben Pfiffen und Buh-Rufen und Klatschen das *Stasi raus!*,
Gorbi, Gorbi, Wir bleiben hier! und das wunderbare *Wir sind das Volk!*
Am lautesten aber der Ruf *Keine Gewalt!*«.[57] Die Genossin in der
Nikolaikirche: »Beim Friedensgebet, als die Resolution der Sechs
verlesen wurde, sagte ich erleichtert zu meinem Nachbarn: ›Endlich, endlich machen auch wir ein Angebot zum Miteinander-
Reden‹«.[58] Die Atmosphäre in der Kirche war »zum Zerreißen«
gespannt. »Irgendwie schienen wir uns alle zu ducken in Erwar-
tung eines fürchterlichen Schlages. Und auch die Genossen waren ausgesprochen zurückhaltend. Sie mußten ja auch die aufge-
fahrenen Mannschaftswagen gesehen haben. Vielleicht wußten
sie auch vom Bereitschaftsdienst der Ärzte, von eilig herbeige-
schafften Blutkonserven.« Landesbischof Hempel, der in allen
Friedensgebetskirchen gesprochen hatte, sprach ein ernstes
Schlußwort mit dem Aufruf zu absoluter Gewaltlosigkeit. Er
sagte, er bete dafür, diese Nacht möge vorübergehen, ohne daß
das Schlimmste passiere, und erteilte allen den bischöflichen
Segen. »Keiner von uns wollte das Wort Bürgerkrieg ohne Blutvergießen aussprechen, aber allen schien es greifbar nahe.«[59]

Die Pfarrer boten an, die Kirche für alle geöffnet zu halten, die
sich nicht hinauswagen wollten. »Es gingen aber alle.«[60] Das
Herausgehen vollzog sich in Ruhe, außer daß einige vernehm-
lich verlangten, am nächsten Montag das Friedensgebet mit
Lautsprechern auf den Kirchplatz zu übertragen. »Die Menge
auf dem Nikolaikirchhof war so dicht, daß ich befürchtete, daß
die 2000 Menschen aus der Kirche nicht mehr Platz hätten.«[61]
Das kaum für möglich Gehaltene geschah und erschien wie ein
Wunder. Der Pfarrer, in der Kirchentür stehend und überwältigt
vom Geist Christi der Gewaltlosigkeit, sah die Menschen hin-
ausgehen und aufgehen im »Zug der Siebzigtausend« durch die
Innenstadt und das »Wunder« so seinen Fortgang nehmen. »Die
Gewaltlosigkeit blieb nicht ein hilfloses Wort in der Kirche, son-

dern wurde mit auf die Straße genommen.« Gegen provokatorische Rufe erhob sich eine mächtige Stimmenwoge: *Keine Gewalt! Keine Gewalt!*, so daß die Rufe verstummten. »Es war bewegend, wie gewaltlos sich dieser Menschenstrom bewegte. Kampfgruppenangehörige und Polizisten wurden in Gespräche verwickelt und ließen sich auf Gespräche ein. Es wurde deutlich, daß diese 70 000 Menschen keine Rowdys oder Kriminelle sind, auch keine Konterrevolutionäre. Nur wer diese Demonstration der Gewaltlosigkeit miterlebt hat, kann empfinden, was sie bedeutete.«[62]

Die Dozentin verließ die Kirche durch den linken Ausgang. »Man sagte uns, wir sollten rechts herausgehen. Ich dachte, vielleicht ist es eine Falle.«[63] In der Rückerinnerung erscheint ihr dieser Gedanke »absurd«. Gegen 18 Uhr lief sie zum Hörsaalgebäude zurück, als die Demonstration begann, die Geschichte machte, und nahm an der Versammlung ihrer Abteilungsparteiorganisation teil. »Vor dem Hörsaalgebäude standen die Mannschaftswagen der Bereitschaftspolizei, davor schweigend die Männer mit den Helmen und Schilden. Es wirkte beklemmend.«[64] Die Parteiversammlung diskutierte eine Resolution, die politischen Dialog und Gewaltfreiheit forderte. Als jemand von den »Randalierern« sprach, verlangte sie, endlich mit solchen Verunglimpfungen Schluß zu machen. Als sie um 19.00 Uhr das Gebäude verlassen durfte, sah sie eine Frau, vielleicht Mitte Vierzig, gestikulierend, pausenlos auf die behelmten Polizisten in den Mannschaftswagen einredend. Die schwiegen. Ein Polizist sagte dann: »Ach, laßt uns doch in Ruhe! Wir wollen nach Hause!«[65]

Eine Woche später öffnete der Rektor der Universität, Hennig, das Hörsaalgebäude für den Dialog[66] mit den Demonstranten. Mancher, der aus den ›Apparaten‹, aus dem Lehrkörper, von den Studenten in den überfüllten Versammlungen saß, während draußen der ›Rundlauf‹ begann, gab sich der Illusion hin, die Bürgerbewegung auf diese Weise zum Sitzen bringen zu können. Vergebens. Da war überhaupt kein Feind, da waren Leipziger. Es gab die Forderung, das Neue Forum zuzulassen, aber auch den Appell, es möge sich eindeutig für den Sozialismus erklären und sich zum Antifaschismus bekennen. Das war überflüssig, denn die Angehörigen des Neuen Forum wollten die DDR nicht abschaffen, sondern erneuern.

Ein Schüler, der schon am 2. Oktober dabeigewesen war, ließ sich auch an diesem denkwürdigen 9. Oktober nicht bremsen, obwohl er sich eine Woche zuvor einen blutigen Kopf geholt hatte. Schlagstockerfahrungen. Dabeisein, das wars. Gerade. *Demokratie, jetzt oder nie! – Jetzt oder nie, Demokratie!* Viel zu spät war er, anfangs in Begleitung, zu Hause losgegangen, die Kirchen waren schon hoffnungslos überfüllt. Hier sein Bericht, geschrieben am 10. Oktober.[67]

Montag, 9. Oktober. Gegen 17 Uhr kommt Timo J. vorbei, um die Hosen-Platte [Rock-Gruppe »Die toten Hosen«] zu holen; er berichtet, was los ist. Sagt: Sie haben den Schießbefehl ausgegeben, das wird noch wie in China. Meine Mutter ist seit Vormittag im Stasigebäude zu einer Sondersitzung; sie hat zu Hause angerufen. Ein Riesenpolizeiaufgebot ist in Stellung gegangen. Auf dem Messegelände sollen schon die Panzer stehen. Alle Kasernen wären in Bereitschaft sowie Kampfgruppen und Sondertruppen. Mein Vater, sagt er, ist eingezogen worden zur Reserve; er hat noch zwei Wochen vor sich, ist schon vier Wochen dort, ständig in Bereitschaft. Am Gerichtsweg standen schon massenweise Ellos von der Polizei, sagt er. Nachdem er gegangen war, machten wir uns, die Mutti und Tom, der aus Dresden gekommen war, auf den Weg in Richtung Innenstadt. Am Leuschnerplatz war schon recht großer Trubel, aber nichts Auffälliges. Es war inzwischen gegen 18.30 Uhr, als wir in der Höhe des Hotels Deutschland [Hotel am Ring] am Friseur standen und zum Karl-Marx-Platz blickten. Der Platz war mit Menschen voll; viele standen in Höhe Post und guckten. Auch am Gewandhaus gab es viele Schaulustige, die das Treiben auf dem Karl-Marx-Platz beobachteten. Dann, später, sperrte vor mir die Polizei die Straße ab (das war auf der Kreuzung Grimmaische-, Nürnberger-, Querstraße); dies war für mich das Signal: Jetzt gehts los.

Ich ging allein in Richtung Post. Dort waren schon Sprechchöre aus weiter Entfernung zu hören, die leise über den Menschenmengen schwebten. Sie schienen aus Richtung Leuschnerplatz zu kommen, was aber ein Trugschluß war; jedoch hörte es sich auf Grund des Schalls so an, sicher wegen der großen Gebäude auf dem Karl-Marx-Platz. Dann wurden die Chöre deutlich lauter; ein Zug kam auf den Karl-Marx-Platz »gerollt« – von der Nikolaikirche.

Das laute Klatschen einer großen Menge war zu hören; dann die Rufe: *Schließt euch an! Schließt euch an!* Und schon kam der Zug angerollt und bewegte sich an der Hauptpost vorbei. Ich schloß mich an, mit zwei Bekannten, die ich getroffen hatte. Es schien eine gewaltige Menge zu sein, die noch hinter uns kam. Neben mir eine große Gruppe von Arbeitern (in den Dreißigern), auch Leute mit Aktentaschen, die sicher von der Arbeit kamen. *Wir sind keine Rowdys! Wir sind keine Rowdys!* wurde angestimmt, verbreitete sich schnell weiter und schallte dem Bahnhof entgegen. Wir waren in Höhe Terrasse des Kellertheaters (Opernhaus hinten). *Wir sind das Volk! Wir sind das Volk!* und immer wieder: *Gorbi! Gorbi!* Dann: *Neues Forum zulassen! Neues Forum zulassen!* und: *Wir wollen Reformen!* Der Zug war zu einer riesigen Demonstration angewachsen. In Höhe Delikat und Jugendmodegeschäft wieder: *Schließt euch an! Schließt euch an!* Dort standen noch einige Un-entschlossene in den Grünanlagen. Auffällig war mir, daß auch viele Leute in den Vierzigern und Fünfzigern mitgingen. *Wir sind das Volk! Wir sind das Volk!* und: Die Internationale. Am Bahnhof vorbei zogen wir, als noch viele Leute unentschlossen hinter der Brüstung standen. Der Bahnhof war gesperrt, man konnte nicht rein; die Polizei stand in den Eingängen mit Schilden und Helmen. Nur am Astoria konnte man hinein. *Schließt euch an! Schließt euch an!* Viele kletterten über die Geländer und reihten sich in den Zug ein unter großem Beifall der Menge.

Ich ging aufs Merkur zu, weiter durch die Nordstraße und dann Richtung Naturkundemuseum, während der Zug in Richtung Brücke weitermarschierte. Die Sprechchöre waren sehr weit zu hören; es war eine große Masse, die sich am Konsument vorbeiwälzte, unter der Brücke durch zum Schauspielhaus. Von der Brücke, die von Menschen überfüllt war, blickte ich die Straße aufwärts. Es waren keine Einzelheiten zu erkennen, die ganze Straße war ein sich bewegendes Menschenmeer, mit einzelnen Transparenten, deren Aufschriften aber nicht zu erkennen waren. Die Hälfte des Zuges war schon gar nicht mehr zu sehen; sie waren schon um die Kurve (an der Runden Ecke [Hauptgebäude der Staatssicherheit] vorbei). Die Straße war so überfüllt, daß kein Pflaster zu sehen war; nur die Bäume am Rand schauten über die Leute hinweg. Auffällig war, daß keine Polizei zu sehen war außer der den Verkehr Regelnden. Immer wieder erklang die Internationale: »Auf zum letzten Gefecht!«

Ich lief durch die Stadt in Richtung Zills Tunnel, Thomaskirche. Dort stand die Einsatzpolizei mit grauen Anzügen und weißem Helm mit Visier und wartete. Der Zug bewegte sich am Schauspielhaus vorbei, wobei der Anfang schon das Rathaus erreicht hatte und das Ende nicht abzusehen war. Immer wieder die Sprechchöre *Gorbi! Gorbi!* und: *Neues Forum zulassen* usw. Es gab keine Eingriffe der Polizei. Alles verlief ruhig. *Keine Gewalt! Keine Gewalt!* ertönte es vom Zug her. Einzelne Pfiffe ertönten. Es war ein gewaltiger Krach, der durchs abendliche Leipzig zog. Dann lief ich zur Haltestelle Leuschnerplatz, wo der Zug vorbeimarschierte, zum Polizeihauptgebäude Beethovenstraße, Ecke Leuschnerplatz. Dort standen auch Einsatzpolizeiwagen, Ellos, aber die machten keine Anzeichen des Eingreifens. Am Leuschnerplatz löste sich der Zug langsam auf. Viele traten den Heimweg an. Ich lief durch die Grünanlage zur Sportschule, traf dort Dudi und Kumpels aus der Neruda [Pablo-Neruda-Oberschule]; wir gingen heim. Große Erleichterung und Freude über die gewaltlos verlaufene Demo. Alle hatten Schlimmes erwartet. Eh, das war absolut Spitze heute, daß die nicht eingegriffen haben, sagte der kleine Metaller. Einer erzählte vom 7. Oktober: Da hamse auch gekloppt und Wasserwerfer aufgefahren. Nachdem wir uns verabschiedet hatten am Bayrischen Bahnhof, ging ich mit einem Kumpel in Richtung Wohngebiet. An den Neubauten am Schiff traf ich noch Tilo Sch. aus der alten Schule; und wir gingen nach Hause. Er sagte, daß ›Zorn‹ am 20. spielt; die Gorbi-, Gorbi-Rufe, sagte er, verstehe ich nicht. Das hat keinen Sinn, weil der uns sowieso nicht helfen kann. Es zeigt aber Sympathie, sagte ich. Zu Hause warteten schon Mutti und Tom; in der Tagesschau sprachen sie von 50 000 bis 80 000 in Leipzig; am Morgen wurde die Zahl auf 70 000 beziffert, die an der Demo teilgenommen hatten. Es war die größte Demonstration, die es jemals in Leipzig gegeben hat.

Trotz der massiven Warnungen, in die Innenstadt zu gehen,[68] versammelten sich dort etwa 80 000 Menschen. In breiten Reihen bewegte sich der Demonstrationszug nach 18 Uhr vom Karl-Marx-Platz vor der Oper über den Ring, am Hauptbahnhof vorüber, um die Innenstadt, dann an der ›Runden Ecke‹ vorbei.

»Brenzlig wurde es kurz vor dem Stasi-Gebäude, als plötzlich der Ruf *Umkehren! Umkehren!* erklang.« Es war aber »glücklicherweise falscher Alarm, und mit dem Ruf *Keine Gewalt!* ging es dann friedlich an der Stasi vorbei«.[69] Ein Teilnehmer, Theologe: »Als der Demonstrationszug vor dem Stasi-Gebäude stehenblieb, ergriff mich Panik. Denn ich kam von hinten, bekam mit, unter welch unwahrscheinlichem Druck auch diese Seite steht. Hier kamen all die Pfiffe und Rufe an«.[70] Andere waren von der Thomaskirche aus losgelaufen. »Der Zug setzte sich langsam in Bewegung in Richtung Dittrichring. Wir schlossen uns an. Liefen ein Stück mit, bis vor die Staatssicherheitsgebäude«, berichtet eine Angestellte, 43. »Maria fragte, ob ich Angst habe. Ich hatte Angst und sagte es. Sie sagte, daß ihre kleine Tochter wartet. Wir gingen langsam aus dem Zug raus und liefen auf dem Fußweg am Rande im Abstand mit. Ich bewunderte den Mut der Leute. Sind ihnen die Überfallkommandos, die Polizei, die schwere Technik entgangen, die überall standen?« Wieder hat sie das Gefühl, daß die Stadt »bis an die Zähne bewaffnet« sein mußte. »Auf drei Passanten ein MfS-Mann oder Polizist. Maria fuhr nach Hause. Ich lief weiter, immer am Rande. Die Straße wurde voller, aus allen Richtungen kamen Menschengruppen. Die Gesichter waren ernst, es wurde geschwiegen, vereinzelt Kerzen getragen. Keine Transparente. Gegen 19.30 ging ich zum Bahnhof. Der war fast menschenleer. Später habe ich erfahren, daß keine Züge ankommen durften. Es fuhren auch fast keine raus. Dafür das gleiche Bild wie in der Stadt. Männer mit und ohne Uniform, nur daß hier die blauen Uniformen vorherrschten. Der Zug fuhr irgendwann. Ich war gegen 20.45 Uhr zu Hause. Wurde mit Bangen und Fragen erwartet. Die Tränen liefen, die Angst saß tief, machte fast unbeweglich. Wir warteten auf die Tagesschau, um den Ausgang in Leipzig zu hören. Mauersteine fielen von der Brust, als gesagt wurde, daß die Demo ›ohne Zwischenfälle‹ verlaufen ist.«[71]

Jeder, der teilnahm, hat Angst überwunden. Diese Überwindung in so kaum erwarteter Entscheidung veränderte das Kräfteverhältnis; es hat am Ende auch die bewaffnete Macht veranlaßt, sich gegenüber dem Politbüro zu verweigern, d.h. die Konfrontation mit dem Volk nicht zu suchen, sondern zu verhindern. Sie hätte in einer Tragödie geendet. Eine Blutschuld wollten die

Verantwortungsträger nicht auf sich laden. Auch sie haben beim Zustandekommen dieser Sicherheitspartnerschaft[72] Angst überwinden müssen.

Die Moral der Kampfgruppenangehörigen war zu diesem Zeitpunkt zusammengebrochen, soweit sie überhaupt zum Einsatz erschienen und nicht schon am Nachmittag nach Hause gegangen waren. Der Kommandeur, Ingenieur: »Ich kann sagen, daß dieser Einsatz ein Wendepunkt in meinem Leben war. Das, was wir am Schwanenteich (an der Oper) vorfanden, war für uns eine einzige Ernüchterung«. Es war eine Weltuntergangsstimmung. »Wir haben uns gesagt, wir werden uns nie wieder so benutzen lassen von einer Parteiführung.«[73] LeipzigerInnen waren beherzt auf die Kampfgruppen-Männer zugegangen, hatten zu reden begonnen, »sie gefragt, ob sie, die Demonstranten, wie Chaoten oder Staatsfeinde aussähen und ob sie denn tatsächlich auf uns eingeschlagen hätten?«[74] Die »Entspannung« setzte, auch unter Kampfgruppen und Polizei, mit dem wiederholt gesendeten »Aufruf der Sechs« ein. Die einen hörten die Stimme Masurs auf dem Karl-Marx-Platz, andere an der Thomaskirche, überall die gleiche Wirkung. »Wir haben Beifall geklatscht, es war die erste öffentliche Anteilnahme von führenden Persönlichkeiten an dem, was uns bewegte.«[75] Die Demonstration verlief friedlich, die Sicherheitskräfte griffen nicht ein. Wer konnte die geballte Staatsmacht, die demonstrativ in Leipzigs Zentrum aufgezogen war, zurückgezogen haben? Die Sechs nicht, aber ihre Erklärung hat dazu beigetragen. Die Entscheidung dürfte in den Stäben von Polizei und Armee gefallen sein. Letztlich aber siegte die Friedfertigkeit in ihrer Massenhaftigkeit auf den Straßen. Vor ihr ließ die innerlich brüchige Macht die Waffen sinken. Irgend etwas zerbrach an diesem Abend tief innen, und so fiel am Ende das Ganze wie ein Kartenhaus zusammen. »Die Kämpfer haben erklärt, daß das, was dort passiert ist, auch ein Verbrechen an uns war.«[76] Der gewaltigen Honecker-Lüge von den »rowdyhaften Zusammenrottungen« und den tausend kleinen Lügen, die auf ihr aufbauten, ging die Luft aus. Viele der in die Nikolaikirche befohlenen Genossen schämten sich. Die Demonstranten aber empfanden Stolz.[77] Eine Dauerdiskussion begann: der Dialog. Aus tiefem Ernst war der Ruf nach Besonnenheit gekommen: *Keine Gewalt!* (erstmals am 9. Oktober). Dann der Ruf: *Gorbi! Gorbi!*

(zuerst am 2. Oktober, zuletzt am 23. Oktober), von rhythmischem Klatschen begleitet.

Die Demonstranten durchbrachen die Tabumauer des Honekker-Kaders zur Perestroika.[78] Massenerkenntnis war: Perestroika und Glasnost (für die DDR-Bürger mit der Politik Gorbatschows[79] verbunden) werden die Wende ermöglichen. Sowjetische Panzer würden sich der Demokratisierung des Landes nicht entgegenstellen: das war fast Gewißheit. Von dieser Sicherheit gingen die Demonstranten aus,[80] und so hat letztlich auch das Politbüro die Situation sehen müssen.[81] So sehr sich die Transparenttexte auf den Leipziger Montagsdemonstrationen seit dem 16. Oktober, als sie zum ersten Male in größerer Zahl auftauchten, auch wandelten, nie hat sich einer gegen die Sowjetunion gerichtet. Mit versteinertem Gesicht, im Fackelschein auf der Ehrentribüne neben Gorbatschow stehend, hatte Honecker am 7. Oktober[82] Unter den Linden mitansehen und mitanhören müssen, wie die Blauhemden der Symbolfigur der Perestroika zujubelten. »Und tatsächlich wollten an diesem Abend die ›Gorbi-Gorbi-Rufe‹ nicht enden.«[83] Diese Rahmenbedingungen waren für das Gelingen der demokratischen Revolution unerläßlich. Ein Mitglied des entmachteten Politbüros bekannte später sinngemäß: Wir haben das nicht für möglich gehalten; die gesellschaftliche Rotation lief viel schneller als das, was wir an Maßnahmen eingeleitet hatten,[84] »die Umdrehung der politischen Verhältnisse war schon viel beschleunigter als das bißchen, was wir in Schwung gesetzt hatten. Deshalb waren wir in einer Situation, in der wir drehen und drehen konnten, und doch den Ereignissen ständig hinterherliefen«.[85] Am 9. Oktober war der Machtverlust, den die Bevölkerung auch als solchen begriff, eingetreten. Nach der Demonstration vom 16. Oktober hat die Montagsdemonstration dann auch die Spalten der SED-Bezirkszeitung erobert.[86] Legitimiert wurde der errungene Freiraum und in ihm die neuartige Demonstrationskultur durch einen Befehl des Vorsitzenden des Nationalen Verteidigungsrates, daß (so die Wiedergabe durch Krenz) keinerlei polizeiliche Mittel gegen Demonstranten angewendet werden dürften, »wenn keinerlei Gewalt der Demonstranten gegen Personen und Objekte erfolgt, und daß der Gebrauch der Schußwaffe auf jeden Fall verboten ist«.[87] Krenz war am 13. Oktober mit Militärs und Sicherheitsleuten nach Leipzig geflogen und legte den Befehl am späten Nachmittag Honecker zur Unterschrift vor. Am 15. Oktober trafen Krenz, Schabowski und Tisch, in dessen Wohnung, dann letzte Vorbereitungen, um auf der Politbürositzung am 17. Oktober den Rücktritt Honeckers herbeizuführen.[88] Am gewaltfreien Ausgang des 9. Oktober dagegen hatte Krenz keinen Anteil.[89]

Bevor der einzelne in den Massenruf *Wir sind das Volk!* einstimmte, mußte er die Straße betreten, und das bedeutete, vom »Bürgersteig« auf die Fahrbahn gehen, sich in die nicht genehmigte Demonstration einreihen, in Kauf nehmen, dabei gesehen zu werden. Es gab viele, die am Straßenrand stehen blieben, zögerten, sich vielleicht sogar an der Diskriminierung der Straße durch die Macht beteiligten. Ihnen riefen die Demonstranten zu: *An-schlies-sen!* (am 2. Oktober), *Schließt euch an!* (vom 9. Oktober bis 8. Januar), oder, an die in den steckengebliebenen Straßenbahnen Sitzenden gerichtet: *Aus-stei-gen!* (am 2. Oktober). Es gab Männer und Frauen, die gingen erschrocken nach Hause. Andere sah man nie am Ort des Geschehens. Sie wußten: Das ist das Ende des machtgeschützten Parteimonologs und der Privilegien. Wer in dem Menschenstrom auf dem Leipziger Ring mitgegangen ist an diesen Montagen seit dem 2. und dem 9. Oktober, begriff seine Schritte an der Seite der vielen anderen als Selbstbefreiung und den Wiedergewinn der eigenen Würde. Die Menschen redeten plötzlich miteinander über Politik, den Zustand ihrer Betriebe, über ihre Hoffnungen und Ängste. Sie teilten sich mit. Die Entladung der Gefühle fand aus einem tiefen Gedemütigtsein heraus statt. Familien gingen zusammen, Kollegen aus Arbeitskollektiven, alte Menschen, Rollstuhlfahrer waren dabei. Erwachsene und Kinder hielten brennende Kerzen als Zeichen der Friedfertigkeit und Gewaltlosigkeit in den Händen.[90]

Rhythmus und Ziele der Veränderungen, deren innerer Mechanismus, wurden jeden Montag in Leipzig neu eingestellt, und zwar mit einer in der neueren deutschen Geschichte ungewöhnlichen, vielleicht sogar neuartigen Entschlossenheit und Disziplin. Dieses Phänomen, das man in einer seiner Grundlagen als sächsische Massenintelligenz umschreiben könnte, war am beeindruckendsten an diesem 9. Oktober, der die Revolution vielleicht schon unumkehrbar machte.

7. Verfall und Zerfall
des administrativen Systems

Seit dem 9. Oktober verloren die örtlichen Machtorgane in Leipzig ihre Handlungsfähigkeit. Das hatte Rückwirkungen in Berlin, löste dort die Krise im Politbüro und nach der Demonstration vom 16. Oktober die Entmachtung von Honecker, Mittag und Herrmann aus. In die gleiche Richtung wirkten seit dem 3. Oktober die Dresdner Ereignisse.[1]

Die Bewegung für eine neue DDR entstand mit den neuen politischen Gruppierungen.[2] Diese entwickelten sich in einer längeren Zeit des Übergangs; zu ihnen gehörten Intellektuelle wie Nichtintellektuelle. Die einzelnen Gruppen versuchten immer energischer, ihre Zersplitterung, die sich aus ständiger Überwachung und der Verhaftungsgefahr ergeben hatte, durch Kommunikation und Aktion zu überwinden, Legalität zu behaupten bzw. in bestimmten Bereichen zu erringen. Die neuen politischen Kräfte, die von ihren Überwachern bis zuletzt als »feindliche« wahrgenommen worden sind,[3] gingen aus der kirchlichen wie aus der nichtkirchlichen Opposition hervor. Zur nichtkirchlichen gehörten nicht wenige – teilweise schon 1968 gemaßregelte – ehemalige Mitglieder der SED, zur kirchlichen zahlreiche Pfarrer und andere Kirchenleute, vor allem aber junge Menschen, »die sehr frei, sehr unabhängig versucht haben, politische Fragen neu zu bedenken«.[4] Diese Gruppen konstituierten eine Gegenöffentlichkeit, sie verkörperten eine für die DDR neuartige politische Kultur. Dafür stehen Signalworte wie: Bewahrung der Schöpfung, Frieden und Menschenrechte, Entmilitarisierung: *Zivilersatzdienst! DRK statt NVA!* am 23. Oktober; *Abrüstung in Kindergärten und Schulen!* am 30. Oktober; Rechtsstaatlichkeit, Grundrechte, Schulreform: *Im Interesse der Kinder Glück / tritt Margot*

Honecker zurück! am 30. Oktober; die neuartige Frauenbewegung:[5]
Frau wählt Frau. Ohne uns kann Man(n) nichts machen am 30. Oktober; Rechte von Minderheiten, Aufarbeitung der eigenen Geschichte, Gewaltfreiheit.

Das waren Grundforderungen dieser Elite, die einen Internationalismus der Erneuerung nach Ost und West praktizierte. Sie übernahm und entwickelte für die DDR neuartige Formen vor allem kollektiver Manifestation und Artikulation, Aktion und Symbolik: Friedensgebete, Mahnwachen, Fasten, Hungerstreik, Sitzprotest, Schweigemarsch, Menschenketten, Lichterketten, das Demonstrieren mit brennenden Kerzen, gemeinsames Singen und sich dabei An-den-Händen-Fassen, die Inszenierung von Symbolen zur Bewahrung des Friedens und der Schöpfung, sinnbildhafte Handlungen wie diese: Demonstrativ wird ein glühendes Schwert zur Pflugschar umgeschmiedet, und die friedensbewegte Gemeinschaft erlebt es als den Übergang von der Verweigerung zur Tat (*Schwerter zu Pflugscharen!*). Eine Aktion, die zeigt, wie in der politischen Auseinandersetzung mit dem Symbol umgegangen wurde, war die mutige Manifestation junger Leute im Sommer 1989 für Demokratie in China. Als der Sächsische Kirchentag auf der Leipziger »Rennbahn« zu Ende gegangen war, enthüllten sie ein großes Plakat mit bunten Bändern, auf dem stand nur eine einziges Wort: Demokratie. Die jungen Leute trugen es, eine Art chinesischer Drache, im Gedränge der Tausende, die nach Hause strebten, zum Ausgang, und wem es dabei gelang, eines der herabhängenden Bänder zu ergreifen, der hatte sich mit diesem Protest auf ganz eindringliche Weise auch körperlich verbunden.

Inmitten der akuten politischen Krise begann man Vereinigungen zu gründen, größere Gruppen zu bilden, die Ausgangspunkt sowohl für Bürgerbewegungen als auch für die Parteibildung waren. In den Ausreisewilligen auch in Leipzig wuchs diesen Inspiratoren und ersten Trägern von Gegenöffentlichkeit ein Publikum zu, das andere Ziele verfolgte als sie, der Handlungskern demokratischer Gegenöffentlichkeit. Er war in der Zeit der beginnenden Nachrüstung entstanden, 1982, als Menschen erstmals zu Friedensgebeten zusammengekommen waren, um die Aufstellung weiterer NATO-Raketen in Westeuropa und von Raketenwaffen in der DDR sowie den Staaten des Warschauer

Paktes zu verhindern. »Wer dagegen mit Kerzen auf der Straße protestierte«, erinnerte sich Superintendent Friedrich Magirius, »war oft schlimmen Auseinandersetzungen mit der Polizei ausgeliefert. Ähnliches gab es auch bei der Aktion ›Schwerter zu Pflugscharen‹. Die Schutzsuchenden, neben vielen Christen auch andere Menschen, haben wir in unsere Kirche eingelassen.«[6] Die Gebetsgemeinde war 1987 zu einem Häuflein Unbeirrbarer zusammengeschmolzen, bis Männer und Frauen, welche die Übersiedlung in die Bundesrepublik beantragt hatten, sich ihr anschlossen.[7] Andere wollten bleiben und die DDR reformieren. Mit dem Aufbruch zur Demokratiebewegung sah der engere Kreis der Teilnehmer an dem Friedensgebet sich plötzlich, von einem Tag auf den anderen, in die Rolle des Bewegers oder sogar Hervorbringers einer breiten Volksbewegung versetzt, und er wurde davon aufs höchste überrascht. Geführte im alten Sinne aber gab es nicht. *Wir sind das Volk!* In einem erstaunlichen Maße verarbeiteten Männer und Frauen und der auf Veränderung drängende Teil der Jugend das Geschehen. Vergleichbar einer Uhr, die immer wieder neu gestellt werden muß, so stellten sich die Demonstranten auf die von Woche zu Woche veränderte politische Situation ein. Die Massenentscheidung, auf der Straße zu bleiben, beruhte auf Einzel- wie auf Gruppenentscheidungen, auch in den neuen Organisationen, nicht dagegen in den alten Blockparteien. Sehr wichtig war die Rolle der Familie.

Das ungeheure Vorangehen im Veränderungswillen und in den Zielen trieb die Revolution von Woche zu Woche weiter. Die elektronischen Medien beförderten den kollektiven Lernvorgang noch am gleichen Abend am Ort, in der Region, landesweit. Die Aktionen außerhalb Leipzigs liefen bald schon synchron in Formen und Inhalten ab. Sie lehnten sich teils an den Montagsrhythmus an, teils folgten sie einem eigenen. Es entstanden enge politische Kommunikationsnetze. *Mecklenburg schläft nicht!* dieses weiße, weithin sichtbare Spruchband am Geländer der unter der Last der Menschen schwankenden Brücke am »Konsument« bejubelten die Leipziger schon am 23. Oktober stürmisch, als sie in der ganzen Breite der mehrspurigen Fahrbahn darunter hindurchzogen. »Hätte es die elektronischen Medien nicht gegeben, wäre die Revolution so nicht verlaufen.«[8] Eine Kommunikationskalamität wie in den bürgerlichen Revolutionen des 19.

Jahrhunderts trat nicht ein. Dementsprechend änderten sich auch die Verlaufsformen, und zwar sowohl hinsichtlich ihrer Vereinheitlichung und friedlichen Durchschlagskraft als auch ihres Tempos. Die Demonstrationen waren insofern hochpolitisch, als örtliche und regionale Sonderinteressen nicht in den Vordergrund traten. Es ging ums Ganze, und dafür gibt es keinen besseren Beweis als die meist zu Hause angefertigten Transparente. Die allerwenigsten bezogen sich auf den Notstand in Leipzig selbst, und die wenigsten Spruchbänder und Losungen sind auf mehr als einer Demonstration gezeigt worden. Darin wird die unerhörte Dynamik erkennbar. Das änderte sich erst mit dem Übergang von der Text- zur Fahnendemonstration. Die Fahne als Symbol nahm die Einzelforderungen in sich auf, brachte sie auf den Nenner einer einzigen Grundforderung.

Die kollektive allabendliche Verarbeitung des Geschehens am Bildschirm, die Telefonverständigung, Außenteilnahme und anderes bewirkten die Bündelung der Interessen, Ziele, Aktionen, das Ablaufen in einer Hauptrichtung. Schwerer zu bewerten ist der Bildungsfaktor; zweifellos fiel er ins Gewicht, auch der Faktor politische Bildung. Das Neuartige dokumentierte sich in vielen Interviews vor laufender Kamera. Klares, interessengeleitetes Handeln, das seine Ziele in der vorangegangenen Dauerdiskussion in den »Nischen« gewonnen hatte, und ein politisches Engagement, das kompromißlos zur Sache ging, zeichnete die Mehrheit der Demonstranten aus. Vieles kann man ihnen nachreden, aber nicht, daß sie nicht wußten, was die Folgen sein würden. Ihnen war nichts einzureden. Im Rückblick sind die Medien als großer Manipulator bezeichnet worden. Wie wäre eine solche Wirkung auch auszuschließen! Bei genauem Hinsehen zeigt sich aber, daß die Disposition für die Fundamentalentscheidungen lange vorher bestanden hat. Das Fernsehen konnte verstärken, zusammenführen, aber nicht erzeugen. Es war nicht der große Agent, der im Politmonolog unter Honecker immer zur Erklärung aktueller Fehlschläge diente. Alle Grundforderungen und Grundziele, selbst die Wende in der Wende, das Geschehen im Übergang zum 9. November und danach, waren in den Forderungen der Straße angelegt. Man konnte sie wachsen sehen. Die Medien sind ihnen längere Zeit nicht vorausgeeilt, sondern einfach gefolgt. Ein ganz wesentlicher Zug der friedlichen Revolu-

tion in der DDR war, daß das demokratische Potential nicht nur
›Triebkraft‹, sondern eine Zeitlang tatsächlich Hegemon der Revolution war. Auch die unbedingte Entschlossenheit, die Straße
nicht zu verlassen (die Gesänge *Montags sind wir wieder da*) und
den Druck zu steigern, können als Ausdruck einer Hegemonie
der Massen angesehen werden, die in selbstgestelltem Auftrag
mit großer Geschlossenheit und Zieldynamik handelten. Daraus
ergab sich auch der eigentümlich lange Demonstrationsrhythmus.
Für ihn gibt es kaum historische Vorbilder. Herausragend war die
strikte Gewaltlosigkeit, die strikte Friedfertigkeit war (insofern
ist ›Gewaltlosigkeit‹ eine irreführende Bezeichnung). Ohne die
Gewalt der Straße, die unmittelbare und die symbolische Gewalt,
wäre die Demontage des Systems innerhalb so kurzer Zeit nicht
gelungen.

Die friedliche Revolution hatte eine zweite Seite: die Gegenseite.
Die staatserhaltende Kraft war jedoch ideologisch längst ver-
braucht, das erklärt den »Kartenhauseffekt«. Die bizarren Wort-
hülsen, das Ritual waren das letzte Mittel, die Inhalte nicht aus
den Formen platzen zu lassen. Deshalb war es aus mit der Macht,
als das Volk die Bastillen zuerst ächtete und danach einnahm.
Hinter diesen Mauern, hinter den Fernsehkameras, an den Abhör-
und Filmanlagen, den Fließbändern zur Postüberwachung war
der Durchhaltewille erloschen. Der Massenhegemon hat, nachdem die Beklommenheit des 9. Oktober gewichen war, auf der
Straße die Tabus gebrochen, alle, und zwar mit einer Lockerheit,
die jedem historischen Vergleich standhält.

Vom 2. und 9. Oktober an hatten die Leipziger Montagsdemonstrationen ihre feste äußere Gestalt. Sie begannen nach dem
Friedensgebet, wenn die Teilnehmer aus dem Schutz der Nikolaikirche hinaustraten (sie wurde hinter ihnen abgeschlossen) und
sich mit dem »Sympathiefeld«[9] der draußen dicht gedrängt Wartenden vereinigten. In diesem Hinaustreten und schließlich Hin-
ausdrängen aus der Kirche lag von Anfang an etwas Demonstra-
tives, der Keim der Montagsdemonstrationen. Man mußte nur
weitergehen, loslaufen. Indem die Menschen in die wartende
Menge hineindrängten, versetzten sie diese in Bewegung. In
Einfahrten und Hinterhöfen standen die Mannschaftswagen der
Polizei. Hunde im Beißkorb zerrten an der Leine oder saßen

unruhig in den Jeeps, die in weiterer Entfernung abgestellt waren. Man hatte sich an diese Bilder gewöhnt und war trotzdem in Richtung Kirche gegangen. Der Bewacher hinter der Kamera auf dem Eckhaus von »Brühlpelz«, das direkt an den Nikolaikirchhof angrenzt, hatte die ganze Szene im Blick. Jeder wußte von dieser Kamera und vermutete weitere; am Ende wurde die Macht aber fast ignoriert. Die Wartenden beäugten die Sicherheitsleute und umgekehrt. Zuschauer standen mit dem Rücken zu den umliegenden Gebäuden, etwa der Superintendentur, den Blick auf die Eingangszone der Kirche gerichtet. Andere, die vielleicht Freunde, Bekannte, Familienangehörige erwarteten, bevor sie am späten Nachmittag hineingingen, oder die sich einfach nicht im Kircheninneren verstecken wollten, bevor es tatsächlich begann, standen mit dem Rücken zur Kirche.

Die Autorität der engeren Friedensgebetsgemeinde von St. Nikolai war auf stille, beharrliche Weise gewachsen. Am Ende waren die jungen Leute, und der Superintendent mit ihnen, in fast aller Munde, vor allem nach den Verhaftungen im September; bald danach schlugen die Sympathien über ihnen zusammen wie eine Welle. Kirchenleute wie sie, hier und anderswo »in der Republik«,[10] vor allem aber die Mitglieder der so verschieden zusammengesetzten Basisgruppen haben einen noch gar nicht zu ermessenden Beitrag zur politischen Kultur der Erneuerung geleistet. Seinen Formenreichtum und seine menschenfreundliche Modernität verdankt er der Friedensbewegung und religiösen ›Erweckungsbewegungen‹ in weltweiten Zusammenhängen. Dieser Beitrag wird auch nicht dadurch verkleinert, daß es dem Ministerium für Staatssicherheit gelang, in die verschiedenen kirchlichen Milieus einzudringen, ebenso in die ihnen vorgelagerten Zonen der Vertrauensbildung mündiger Bürgerinnen und Bürger. Aus dem kirchlichen Raum stammten und traten in eine breitere Öffentlichkeit das unbedingte Verlangen nach Gewaltlosigkeit, eine der Grundlagen des Erfolges der demokratischen Revolution, das Verlangen nach Versöhnung und Vergebung, nach Sicherheitspartnerschaft (die Aufarbeitung der Vergangenheit vorausgesetzt). Dann, seit dem 9. Oktober, wurde zum *Loslau-fen* aufgefordert, nicht zum Losmarschieren – diese Aufforderung wäre undenkbar gewesen. *Los-lau-fen!*, von einzelnen mit einer solchen Entschlossenheit in die momentane Stille hineingesprochen, daß es die Menschen im Tiefinnersten packte. Ein von Woche zu Woche gewaltigerer Menschenstrom umrundete auf dem Ring einmal die Innenstadt. Danach löste sich die Demonstration in diskutierende Gruppen auf.

Nach dem 9. Oktober hat der Partei- und Sicherheitsapparat die Initiative gegenüber der Straße nicht wiedererlangt. Die Massen, und zwar im bald landesweiten Demoverbund, der zunehmend über die Medien der DDR mitgesteuert wurde, waren der Macht stets um einen Schritt voraus. Dieser Vorsprung war nicht mehr einzuholen, seit die Demonstrationen in eben dieser landesweiten Permanenz stattfanden. Nach Angaben Beteiligter im Oktober und November war von den Belegschaften der Industriebetriebe bis zu einem Drittel auf der Straße. Als die politische Führung zur Taktik der Verzögerung griff, zu Täuschung und Verschleierung, eskalierte die Bewegung, bis die Ergebnisse unumkehrbar waren. Das Pathos der Revolution, dem ist zuzustimmen, war in den Anfängen davon gekennzeichnet, daß »die Grundelemente einer liberalen politischen Ordnung fehlten: Öffentlichkeit, Gewaltenteilung, Rechtsstaat, Pluralismus und die Begründung und Bemessung seines Einflusses auf die politische Willensbildung durch freie Wahlen. Bis in viele Formulierungen hinein atmen der Protest und die Programmatik vormärzlichen Geist, wenden sich gegen obrigkeitliche Willkür und zielen auf einen konstitutionellen Sozialismus«.[11] Das ist eine Annäherung über den historischen Vergleich an ein Phänomen, das in seiner Unwiederholbarkeit, Erfahrungs- und Generationsspezifik gleichwohl historisch eigenständig war, an das Phänomen massenhafter Zurücknahme des die Produktivkraft Mensch verschleißenden Sozialismusexperiments. Die unmittelbaren Produzenten haben auch aus dieser Einsicht und Erfahrung heraus die Produktionsverhältnisse[12] zerstört bzw. deren Demontage zugelassen. Im Vormärz und 1848 dagegen wurde die sozialistische Emanzipationsvision im Aufbruch der bürgerlichen Gesellschaft und im Konflikt mit ihr geboren.

Zur Zeit des Übergangs vom Montagsgebet zur Montagsdemonstration füllten mehr als 2000 Menschen das Schiff und die Emporen von St. Nikolai bis auf den letzten Platz. Wenn Friedensgebetsgemeinde und Wartende auf dem Platz vor der Kirche in eins verschmolzen, vervielfachte sich die Anzahl der Versammelten. Bezieht man die kaum zu hoch gegriffenen Angaben zur Zahl der Demonstrierenden auf die Kirchenbesucher von St. Nikolai (am 2. Oktober fanden Friedensgebete außerdem in der Reformierten Kirche, am 9. Oktober in der Reformierten, der Thomas- und der Michaeliskirche statt[13]), dann kann man sagen, die Zahl der Demonstranten betrug am 2. Oktober das Zehnfache (über 20 000), am 9. Oktober das Vierzigfache (80 000), am 16. Oktober das Sechzigfache (120 000), am 23. Oktober das Hundertfünfundzwanzigfache (250 000), am 30. Oktober das Einhundertfünfzigfache (300 000). Diese Demonstrationsteilnahme wurde nur ein einziges Mal übertroffen, in Berlin mit der genehmigten Demonstration der Fünfhunderttausend, vielleicht aber auch nur Zweihundertfünfzigtausend am Sonnabend, dem 4. November, zum Alexanderplatz.[14] Damit hinkte Berlin aber dem Revolutionsgeschehen in der Provinz hinterher.[15] In der Hauptstadt wurde am längsten um den Machterhalt des Partei- und Staatskaders gerungen. Die Ballung von Machtinstrumenten, in die Zehntausende verstrickt waren, und die hauptstädtische Privilegienwirtschaft mit einem Mehr an Lebensqualität, auch wenn es nur ein kleines Mehr war, erklärt vielleicht am ehesten den um einen ganzen Monat verspäteten Anschluß an die Demonstrationen im Land. Viele Berliner hatten etwas zu verlieren, die Sachsen nicht mehr. Selbst der Spruch *Reformen à la Hager, sind uns noch zu mager* (am 16. Oktober) wurde zuerst in Leipzig zur Forderung erhoben, wo bereits am 16. Oktober nachmittags an der Universität in einer Versammlung der Sektion Geschichte, vereinzelt, der Rücktritt des Politbüros bzw. beider Honeckers und von Hager gefordert worden war.[16] In Berlin dagegen, wo er eigentlich hätte entstehen müssen, taucht er erst danach auf, während die Leipziger schon am 6. November Steffi Spiras Berliner Aufruf *Nie wieder Fahnenappell!* vom 4. November aufgriffen und am 13. November den grandiosen Berliner Demospruch, der einen Moment lang für die öden Huldigungen vor Tribünen entschädigte: *Vorschlag für den ersten Mai, Regierung zieht am Volk vorbei.* Der Austausch zwischen Leipzig und Berlin steht für einen landesweiten Lernvorgang und die selbstbestimmte Politisierung. Die Demonstrationen in Leipzig strahlten weit aus, auch durch Teilnehmer aus anderen Städten. Wer am Montag in Leipzig mitdemonstriert hatte, brachte das Neueste mit, nicht nur Inhalte, auch die Formen der neuartigen Demonstrationskultur. In Gera zum Beispiel war am Donnerstag »Demozeit«.[17] Benno Müller, 32: »Ich war bei fast allen Demos in Gera und auch in Leipzig dabei.«

Die Sprechchöre der Leipziger, ihre Gesänge und Demosprüche gingen im gesamten thüringischen Bezirk Gera von Ort zu Ort (soweit in den Berichten die originalen Texte wiedergegeben worden sind). *Neu-es Fo-rum zu-las-sen:* in Gera nach Friedensgebeten am 26. 10./Donnerstag; in Greiz am 28. 10./Sonnabend, genehmigte Demonstration; in Stadtroda am 31. 10./Dienstag auf einem Demonstrationszug zur SED-Kreisleitung; in Gera und Zeulenroda nach Fürbittgottesdiensten am 2. 11./Donnerstag; in Rudolstadt nach einem Fürbittgottesdienst am 4. 11./ Sonnabend; in Pösneck nach einem Fürbittgottesdienst am 6. 11./ Montag; in Saalfeld nach einem Fürbittgottesdienst am 10. 11./ Freitag.

Gorbi, Gorbi am 26.10. und am 2.11. in Gera, wo *Neues Forum zulassen!, Demokratie – jetzt oder nie!* oder das Verlangen nach freien Wahlen als Forderungen auf zahlreichen Transparenten ebenso auftauchten wie *Wir sind das Volk!* oder Sprüche wie *Visafrei bis Hawai.* Gorbi-Rufe aus der Menge waren unüberhörbar, auch Äußerungen, die per Volkswitz an den Absender zurückgingen: *Egon Krenz, wir sind nicht deine Fans* beantworteten andere mit dem Ruf *Laßt ihn doch erstmal machen*[18] (andere Orte mit Gorbi-Rufen wurden in der »Volkswacht« nicht genannt).

Wir sind das Volk!: in Gera am 26. 10., in Saalfeld auf der ersten Demonstration am 27. 10., in Greiz am 28. 10. (»In Sprechchören war immer wieder zu hören: Wir sind das Volk!«), in Gera am 2. 11., in Rudolstadt am 4. 11.

Gera am 9. 11.: »Unüberhörbare Rufe aus der Menge *Stasi in die Volkswirtschaft!, Wir sind das Volk!, Schließt euch an!* erschollen im Zug, der sich auf dem Platz vor dem Hause der Kultur friedlich auflöste.«[19] Die erste Reihe ging untergehakt nach dem bekannten Demonstrationsfoto aus Dresden (dort mit Berghofer und Modrow an der Spitze des Zuges). – Gera am 16. 11.: »Immer wieder erschollen die bekannten Rufe wie *Schließt euch an!* oder *Wir sind das Volk!*« – in Saalfeld noch am 8. 12.

Freiheit! und *Freie Wahlen!*: in Stadtroda und Lobenstein am 31. 10., in Gera und Neustadt/Orla am 2. 11., in Saalfeld am 3. 11., in

Pösneck am 6. 11., in Gera am 9. 11. Dort wurde an der Spitze des Demonstrationszuges ein Transparent mit der Aufschrift getragen: *Aufbruch für freie Wahlen. – Demokratie – jetzt oder nie!*: in Saalfeld am 27. 10., in Stadtroda am 31. 10., in Gera am 2. und am 9. 11. – Die Forderung *Reisefreiheit:* in Gera nach Friedensgebeten auf der ersten Demonstration am 22. 10. sowie am 26. 10. und am 2. 11.

Originelle Parolen waren vermutlich u.a. *Umbruch durch Aufbruch* (Gera, 26. 10.), *Keine Zukunft ohne Umweltschutz; Egon hau ran, wir haben nur ein Leben!* (Greiz, 28. 10.); *Keinen Artenschutz für Wendehälse; Trotz alledem, wir wolln mit Geld auf Reisen gehn; Volksauge sei wachsam; Volksbildung nicht winden, sondern wenden* (Gera, 9. 11.). Kerzen im Demonstrationszug sind belegt in Saalfeld am 27. 10., in Gera am 2. 11., wo sie vor dem Gebäude der SED-Bezirksleitung und dem Volkspolizei-Kreisamt aufgestellt wurden, in Rudolstadt am 4. 11.

Die Wende in der Wende veränderte auch im Bezirk Gera das Demonstrationsgeschehen. Am Sonntagvormittag, 3. Dezember, war es in Gera das erste Mal, »daß auch hier, wie in Leipzig, der Ruf nach Wiedervereinigung laut wird«, am 7. Dezember ertönten auf der Demonstration der 23 000 offensichtlich erstmals die Sprechchöre *Deutschland einig Vaterland!* und der Gegenruf *Wir wollen unser eignes Land!* Geras Straßen beherrschte der Ruf *Deutschland!* seit dem 14. Dezember: »Unübersehbar, unüberhörbar aber die Dominanz der *Deutschland! Deutschland!*-Rufe und -Plakate; der Unwille, andere Auffassungen zu tolerieren. Da war von dem vorher in der Kirche Geäußerten, von dem bei allem Zorn und aller Verbitterung über die frühere SED-Führung doch konstruktiven Gedanken für einen wahrhaft demokratischen Neuanfang in unserem Land nur noch wenig zu spüren. Und konnte vor der Demo noch ein beruhigendes Wort von Pfarrer Urbig der Angst einer Schülerin vor Neonazis, Drogen und Ausländerfeindlichkeit Gehör verschaffen – draußen war das kein Thema mehr. Da bleibt nur die Hoffnung, daß die von der Vertreterin der SPD und anderen Rednern angemahnte Vernunft, ihr Appell, die friedliche Revolution nicht an Rachegefühlen scheitern zu lassen, bei der nächsten Demo, vorgeschlagen als Schweigemarsch mit Kerzen, die Oberhand behält.«[20]

›Dauerthema‹ der Bürgerdiskussion waren seit Anfang November die Sicherheitsorgane (das Ministerium für Staatssicherheit),[21] im Apparat der Partei seit Anfang Dezember und vermutlich schon früher die Parteiaustritte. Der Parteisekretär des VEB Textima in Gera antwortete auf die Frage nach der für ihn gegenwärtig vordringlichen Aufgabe: »So traurig es klingen mag, die Dokumente vieler Genossen entgegenzunehmen, ist meine erste Aufgabe. Doch Resignation ist keine Antwort auf die groben, unverzeihlichen Fehler unserer Parteiführung, die das Ansehen unserer Partei stark geschädigt haben.« Der Austritt war keine Form der Resignation.[22] In der Gießereihalle der Wema Union Gera in der Swerdlowstraße hatten Gießer einen Text der Leipziger Massensprechchöre an einen »Ständer« geschrieben: *SED, das tut weh.*[23]

In Rostock »zog ein Großteil der Kirchenbesucher« am Donnerstag, dem 19. Oktober, im Anschluß an die Gottesdienste in der Marien- und in der Petrikirche durch die Innenstadt. Zuvor hatten Vertreter verschiedener kirchlicher Gruppen einen »wahrhaftigen Dialog zur Lösung brennender gesellschaftlicher Fragen« gefordert, »um Vertrauen zu wagen und aufzubauen«. Die Demonstration vom 26. Oktober führte vermutlich zum ersten Male zu direkter Konfrontation mit den »Posten« vor dem Gebäude der Staatssicherheit.[24] Die Organisatoren der »Demo« konnten in Verbindung mit einer Mehrheit von Demonstranten, unter Teilnahme von Polizeikräften, Gewaltlosigkeit sichern. Letztlich vereinten sich so 25 000 Rostocker zu einer friedlichen Demonstration. Ein Foto zeigt junge Leute, die Hände zum Victory-Zeichen emporgestreckt. Zwei Transparente sind deutlich zu erkennen: *Freie Wahlen*, eine der Leipziger Forderungen, und *Naturschutzgebiete statt Jagdprivilegien*, die Reaktion auf jüngste Enthüllungen über Korruption und Privilegien der Hauptverantwortlichen in Partei und Staat. Am Donnerstag, dem 2. November, gingen in Rostock 40 000 auf die Straße. Gebetsandachten hatten in mehreren Kirchen stattgefunden. »In Sprechchören und auf Transparenten« forderten die Demonstrierenden freie Wahlen, weitere personelle Konsequenzen in Partei- und Staatsführung, die Abschaffung der Privilegien sowie die Zulassung des Neuen Forum. »Wie bei den vorausgegangenen Demonstrationen stellten viele Bürger am Gebäude der Staatssicherheit und vor dem Rathaus brennende Kerzen auf.«[25]

Am 28. Oktober, einem Sonnabend, sowie am Sonnabend, dem 4. November, fanden in den Nachmittagsstunden zusätzliche Demonstrationen statt. Nicht die SED, das Volk habe die politische Wende eingeleitet,[26] erklärte Peter Schmidt, der sich als Arbeiter vom Überseehafen vorstellte. Am 2. Dezember versuchte er eine kritische, vielleicht überkritische Bilanz dieses Novembergeschehens zu ziehen: »Wenn wir uns das Erreichte der vergangenen Wochen vergegenwärtigen, haben wir allen Grund zur Freude. Ich bin aber überrascht, daß unsere schlappen 30 000 bis 40 000 Demonstranten in Rostock nicht viel dazu beigetragen haben. Bei uns hätte E. Honecker Recht behalten mit der Behauptung: ›Die Mauer steht noch hundert Jahre.‹ Unsere Schwestern und Brüder im Süden, die Woche für Woche Hunderttausende auf die Beine bringen, zeigen uns, wie man für seine Freiheit und Mitbestimmung kämpft.« Sein Appell an die Bürger und Bürgerinnen in Rostock läßt den Demokratisierungsschub erkennen, den die drei sächsischen Bezirke der Bürgerbewegung gaben, er fängt aber auch den Alltag ein, das Umfeld, in dem diese Demonstrationen letzlich doch als die einer Minderheit abliefen. Da gäbe es »viele«, die machten sich »nicht mit dem Volk auf der Straße gemein. Sie fahren nach Hamburg oder Bremen und ohne sich zu schämen. Kommt hinter den Öfen und Fernsehern hervor, Ihr 270 000 Rostocker, sonst haben wir auch keinen besseren Staatsratsvorsitzenden verdient«. Er forderte das Streikrecht zurück: »Unsere Großväter haben es für uns erkämpft, und wir haben es so leichtfertig aus den Händen gegeben.« 1. Mai und Streikrecht gehörten zusammen wie Liebe und Leidenschaft. »Nur was sich der Arbeiter erkämpft, gehört ihm.« Er forderte: »Raus mit der SED aus der Gewerkschaftsarbeit.« Die SED wolle nicht aufarbeiten und wiedergutmachen. »Sie will die Macht ohne Anstand und Ehrgefühl behalten.« »In den Betrieben immer noch die gleichen Halbleiter und Tyrannen.« Sie hätten auf Befehl und Knopfdruck den barschen Ton aufgegeben. »Kann man Menschen zu Maschinen machen? Dann kann man auch alles wieder ganz schnell umstellen. Rostocker, bleibt wach!«

Die Entschlossenheit, die Demonstration permanent zu machen, erwuchs aus diesen Erfahrungen. »Gellt uns nicht noch das eklige Lied ›Die Partei, die Partei, sie hat immer Recht‹ in den Ohren? Oder die hohlen Phrasen: ›Das Beste ist für den Arbeiter gerade gut genug.‹ ›In der DDR wird mit Herz regiert und nicht nach dem kapitalistischen Wolfsgesetz.‹ Oder: ›Wie wir heute arbeiten, werden wir morgen leben.‹ Als sie uns das vorgaukelten, bauten sie schon an ihren Jagdhütten und Urlaubsdomizilen, zäunten die Wälder ein und nahmen uns die Strände.« So steigerte sich die Anklage. Die Rede ist typisch für die Wut und die Erbitterung jener Tage. »Und nun zu Euch, Kollegen von den Betriebskampfgruppen: Warum spielt Ihr immer noch Krieg? Ich sehe keinen Angreifer. Laßt Euch nicht mißbrauchen.« Dann: »Leipzig hat doch gezeigt, gegen wen es geht. Gegen Eure Kollegen! Tretet in Scharen aus und zählt wieder ganz zu uns. Jammert nicht um die erhöhte Rente, den Judaslohn.« Selbstbestimmt sollen die Menschen handeln, sie sollen sich lösen, heraustreten aus der Erniedrigung und der Demütigung. »Und dann bläuten sie uns den Untertanengeist und die Angst ein. Und das so gründlich, daß 60 Prozent sich am liebsten nur kriechend fortbewegen und alles unterschreiben, um nur nicht aufzufallen. Rostocker, werdet wach! Wohin driftet das Schiff? Nehmt das Ruder in die Hand. Alles hat seine Zeit, und nun ist die Zeit, für unsere Freiheit zu kämpfen.«[27] Selbstzeugnisse wie dieses gehören zu den besten Manifestationen der Demokratiebewegung.

Andere Redner sahen hinüber zu den »Nachbarn«: »Um ein deutliches Zeichen der Versöhnung mit dem Volk der ČSSR zu setzen, ladet Alexander Dubček in unser Land ein, zu einem Fest der Demokratie.«[28] Die Forderungen hatten sich bis zu einem Punkt gesteigert, an dem die Destabilisierung der Macht in eine neue Phase trat. Der Schmetterling aus Pappe mit der Aufschrift *Gewaltfrei für Demokratie* wurde zum Symbol für die gewaltfreien Demonstrationen in Rostock, bis sich Ende November »ein anderes Symbol an die Spitze« des Demonstrationszuges drängte, das schwarz-rot-goldene.[29]

Eindeutig waren die kollektiven Formen der Ächtung der Staatssicherheitsorgane. Seit dem 9. Oktober formten sie sich in Leipzig zum Ritual der Demonstranten aus, die am Stasi-Bezirksgebäude »Runde Ecke« vorbeizogen. Das Grundmuster wurde von späteren Demonstranten beibehalten: Pfiffe, Buhrufe, Sprechchöre, Massengesänge, rhythmisches Klatschen wechselten einander ab. Die Demonstranten bedienten sich auch der Körpersprache. Es gab Drohgebärden und das V-Zeichen.

Durchdringend waren die Massenrufe und Massengesänge: *Ihr seid das Letzte!* und *Gummiohren!* und *Wir verdienen euer Geld!* und *Faultierhaus!* und *Faules Pack!* und *Stasi in die Volkswirtschaft!* Diese Ächtung bedeutete für die Genossen und Genossinnen der Staatssicherheit (Stasi) das Ende. Viele brachen wohl auch moralisch zusammen. Die Demonstranten waren entschlossen, die Straße nicht eher zu verlassen, bis die Bastille leergeräumt war und sie über den Tschekistenwahn gesiegt hatten. Das geschah am 4. Dezember und in den Tagen danach, als die Stasi-Dienststellen im ganzen Land eingeschlossen, besetzt bzw. gestürmt wurden.

8. Das Ende der Stasi

Montag, 4. Dezember 89. Demonstrationstag. Das erste Transparent (aus weißem Bettuch), das mir, als ich aus dem Uni-Hochhaus komme, auffällt: *Großreinemachen wie 45 bei Partei, Gericht, Behörden.* Eine marxistische Gruppe verteilt vor der Universitäts-Buchhandlung Flugblätter *Gegen den deutschen Wahn.* Dort stehen 150 Studenten. Ich lese *Die Mauer ist weg, wer hat was davon?*

17.20 *Leipzig weder rot noch rechts.* Das ist reine Demagogie, sagt jemand. Begegnung mit Georg, Historiker, Assistent. Er geht nach Hause.

17.30 Auf dem Innenhof der Universität werden Transparente aufgenommen und zum Karl-Marx-Platz getragen. *Demokratie statt Stalinismus. – Europa statt Großdeutschland. – Stefan Heym statt Helmut Kohl – Laßt euch für 100 DM nicht verkohlen! – Einheit der Menschen, nicht Einheit der Staaten. – Gegen braune Wiedervereinigung! – Wir lassen uns nicht verkohlen. Gegen eine Wiedervereinigung, für eine DDR.*
Die Demo fängt an. Höre den ersten Redner vom Opernhausbalkon. Er will keinen Zwiespalt. Herr Krenz würde sich freuen! Rufe unten: *Deutschland einig Vaterland!* – Eine Rednerin ist bereit, für die Umwelt den Gürtel enger zu schnallen, aber nicht bereit, sich für unsichere soziale Experimente mißbrauchen zu lassen. Sie fordert einen Volksentscheid zum Thema Einheit, sonst würden weitere Hunderttausend mit den Füßen abstimmen. Wir als Demokraten ... Hüten wir uns vor Radikalismus rechts und links! Bleiben wir gewaltfrei! – Ein Pole, Student, spricht. Verliest eine Erklärung der polnischen Studierenden in Leipzig. Wir freuen

117

uns über die Veränderungen. Wendet sich gegen Polen, die diese Situation ausnutzen. Diese Ergebnisse in der DDR seien auch durch die Bemühungen der Polen um Auflösung des totalitären Systems erzielt worden. Erklärt sich für die Verständigung zwischen dem deutschen und polnischen Volk.

Jürgen K.: Ich bin nicht von der SED. (Beifall.) Die Machtfrage steht auf der Tagesordnung. Auf der Tagesordnung steht die Beseitigung der SED-Herrschaft. Das Neue Forum ist für ein Zusammenwachsen der beiden deutschen Staaten, die Überwindung der Teilung Europas; aber noch sind beide deutschen Staaten Teil der Militärblöcke. Da ist mit Wunschdenken nichts auszurichten. Die Forderungen nach sofortiger Wiedervereinigung sind nicht nur unrealistisch, sondern sogar schädlich. Diese Forderungen schaden uns zur Zeit sehr. Die Spaltung der demokratischen Bewegung ist in unserem Leipzig unübersehbar. Krenz und ... sagen *Lieber rot als rechts.* Wer hier an dieser Spaltung baut, der ... Während wir uns streiten, verschachern sie unser Eigentum, vernichten sie die Unterlagen. Sagt voraus, daß die Parteibonzen von heute die Kapitalbonzen von morgen sein werden. Bittet: Seid nicht Wasser auf den Mühlen der alten Macht. Laßt diese Plakate das nächste Mal zu Hause. (Pfeifen, aber schwächer.) Voraussetzung für ein geeintes Deutschland ist ein entmilitarisiertes Deutschland. Wir fordern 50 Prozent Abrüstung, Ziel ist die totale. Sofort.

Der nächste Redner ruft: Die Basis der SED ist nun endlich aufgewacht. Guten Morgen, Genossen. (Lachen.) Die SED hat ihre Existenzberechtigung in einer neuen demokratischen Gesellschaft verwirkt. Wir können unsere Zukunft nicht an den Existenzkampf der SED binden, der unser ganzes Land lähmt. Es geht um Auflösung der Partei und ihrer Machtstrukturen. (Rufe vom Platz:) *SED, das tut weh! SED, das tut weh! ... weh!* Wir haben keine Zeit zu verlieren, verkündet er. Es gab in deutschen Landen nie einen Sozialismus. Die Regierung! Die Mauer! Das ZK! Jetzt kommen neue Aufgaben. Deshalb geht es Montag weiter trotz Smog und Kälte. Wir fragen, wo sind die anderen Schalcks-Knechte? Wo ist das Geld? Wir fordern die Regierung auf, binnen 24 Stunden die Schweizer Regierung um Unterstützung zu bitten. Das Vermögen der Politbüromitglieder muß sofort eingefroren werden, auch die Vermögen der Parteibürokratie. Wer hat das abgesichert? Die Stasi steht unter Volkskontrolle! Sichert die Akten der Staatssicherheit! Wir fordern betriebliche Räte! Wozu GST [Gesellschaft für Sport und Technik] und Kampfgruppen?

(Rufe:) *Auflösen!*

Wir fordern Sicherung des Vermögens und der Technik. Nutzt sie im Gesundheitswesen. Für sozialen Frieden ... Für ein geeintes Deutschland im geeinten Europa. Wer für ein geeintes Deutschland ist, muß noch lange kein Rechtsradikaler sein.

(Die Massen rufen:) *Deutschland einig Vaterland! – Deutschland einig Vaterland!*

Moment! Einen letzten Satz noch! sagt der Redner. Aber jetzt laßt uns unsere politische Reife beweisen, Schritt für Schritt, Montag, im demokratischen Aufbruch!

Eine Information übers Mikrofon: Die Versiegelung der Amtsräume in der Staatssicherheit ist im Gange. – Es hat also begonnen.

Für das Neue Forum spricht Jochen Lässig: Eine Opposition gibt es in diesem Land seit drei Monaten. Seitdem die SED in Auflösung begriffen ist. Deshalb müssen jetzt alle zusammenarbeiten. Es soll ein Bürgerkomitee gegründet werden. Sofort. Alle Betriebe haben Belegschaftsversammlungen einzuberufen. Die Direktoren sind zur Rechenschaftslegung verpflichtet. Alles öffentlich machen! Privilegien sind sofort abzuschaffen. Vertrauensunwürdigen Direktoren ist Rücktritt nahezulegen. Überregionales Koordinationskomitee schaffen. Das Bürgerkomitee trifft sich morgen im Karl-Liebknecht-Haus. Alle Betriebe haben fähige und gewählte Mitarbeiter zu stellen. Kontrollgremien auf allen Ebenen. Belastung und Dingfestmachung von Funktionären ist einzuklagen. Die Vorbereitung einer Verfassunggebenden Versammlung und Neuwahlen sind sofort zu beginnen. Volkskammerabgeordnete müssen abgewählt werden können. Vertrauensfrage stellen und gegebenenfalls veranlassen, zurückzutreten! Regierung ist schwach und gilt als Übergangsregierung. Bürger, die SED ist am Ende und damit der Staat auch! Laßt uns mit der Neuorganisation dieses Staatswesens beginnen!

(Rufe:) *Wir sind das Volk!* Vorher Klatschen in Lederhandschuhen.

18.30 Ein letzter Redner mahnt: Vermeidet Bildung von Fronten. Wer Fronten bildet, betreibt das Geschäft derer, die unser Land zugrundegerichtet haben.

Demo. An der Spitze des Zuges ein Transparent in Straßenbreite: *Streikrecht.* Ein anderes weiter hinten: *Kohl-Plan unser Zukunftsplan.* Wieder ein anderes: *Verfassungsschänder müssen vors Oberste Gericht. Eins, zwei, drei: Wer hat den Schalck … Uns Bonzen … Wechselbalg* (nicht alles zu lesen). Rufe. *Deutschland einig Vaterland!* Transparente: *Deutschland einig Vaterland! – Keine neuen sozialistischen Experimente, sondern Wiedervereinigung. – Weg mit den Kampfgruppen aus den Betrieben! – Es gibt kein Volk in der DDR / Es gibt kein Volk in der BRD / Es gibt nur ein deutsches Volk. – Wir fordern sofortige Entmachtung und Auflösung der Staatssicherheit. – Ich schäme mich, Bürger eines von der SED-Mafia beherrschten Staates zu sein.*

Zu sehen ist ein Sarg: *SED – Honecker / Stoph / Schalck.* Transparent *Lieber Konföderation als morgen Kapitulation* – Ein anderes: *Wiedervereinigung ja.*

Z
I EIN DEUTSCHLAND (übergroß)
E
L

Immer neue Spruchbänder und Schrifttafeln über den Köpfen. *Wir fordern die Auflösung von Bezirks- und Kreisorganisationen von SED und Stasi. – Genossen, habt ihr auch mit Rauschgift gehandelt? – Keine Gnade für Erich Honecker und Co.*

(Sie ziehen vorbei, während ich schreibe.)

Wir wollen sein ein einig Volk von Brüdern … Rufe vor mir: *Deutschland einig Vaterland! … einig Vaterland!* Transparente in dichter Folge: *Umweltschutz statt Kampfgruppen. – Einigkeit und Recht und Freiheit – 1990 darf kein 1933 werden, Reps auf den Mond! – Daß die Sonne schön wie nie über Deutschland scheint. – Das Land ist bald leer, deshalb muß die deutsche Einheit her. – NDPD Leipzig / Konföderation statt Konfrontation. – Wie lange decken noch Staatsanwälte Staatsverbrechen? – Wir leben nur einmal, darum Ja zur Wiedervereinigung.*

Massenrufe: *SED: 40 Jahre Volksbetrug / Vierzig Jahre sind genug!* und wieder *Deutschland einig Vaterland!* und *Macht die Gefängnisse von Politischen frei / Für die Führung der Partei.*

Eine Schrifttafel verkündet: *Wiedervereinigen heißt Wiederent-mündigen.* Das Spruchband dahinter fordert: *SED-Wilderer vor den Staatsanwalt.* Die haben ihr Leben gelebt, sagt jemand neben mir. Der Menschenstrom auf dem Ring. Neue Transparente: *ČSSR empfiehlt Warnstreik. – Macht die Betriebe frei / Von Stasi und Partei. – Im Vereinten Deutschland leben wir so / Wie einst Stasi und Politbüro. – Kein Viertes Reich. – Vereinigung ja, aber nur im Bett. – Demokratie ist für alle da.*

Rufe: *Laßt euch nicht verkohlen! … nicht verkohlen! – Die Katze läßt das Mausen nicht / Alle Bonzen vor Gericht.* Rufe: *Die Roten sind die wahren Braunen!* (Die das rufen, tragen die Farben schwarz-rot-gold.)

Wieder Transparente: *Lieber eigenen Mut als Helmut. – Jetzt keine Wiedervereinigung, sondern neuen Sozialismus. – Leipzig weder rot noch rechts, sondern sozialdemokratisch. – 1945 Entnazifizierung / 1989 EntSEDfizierung. – Einzige Alternative Wiedervereinigung. – Mafia oder SED? Es tut dem ganzen Volke weh.* Unter einem farbigen Honecker-Brustbild: *Erich, wo ist unser Geld? – SED führt beim Waffenhandel, Modrow tritt aus. – Für ein freies und demokratisches Rumänien. Schluß mit Folterungen. – Sofort Auflösung und Enteignung der SED.*

19.10. *Raus mit korruptem SED-Filz aus Betrieben / Ämtern und Institutionen. Für unser Land Sachsen.* Ein letztes Transparent, rückwärtsgedreht die Schrift. Zwei Kameraleute filmen es. Die Transparentträger sind stehengeblieben. *Honecker, Tisch und Stoph / Glaubten wirklich, wir wären doof / Unterwürfige Huldigungen jubelten die Genossen noch heute rauf* / (Die Kamera läuft.) *Gäbe es nicht den Leipziger Montagslauf.* (Die Kamera läuft.)

Ein Ehepaar am Ende des Zuges. Gegenüber vom Hotel Dresden stehen wir, an der Barriere links, wenn man von oben kommt: Siebzig Jahre bin ich geworden, sagt der Mann, das ist mein schönster Tag, das habe ich noch nicht erlebt.

Eine Gruppe junger Leute mit Transparent. Von oben nach unten lese ich

Schwarz	Keine
Rot	DM
Gold	an die SED

Sie tragen die Deutsche Fahne mit dem Adler. Ich laufe nebenher und dann vorbei. In Höhe der Genossenschaftskasse Rufe: *Stasi aus der Demo raus!* Einer im Zug zu mir: Was schreibst du auf, Kumpel? Willst du noch was wissen? Gehen weiter in Richtung Stasigebäude.

19.15 Die Brücke (am »Konsument«) besetzt.

19.20 *Deutschland einig Vaterland!* rufen die in der Masse. *Deutschland einig ... Deutschland ...* Oben ein Transparent: *Vorwärts und nicht vergessen: Jetzt wir, die SPD.* Rufe: *SED, das tut weh!* und *Deutschland einig Vaterland! ... einig Vaterland! ... Vaterland! Schließt euch an!*

Vor uns im Hintergrund das Stasigebäude. Schwarze Masse. Kerzen. Klatschen.

Kerzen werden neben mir entzündet; mit der Hand wird der Wind abgehalten.

Geklatsch. *Erich und Konsorten konnten das Leben genießen.*

19.25 Pfeifen. Massenrufe: *Faule Bande!* und *Stasi gib die Akten raus!* und *Licht an!* ... Wieder Massenrufe.

19.30 Massenrufe. *Schiebernest. – Aktenverbrenner. – Licht an! Licht an! – Licht an!* Ich sehe die Fotografin Evelyn Richter hinter der Absperrung mit der Kamera in der Hand. Die Menschenkette steht einen Meter von der Mauer des Stasigebäudes entfernt. Vor den Füßen der Ordner an der Bordsteinkante flackern die Kerzen; durchlaufend in Gürtelhöhe ein Wäscheseil als Absperrlinie, dahinter die Kette.

Reden, Beifall. *Wir sind das Volk!* Massenrufe. *Waf-fen-schie-ber. Waf-fen-schie-ber.* Vor den Treppenstufen die Forderung: *Besichtigen. Versiegeln.* Dann Aufrufe, eine Menschenkette zu bilden, damit Stasi-Mitarbeiter nicht verschwinden können. Ziemlich hoch hängt ein Transparent: *Volksrechtliche Konföderation bringt Irrtum!! Staatsrechtliche Vereinigung bringt Wachstum!! Wiedervereinigung Ja, soziale Armut Nein.*

19.35 Über dem Eingang sind drei Fenster beleuchtet. Hinter dem Sprecher etwa 30 Personen des Bürgerkomitees und der Staatsanwalt. Mitteilung: Mit den Kellern wurde begonnen. –

Bravorufe. – Einer fordert von oben auf, eine Menschenkette um das Gebäude zu bilden. Sehe gegen den Strom der Hindrängenden die (Menschen-)Kette, sich am Seil durchwindend, in Richtung Brücke ziehen. Gesänge: *Stasi, deine Zeit ist um!* Alles singt. Gewaltig. Ich stehe am Wagen vom Deutschen Roten Kreuz Leipzig, der vor dem Haus der DSF [Deutsch-Sowjetischen Freundschaft] aufgefahren ist. Gegenüber auf der Empore der Sprecher des Bürgerkomitees: Bürger der Stadt. Es wird sowohl die Presse eingeladen ... und auch an der Besichtigung teilnehmen. Beifall. Viele klatschen in Lederhandschuhen. Es wird der Rechtsanwalt Schnur vom Demokratischen Aufbruch teilnehmen, daß alles seine Richtigkeit hat. (Von oben durchs Megaphon:) *Wir sind das Volk!* Unten rufen sie zurück: *Wir sind das Volk!* – *Wir sind das Volk!* – *Wir sind das Volk!*

Erneut wird aufgefordert, die Menschenkette um das Objekt zu bilden!

19.40 sagt der Sprecher oben, er wisse nicht, wie der Stand ist. Etwas später: Weil hier Zweifel geäußert worden sind, daß wir die Zimmer finden, haben wir uns den Grundriß geben lassen. Die Kollegen von Funk, Presse und Rundfunk sind schon unterwegs! (Bestimmt wollte er Fernsehen sagen.) Wir von der Bürgerinitiative waren schneller, deshalb müssen wir warten.

19.45 Ruhe tritt ein. Los! Weitergehn! ruft ein Demonstrant. Er sieht plötzlich die Farben mit Zirkel und Ährenkranz. Ist ja wohls letzte, die DDR-Fahne. Schämt euch was! Schandlappen! Geht erst mal arbeiten. Dann (zu jungen Leuten:) Wißt ihr, was 40 Jahre DDR sind?!

Rufe: *Deutschland einig Vaterland!*

Der Sprecher oben: Personen, die das Gebäude kennen, melden sich morgen früh beim Neuen Forum Lindenstraße! Die Kommission (muß) sowieso drin bleiben.

Deutschland einig Vaterland! Einer schreit: Die Fahne weg!

19.50 Sie stimmen an, versuchen es: *Deutschland, Deutschland ...* Das Deutschlandlied. Mitten drin schwankt ein Honecker-Brustbild: Er in Häftlingskleidung. Nr. 001. Riesenbeifall. Der Honi am Stock wird vorübergetragen, einmal hin, dann zurück.

Der Sprecher oben: Bürger, jeder von Euch hätte diese Initiative einleiten können. Wir werden uns weiter für euch einsetzen. *Wir sind das Volk!*

Die Treppen zum Gebäude sind besetzt. Zivile Posten stehen mit dem Rücken zur zweiflügligen Stahltür.

Der oben: Zur Zeit werden die Dreißig in Gruppen eingeteilt und werden, wenn Rechtsanwalt Dr. W. und Dr. X. da sind [ich kann die Namen nicht verstehen], mit der Besichtigung beginnen vom Keller bis unters Dach. Rufe: *Licht an!* Der Sprecher oben: Wir wollen das ganze Material aufarbeiten, dann erst kann das Gebäude versiegelt werden.

19.55 Gesang: *So ein Tag, so wunderschön wie heute,* singen sie unten; er singt vom Balkon durchs Megaphon mit. Die Masse steht und wartet. An den Rändern fließen Leute ab. *SED, das tut weh!* Ich stehe und warte. Der Sprecher oben: Wir stehn jetzt hier, aber wir sind im ganzen Gebäude! Einer ruft: Laßt doch das Ding besetzen, dann habt ihr Ruhe! – Wir werden bald die Zimmer erleuchten. Nach und nach. Man kann dieses Haus nicht im Gewaltstreich nehmen, die Ruhe müssen wir haben, sagt der Sprecher oben. Beifall. Jubel – Aber bitte, es dauert. Laßt Euch nicht zur Hektik verleiten. Denkt alle daran! Unten Rufe: *Weiter so!* Eine Fotografin neben mir. Ich sage: Texte! Fotografieren Sie Texte! Die Fotografin: Ich fahre durch die ganze DDR. – Sehe die DDR-Fahne wieder. Sehe das Schild: *Privilegierte aller Länder beseitigt euch!* – Licht in einem Fenster.

Rufe: *Zu-ga-be! Zu-ga-be!*

Die Stimme von oben: Hallo. An der Brücke gibt es Gewalttätigkeiten. Wir brauchen Euch. Leute setzen sich in Bewegung.

20.00 Weitere Lichter gehen an. Vier Fenster sind erleuchtet. Rufe: *Zu-ga-be! Zu-ga-be!*

Die drei Balkon-Fenster sind erleuchtet, vier andere links oben auch. Rufe: *Nie wieder SED! – Schämt euch was!* Links geht es jetzt weiter: Fünf Fenster sind erleuchtet. Über dem Balkon zwei weitere. Jubel. Leuchtstäbe sind im Innern an den Decken zu sehen.

20.03 Licht in der dritten Etage. Dann das erste Licht rechts in der zweiten Etage.

Rufe: *Licht an!* Alle haben die Augen zum Gebäude erhoben. Eine Taschenlampe tastet zum vierten Stock rauf.

20.05 Gesang: *Stasi, deine Zeit ist um.* Massenchor. Blitzlichter. Der Gesang dauert an.

Neben mir im Schaukasten der DSF die Werbung für das Restaurant Dnjepr. Auf der Straße wird ein kleines Schild vorbeigetragen: *Deutschland einig Vaterland.*

20.07 Gesänge: *Egon, deine Zeit ist um.* Das sind historische Tage, sagt einer. Die Fotografin mit dem roten Kopftuch, hinten geknotet, sieht mich an.

20.10 Gesang: *So ein Tag ...* Die sind naus, die werden nicht mehr viel finden, sagt sie. Zieht den Apparat auf.

Deutschland einig Vaterland! Deutschland einig Vaterland! rufen sie immer wieder in der ganzen Breite des Vorplatzes. Die Massen stehen bis zur gegenüberliegenden Straßenseite. Einige versuchen wieder, das Deutschlandlied zu singen; es mißlingt. Massenrufe. *Fernsehen rein!* Massenrufe: *Stasi in den eignen Knast.*

Sehe auf die Uhr. Gleich viertel neun. Es bröckelt etwas an den Rändern der Masse. *Deutschland einig Vaterland!* Jetzt ist es Viertel. Keine weiteren Fenster mit Licht. Der Krankenwagen fährt weg. Ein älterer Mann stellt sein Transparent an der Hauswand ab (mit der Schrift zur D [eutsch] S [owjetischen] F [reundschaft]). Ein Jugendlicher im roten Anorak: *Freie Wahlen! – Einigkeit,* singt einer, und *Recht und Freiheit* fallen ein paar ein. *Blühe deutsches Vaterland, blühe ...* Blieben allein mit diesem Gesang.

Transparent: *ČSSR empfiehlt Warnstreik.*

Am hinteren Stasi-Eingang ballt es sich. Jemand sagt: Die lassen die Feuerwehr raus. Massenrufe: *Kontrollieren! Keine Gewalt!* Das alles spielt sich am Matthäikirchhof ab.

20.20 Ein Megaphonredner an der Großen Fleischergasse: Bestraft die Volksbetrüger. Er sagt: Es gibt auch Schatten in der Bundesrepublik. Es gibt auch Nachteile. Ein Schrei aus den Zuhörern: Bei uns gibts nur Nachteile! Er vom Lautsprecherwagen:

Das Volk soll entscheiden. Jemand: Für uns gibts keinen Sozialismus mehr. Ein anderer Mann nimmt das Mikrophon: Volkspolizei, Armee, die brauchen wir; Stasi, die Truppe muß fort! – Wer will sich noch offen artikulieren hier?, wird gefragt. Eine Frau: Es hieß, der Kapitalist beutet seine Leute aus. Und was ist mit uns? Wir sind auch ausgeputzt worden. Ein Mann: Wir sind 40 Jahre betrogen und belogen worden. Wir sollten nichts auf die lange Bank schieben. (Beifall.) Die Angst muß aus unserem Volk heraus. Die Zeit ist reif. Es geht um einen Volksentscheid, nicht um freie Wahlen. Es gibt schon zu viele freie Organisationen. Seht euch das Land an! Die Luft, das Wasser!

Am Eingang zum Barfußgäßchen steht der Ü-Wagen. Einer ruft: In meinen Augen ist das dort ein Sozialstaat, das ist nicht mehr die Zeit Thälmanns. Wenn wir ein einiges Deutschland sind, braucht die Bundesrepublik lange Zeit, uns hochzuarbeiten.

Rufe: Jawohl. Beifall.

20.30 Am Matthäikirchhof. Massenrufe. Wieder *Stasi in den eignen Knast!* Der Zugang bis hinauf zum etwas höher gelegenen Seiteneingang steht voller Menschen. Einer ist am Schuhgeschäft den Blitzableiter hochgeklettert. Rufe: *Zugabe.*

Am Schuhladen hoch oben stehend der Kletterer. Reckt eine BRD-Fahne. Mann mit Lederhut. Er umwickelt die Stasi-Fernsehkamera, die dort für alle sichtbar installiert ist, mit dem Fahnentuch. Rufe: *Zugabe.*

Die Masse: *Wir sind das Volk!* Es schallt wie in einem Schacht. Jetzt: *Ihr seid das Letzte!* Er klettert herunter. Hat die Kamera mit der Fahne abgedeckt. *Bravo. Bravo.*

20.35 *So ein Tag, so wunderschön wie heute, so ein Tag, der sollte nie vergehn* ... und *Oh, wie ist das schön* ... Tausende singen. Vor dem Portal Jubel.

Ich wechsle den Standort. Hinter mir Gesang. Ein Jubel. *Oh, wie ist das schön, so was hat man lange nicht gesehn.* Der Sprecher gibt bekannt: Der Rechtsanwalt von Berlin ist da. – Hinten am Matthäikirchhof tönt es noch immer: *Ihr seid das Letzte.* Ich komme zu spät. Der Rechtsanwalt hat schon gesprochen. Rufe vom Matthäikirchhof: *Stasi, rück die Akten raus!* Vor mir die Menschenkette.

Gestern, sagt einer, der eine Fahne geschultert hat und mit

anderen heimgeht, war Kettensonntag. Sie und er, Hand in Hand, die schwarz-rot-goldene Fahne über den Schultern. Ende der Kommunisten, sagt er.

20.45 Also war heute der volle Antistasi-Montag, sagt ein anderer.[1] Niemand steht und protestiert am Neuen Rathaus!

Das Bürgerkomitee[2] besetzte in Leipzig, in Anwesenheit der internationalen Presse und eines Militärstaatsanwalts, den zunächst in völliger Dunkelheit daliegenden riesigen Stasi-Gebäudekomplex, während Tausende die Ein- und Ausgänge bewachten oder einfach zusahen. Unter Jubelrufen ging nach und nach hinter den Fenstern der zum Ring hin gelegenen Häuserfront das Licht an. Es zeigte, wie sich die Komiteeleute in dem Riesenbau vorarbeiteten. Seit 1968 hatte sich die Behörde zu einem gewaltigen Gebäudekomplex vergrößert und dabei Teile der Ringanlagen zerstört. Vom Dachfirst ragten seitdem die hohen Antennen der Sendeanlagen auf. Das war die Bastille.

Daß in Leipzig und ebenso in Dresden Bürger die Gebäude der »Staatssicherheit« zu besetzen beabsichtigten, um die Vernichtung von Beweismaterial zu verhindern, führte in Rostock (und anderen Städten) zu vergleichbaren und wohl koordinierten Stasi-Besetzungen. Am 4. Dezember gegen 15 Uhr postierte sich die erste Gruppe von »überwiegend jungen Leuten« vor dem Haupteingang des Rostocker Amtes für Nationale Sicherheit auf der August-Bebel-Straße. Ein Plakat verkündete *Mahnwache gegen die Vernichtung von Beweismaterial.* Kerzen wurden entzündet. Um 16.30 gelang es, alle Zufahrten zum »Objekt« zu besetzen und zu sperren. Eine Überprüfung ergab, daß der rauchende Schornstein, der die akute Gefahr einer Aktenverbrennung vermuten ließ, auf einem Nachbargrundstück stand und nur mit Kohle beheizt wurde. Auf Vorschlag von Bürgern nahmen ab 21 Uhr Landessuperintendent Dr. Wiebering und Rechtsanwalt Vormelker Gespräche mit Generalleutnant Mittag auf. Sie forderten, Bürger der Stadt zur Kontrolle einzulassen, das »Objekt« der Volkspolizei zu übergeben und einen Untersuchungsausschuß die Arbeit aufnehmen zu lassen. Gegen 22 Uhr sollten die an allen Toren Wartenden mit den dürftigen Resultaten der Gespräche abgespeist werden. Ihre Empörung führte dazu, daß zwanzig Vertreter von Bürgerinitiativen, offensichtlich nach dem Beispiel der »Gruppe der Zwanzig« in Dresden, in die Verhandlungen einbezogen wurden; diese endeten gegen 22.30 Uhr mit der Mitteilung, daß alles Stasi-Mitarbeiter das Gebäude ohne Unterlagen verlassen würden. Etwa 300 »Beschäftigte« passierten in den »folgenden Stunden« die verschiedenen Ausgänge. Danach übernahmen zum ersten Male Bürger und Angehörige der Volkspolizei die Gebäudekontrolle. »Alle Flure, in denen sich keine Mitarbeiter mehr aufhalten, werden versiegelt oder durch Posten gesichert.«

Das Amt bestand auf dem Weiterarbeiten der »Nachrichtenbereiche«. Es wurde ein Kompromiß ausgehandelt. »Nur die wichtigste Technik bleibt eingeschaltet. Inzwischen ist es bereits vier Uhr morgens. Immer noch werden Siegel angebracht, um die mehreren hundert Räume überschaubar an die Bezirksbehörde der Volkspolizei zu übergeben, bis ein Untersuchungsausschuß gemeinsam mit der Staatsanwaltschaft die Arbeit aufnehmen kann.« Stundenlang standen inzwischen Bürger und Bürgerinnen Rostocks an allen Einfahrten und Eingängen mit Kerzen auf Mauern und Treppen, mit Transparenten und mit Liedern auf den Lippen. Kurz vor Mitternacht wurde durch etwa 50 bis 60 Personen die Pforte der stark gesicherten Außenstelle »Waldeck« blockiert. Die anschließende Begehung zeigte »versiegelte« Räume, den doppelt gesicherten »Reißwolf« inmitten von -zig leeren Aktendeckeln und Ordnern. Im Heizungsraum lagen halbverkohlte Papiere. Gegen zwei Uhr übernahmen etwa 30 Offiziere der Volkspolizei die Versiegelung, dabei »auf Schritt und Tritt von Bürgern begleitet«. Es dauerte Stunden, bis »die zahllosen Räume« versiegelt waren.[3]

9. Beginnender Macht- und Systemwechsel

Zurück zu den Demonstrationen in Leipzig. Nicht in Vergessenheit geraten darf die Masse der Losungen auf den Spruchbändern und Schrifttafeln.[1] Sie inspirierten, verbanden, lenkten ins Ziel. Die populärsten Demo-Texte wirkten wie Dauersignale: zuerst *Wir sind das Volk!*, später *Deutschland einig Vaterland!* Sie stehen für längere Phasen des Demonstrationsgeschehens, das am Ende den Untergang der DDR herbeiführte. Die aktuellen Forderungen dagegen wechselten von Montag zu Montag. In ihnen äußerten sich immer wieder die Erfahrungen, Stimmungen und Forderungen der jeweils vergangenen Woche. In ihrer Abfolge zeigten sie eine Vielzahl fortschreitender individueller Entscheidungen, die nicht mehr rückgängig zu machen waren. Die Forderungen der vielen einzelnen, auf Stoff oder Pappe über die Köpfe emporgereckt, trieben das Geschehen voran. Wer aus den verschiedenen sozialen und politischen Milieus der Messestadt sich mitteilen wollte, tat es auf diese Weise.

Die Demo-Texte verdeutlichen die unglaubliche Dynamik des Forderns der Straße und des Nachgebens der Macht. Rot und blau, die Parteifarbe und die Farbe des Jugendverbandes, wurden bei den Transparenten von Anfang an gemieden. Die Grundfarbe war weiß, auch gelb. Wieviele Bettücher sind da zusammengenäht, wieviele Besenstiele und Stangen beschafft worden! Die Menge feierte die besten Sprüche. Wer sie hochhielt, war der Held des Augenblicks. Die Demonstrationsfotos bestätigen die massenhafte Teilnahme von Frauen. Sie gingen am 9. Oktober aus Überzeugung zur Demonstration, aber auch in Sorge um ihre größeren Kinder, die einfach nicht zu halten waren. Viele Mütter und Väter waren voller Angst vor einer »chinesischen« Lösung.[2]

Seit dem 23. Oktober wurden Transparente beklatscht, bejubelt. Mancher, der ein Transparent trug, allein, zu zweit oder gar zu dritt (sie hatten zum Teil respektable Ausmaße, hatten bis zu drei Tragestöcke; kaum vorstellbar, daß sie nicht auch in den Betrieben angefertigt worden waren), der stellte sich vor der »Runden Ecke« oder dem Neuen Rathaus, wo der Zug endete, am Straßenrand auf. Man zog vorbei, reagierte, nahm den Spruch an. In einem Demonstrationszug drehte sich einmal ein Arbeiter um, ohne stehenzubleiben: er ging rücklings vorwärts, während er sich lang machte, die Hände wie ein Dirigent erhoben, und den Nachfolgenden zurief: *Regiert die SED alleene, sind wir wieder montags off die Beene.* Jubel. Dann riefen es alle. Die Politisierung, die vom politischen Einfall des einzelnen ausging, war ungeheuer, am eindrucksvollsten, wenn ein Spruch zum Massenruf oder Massengesang wurde wie am 16. Oktober *Neue Männer braucht das Land!* oder *SED – das tut weh!* Auf beiden Seiten beschriftete Transparente wurden während des Laufens gedreht. Selten sind politische Forderungen mit solcher Begeisterung aufgenommen worden wie in diesen Tagen. Die Kraft der Menge übertrug sich auf den einzelnen, und dieser wiederum wußte um seine Kraft im Menschenstrom auf dem innerstädtischen Ring. *Jeder bringt noch einen mit!* (Massengesang seit dem 13. Oktober) in Verbindung zu *Montags sind wir wieder da!* (auch in umgekehrter Reihenfolge). Das waren Gesänge, in denen die vielen einzelnen ihren Veränderungswillen vereinten und ihm normative Geltung verschafften: zuerst beim Heraustreten aus der Nikolaikirche, dieser steinernen Arche der Revolution: *We shall overcome* (am 25. September und 2. Oktober), aufgegriffen und dann fortgesetzt von den draußen Wartenden mit *Völker hört die Signale, / Auf zum letzten Gefecht, / Die Internationale / Erkämpft das Menschenrecht* – am 25. September, am 2., 9., 16. und 23. Oktober, vermutlich letztmals gesungen am 30. Oktober vor dem stockdunklen Stasi-Gebäude, in dem sich, obwohl es Tag und Nacht besetzt war, nichts rührte.

Im Demonstrationsgeschehen formten sich durch Massenakzeptanz und Entscheidung der Massen politische Grundrichtungen aus. Erstens: Demokratisierung. *Demokratie – jetzt oder nie!* (seit dem 16. Oktober), gegründet auf das Prinzip der Volkssouveränität: *Wir sind das Volk!*

Zweitens: Grundrechte und Grundfreiheiten. *Pressefreiheit!* (16. Oktober); *Zivildienst Menschenrecht* (16. Oktober); *Visafrei – Tschechoslowakei!* (16. Oktober); *Reisefreiheit für alle!; Visafrei bis Hawai!* (23. Oktober); *Wir haben ein Recht auf erträgliche Umwelt* (30. Oktober); *Streikrecht!* (Transparent an der Spitze des Demonstrationszuges vom 4. Dezember) und so weiter.

Drittens: Machtwechsel. *Erich geh, uns tuts nicht weh!* (16. Oktober) und *Neue Männer braucht das Land*, die Rücktrittsforderung, die seit dem 16. Oktober skandiert, seit dem 23. Oktober auch gesungen wurde. Sie richtete sich zuerst gegen Honecker und sein Politbüro, gegen die Regierung Stoph, auch gegen die Parteivorsitzenden des Blocks, seit dem 23. Oktober gegen das umgebildete Politbüro unter Krenz, gegen den Ministerrat usw. Der Massengesang *Wer hat diesen Mann gewählt?* richtete sich gegen das SED-Zentralkomitee – es hatte Krenz am 18. Oktober zum Generalsekretär gewählt; und gegen die Volkskammermehrheit – sie hatte Krenz am 24. Oktober bei 26 Gegenstimmen und 26 Stimmenthaltungen zum Vorsitzenden des Staatsrates und bei 8 Gegenstimmen und 17 Enthaltungen zum Vorsitzenden des Nationalen Verteidigungsrates der DDR gewählt. Dann: *Wir stellen die Machtfrage* (am 30. Oktober, Transparent) und *Regierung zurücktreten! Verantwortliche bestrafen!* (am 6. November, Transparent). Schließlich die Ächtung der Parteimacht mit dem Vieltausendstimmen-Gesang *Baut die Mauer ums ZK* (am 13. November, nach Öffnung der Mauer am 9. November).

Viertens: Zerstörung der Machtapparate, zuerst der Staatssicherheitsorgane. *Stasi weg, hat kein' Zweck!* (am 2. Oktober); *Stasi in die Volkswirtschaft* (erstmals am 16. Oktober, Transparent, Sprechchor, Massengesang). Diese Forderung ergriff das ganze Land. Am 27. November wurde sie z.B. auch auf der Schweriner Montagsdemonstration erhoben.[3] Dann, unerbittlich, die Stimme vor allem der Arbeiter: *Wir verdienen euer Geld!* (seit dem 30. Oktober); schließlich die totale Ächtung: *Ihr seid das Letzte!* (erstmals am 30. Oktober); *Macht dem MfS endlich den Prozeß!* (ebenfalls Sprechchor, erstmals am 13. November); *Stasi, deine Zeit ist um!* (am 13. November, auch Gesang).

In der Demontage der Herrschafts- und Machtapparate stand die Stasi von Anfang an im Vordergrund. Die Topographie der Macht kam dem in Leipzig entgegen, denn der Gebäudekomplex der Bezirksbehörde des Ministeriums für Staatssicherheit berührte den innerstädtischen Ring, auf dem die Demonstrationen stattfanden. Dagegen befand sich das Haus der SED-Bezirksleitung Leipzig ziemlich entfernt vom Zentrum in der Südvorstadt. Die Demontage der Partei und des Parteiapparates eskalierte in dem Maße, wie die Mielke-Tscheka ins Wanken geriet: *Die Partei – eine Schweinerei!* (am 16. Oktober). *SED, das tut weh!* (Massenruf seit dem 6. November). *Ohne SED! Eine Werktätige* (am 6. November, Transparent). *Schluß mit dem Führungsanspruch der SED – Verfassungsänderung Artikel 1!* Das wurde am 6. November zum ersten Male gefordert und am 1. Dezember 1989 durch die Volkskammer vollzogen, als der Halbsatz »Führung der Arbeiterklasse und ihrer marxistisch-leninistischen Partei« aus der Verfassung vom April 1968 gestrichen wurde. Mit ihm hatte damals das Ulbricht-Honeckersche Politbüro seine Macht gegen den tschechoslowakischen demokratischen Sozialismus stabilisiert. Jetzt wurde die SED schon nicht mehr ganz ernst genommen: *Mindestrente fürs ZK!* (Transparentlosung am 30. Oktober und 6. November, Massenruf am 13. November); *Das ZK ins Altersheim, Egon soll der Pförtner sein!* (am 13. November). Der Übergang zum Systemwechsel bereitete sich vor, die totale Ablehnung des parteiadministrativen Systems, die sich zum ersten Mal am 13. November äußerte. Dies hier ist sie: *Nie wieder SED!*

Macht- und Systemwechsel vollzogen sich in dem Maße, wie die beiden tragenden Ordnungssysteme des »realen Sozialismus«, die auf das Machtmonopol gegründete Diktatur der Staatspartei (SED) und die Staatsplanwirtschaft, zerfielen. Dies geschah, indem es der Bürgerbewegung durch die Permanenz landesweiter Demonstrationen, Kundgebungen und Versammlungen gelang, eine Zerfallskrise der Sozialistischen Einheitspartei herbeizuführen[4] sowie die Staatssicherheit als Institution in einem ersten Schritt zu ächten, in einem zweiten faktisch in die kontrollierte Selbstauflösung zu zwingen. Ohne den Druck und den direkten Zugriff der in den Bürgerkomitees organisierten Volkskräfte wäre diese Auflösung nie zu Ende gebracht worden. Jetzt wurde auch die Stellung von Abertausenden von Spitzeln unhaltbar. Als erste Prominente wurden sehr schnell Wolfgang Schnur an der Spitze des Demokratischen Aufbruchs und der SPD-Vorsitzende Ibrahim Böhme überführt. Die anschwellende Bürgerbewegung löste die

Fesseln der Parteibasis sowohl der SED als auch der Blockparteien, sie ermöglichte die Massenaustritte aus der SED, die in den Großbetrieben, z.B. aber auch im Telefonamt der Deutschen Post in Leipzig begannen, die Bildungseinrichtungen und die ›Apparate‹ dagegen spät erfaßten. Sie verstärkten die Zerfallskrise der Staatspartei wie des Parteienblocks der Nationalen Front, der FDJ und des FDGB.[5] Am 4. Dezember, an dem Tag, an dem die meisten Bezirksbehörden und die ersten Kreisbehörden des Ministeriums für Staatssicherheit besetzt wurden, trat die CDU aus dem Demokratischen Block aus.

Der Zerfall der SED wurde auch durch den Übergang zur Parteireform kaum gebremst und mündete schließlich am 16. Dezember in die Transformation zur SED-PDS (Partei des demokratischen Sozialismus). Diese erklärte, daß sie ihre Schuld an der tiefen Krise des Landes abtragen wolle. Am 21. Januar 1990 beschloß der Vorstand der SED-PDS das Symbol der SED, zwei ineinandergreifende, verschlungene Hände, die für die 1946 erfolgte Vereinigung eines Teils der Ost-SPD mit der KPD standen, abzuschaffen. Das Fernsehen zeigte Arbeiter auf einer Hebebühne, die von der hohen Fassade des ZK-Gebäudes das monströse Symbol abmontierten, ein Demontagevorgang von unerhörter Sinnfälligkeit. Er wurde verinnerlicht. Die Symbolzerstörung wiederholte sich im kleinen hunderttausendfach. Das Parteiabzeichen wurde nicht mehr getragen, soweit es nicht schon in der Zeit der Demonstrationen und früher verschwunden war. Genossinnen und Genossen der ›HJ-Generation‹ hatten es mit besonderer Hartnäckigkeit vorgezeigt, selbst beim privaten Konzertbesuch und bei ähnlichen Anlässen, faktisch immer. Den Jüngeren war diese Art der Disziplinierung und des Zur-Schau-Stellens von Parteizugehörigkeit, die Parteihörigkeit war, meistens zuwider gewesen. Inzwischen war der Führungsanspruch der Partei innerlich längst fragwürdig geworden, die politische Kultur der Abzeichenträgerei erledigt. Am 21. Januar erfuhr die Öffentlichkeit vom Parteiausschluß des Honecker-Nachfolgers Krenz und weiterer ehemaliger Politbüromitglieder. Erst jetzt brach mit aller Schmerzhaftigkeit die Massenerkenntnis durch von der verlorenen Lebenszeit, die das vergebliche sozialistische Experiment verschlungen hatte, von dem Dasein im Mangel, in Gewissens- und Überwachungszwängen, zu dem es die hinter der Mauer Eingeschlossenen verurteilt hatte, von den materiellen wie seelischen Beschädigungen, die es verursacht hatte, und diese Massenerkenntnis lenkte Haß und Ablehnung immer wieder auf die aus der SED hervorgegangene PDS.

Die Bürgerbewegung in ihrem langen Protest-Rhythmus erzwang vom 7. bis zum 13. November den ersten Regierungswechsel: vom politbürohörigen Ministerrat unter dem Vorsitzenden Stoph (SED) zur Übergangsregierung Modrow (SED).[6] Auf der 10. ZK-Tagung am 8. November trat das alte Politbüro geschlossen zurück. Es bildete sich unter Krenz ein letztes Mal um. Prominente neue Mitglieder, die SED-Bezirkssekretäre Böhme (Halle), Walde (Cottbus) und Chemnitzer (Neubrandenburg), wurden schon am Tag darauf in den Bezirken gestürzt. Eine Serie von Rücktritten und, seit dem 3. Dezember, auch Verhaftungen (als erste Mittag, Tisch, Müller) folgte. Die Bevölkerung begriff, daß die Demontage des Staatskaders, der Staatssicherheitsorgane, der Staatswirtschaft in Gang gekommen war. Ein Lawineneffekt trat ein: der Autoritäts- und Staatsverfall.[7] Die Bürgerbewegung verhinderte die Versuche in den ›Apparaten‹, die Repressionspotentiale der Stasi durch Umbenennung und andere Formen der Verschleierung zu erhalten. Seitdem sind die Aufrechten auf schmalen Wegen durch Dornenhecken der Verschleierung und des Infragestellens zur Offenlegung unterwegs. Es muß alles ans Tageslicht. Bevor verziehen werden kann, müssen die zahllosen aktenkundigen und anderen Beweise der Demütigung, Erniedrigung, ja verbrecherischen Behandlung der eigenen Bevölkerung klar und dauerhaft in das kritische zeitgenössische Bewußtsein gehoben werden, sonst können sich die betroffenen Generationen davon nicht wirklich lösen.

Die Regierungskrise wurde begleitet von der Stabilisierung der Runden Tische, der entschiedensten Dialoginstanz, welche die demokratische Revolution hervorgebracht hat. Die Umbildung der Übergangsregierung Modrow in eine Regierung der nationalen Verantwortung wurde am 28. Januar 1990 am Zentralen Runden Tisch ausgehandelt. In die neue Regierung traten prominente Bürgerrechtler ein. Die zentralistisch-politbürokratische Kommandowirtschaft wurde aus der Verankerung in den Apparaten und aus der Verflechtung mit der Sozialistischen Einheitspartei gelöst.

Damit verloren auch die Apparate ihren Halt. Sie begannen sich aufzulösen, und zwar zuerst in den Betrieben, wo die SED-Betriebsparteiorganisationen und die Kampfgruppen (*Kampfgruppen nein, Zivildienst ja! –* Transparent am 23. Oktober; *Weg mit den Kampfgruppen der SED aus den Betrieben! –* Transparent am 4. Dezember) unter dem direkten Zugriff der Arbeiter aufgaben. Das parteiadministrative System zerfiel als Ganzes, als sein »Schutzschild«, die mit der Totalüberwachung der Gesellschaft befaßten Staatssicherheitsorgane, zerbrach. Eine revolutionäre, zum Teil reformerische Gegenöffentlichkeit ging in die entstehenden Freiräume hinein, besetzte sie und brachte erste Elemente einer Gegenmacht, vielleicht auch Doppelherrschaft hervor, bis die Bürgerbewegung der DDR-Verbesserer in dem Dammbruch der deutsch-deutschen Begegnungen, der auf die Öffnung der Berliner Mauer folgte, die Initiative an die christdemokratisch-nationale, teils national-konservative, teils national-liberale Parteienhegemonie verlor. Gegen sie meldete die SPD der DDR ihren Machtanspruch an, ohne ihn auch nur im entferntesten durchsetzen zu können.[8]

10. Wende in der Wende:
Die nationale Revolution – *Deutschland*
einig Vaterland!

Die folgenreiche Revolution in der DDR wurde durch die neue Politik Gorbatschows möglich; aus Gorbatschow sprach von einem bestimmten Zeitpunkt an auch der Visionär Sacharow,[1] der eine veränderte Welt globaler Annäherungen und ein sich veränderndes Europa vordachte. Erreicht wurde der Durchbruch zur Zerstörung des parteiadministrativen Systems von der Bürgerbewegung. Ihr schlossen sich in der das System destabilisierenden Phase in den Städten, in denen Demonstrationen stattfanden, zeitweilig bis zu einem Drittel der Jugendlichen und der erwachsenen Bevölkerung an. In der das System sprengenden Phase gewann die Demokratiebewegung eine noch größere soziale Breite.

Von der wiedergewonnenen Würde allein konnte man nicht leben. Deshalb erfaßte die Menschen auf den Straßen, inmitten der enthusiastisch aufbrechenden Hoffnung auf Veränderung in einer besseren DDR, erneut Verzweiflung. Sie erkannten: der Ruin des Landes ist vollständig, die Wirtschaft aus eigener Kraft nicht mehr zu sanieren. Menschen, die sich vorher nie gesehen hatten, zogen immer aufs neue den gleichen Schluß. *Die Mauer muß weg!* forderten die Leipziger schon am 30. Oktober und *Nicht die SED, sondern wir, das Volk, sind die führende Kraft!* Diese Forderungen schlugen am 6. November dem am Vortag zum Ersten Sekretär der Bezirksleitung gewählten Dr. Roland Wötzel (einem der Sechs vom 9. Oktober) auf der Kundgebung zu Beginn der Montagsdemonstration massiv entgegen. Wötzels Worte gingen unter in der Woge der Gegenrufe *Ihr seid schuld!* und *Zu spät! Zu spät!*[2] Die Demontage der Partei hatte begonnen. Das zeigten die

Transparente, die dem Leipziger Bezirkssekretär vor die Augen gehalten wurden: *Der Fisch fault zuerst am Kopf. – Eine Schlange häutet sich, aber bleibt eine Schlange. – Bei SED und FDJ sitzen Sie in der letzten Reihe. – Reform und SED ist wie Zuckerbrot und Peitsche. – Es ist so: Funktionäre/Die sind viel zu reich./Das Volk, das setzt den Hobel an und hobelt alle gleich! – Kaputte Städte, Wälder, Seen – SED, wir danken schön. – Keine führende Rolle der SED. – Führungsanspruch der SED/Die sich erst regt/Wenns ihr an den Kragen geht.*

Getrieben von der landesweiten Empörung gegen die Partei und den ihr zugeschriebenen Reisegesetzentwurf (*Ohne Visa durch Europa* am 6. November, Transparent; *Reisen in alle Welt ohne Geld?* am 6. November, Transparent), entschloß sich die engere Führung um Generalsekretär Krenz, der diese rein parteiadministrative Entscheidung für sich beansprucht,[3] zur Öffnung der Berliner Mauer. Dies geschah zuerst durch Offiziere des Grenzübergangs Bornholmer Straße. Ob sie eigenmächtig handelten, nachdem Politbüromitglied Schabowski die Grenzöffnung angekündigt hatte, oder auf Veranlassung des stellvertretenden Ministers für Staatssicherheit, Gerhard Neiber, was wahrscheinlicher ist, ist bis heute unklar. Oberst Ziegenhorn soll seinem »Chef« angesichts des beginnenden Massenansturms der DDR-Bürger auf die Grenzübergänge mitgeteilt haben: »Es ist nicht mehr zu halten. Unsere Genossen stehen mittendrin. Wir müssen sie laufen lassen.«[4] Glaubhaft erscheint die allgemeine Unsicherheit, die hochgradige Verwirrung. So könnte das zuständige Lagezentrum der Staatssicherheit durchaus einen Befehl zum Dichthalten der Grenze nach West-Berlin erteilt, dann aber gegen 21 Uhr angeordnet haben, »ausreisewillige« DDR-Bürger ausreisen zu lassen und die Pässe mit einem Stempel zu entwerten. Als dann die ersten Ostberliner nach einem kurzen Westbesuch, wider alles Erwarten, zurückkehrten, waren die »Grenzer« auf diesen »Fall« nicht vorbereitet. Man ließ die Rückkehrer nicht hinein. Erst kurz nach 22 Uhr entschieden dann angeblich Ziegenhorn und Neiber nach Absprache, die Reisewilligen am Übergang ohne Kontrolle gehen zu lassen. Die von der DDR-Regierung angekündigte Reform des Reisegesetzes wurde, sagt man, erst am Vormittag des 9. November ausgearbeitet. Sie sollte am 10. November in Kraft treten. Die Regelung sah vor, daß jeder DDR-Bürger ohne Voraussetzungen überallhin reisen konnte. Auch das paßt ins

Bild der eingetretenen Konfusion. Auf der Tagung des SED-Zentralkomitees soll Krenz den Text verkürzt dargestellt haben. Die Westmächte und die Sowjetregierung sollen den Zeitpunkt der Grenzöffnung nicht gekannt haben. Allerdings hatte Krenz die beabsichtigte Reform der DDR-Reiseregelung am 1. November 1989 in Moskau mit Präsident Gorbatschow besprochen.[5]

Durch eine neue Mehrheitsbildung auf den Straßen änderte die Revolution im November ihre Grundrichtung: sie wurde zur nationalen Revolution, in der Systemwechsel und »Wiedervereinigung«, teils schon verstanden als Vereinigung der Deutschen in europäischer Perspektive, zum erklärten Ziel der Straßendemonstrationen wurden. Offen blieb für einige Zeit, welches der tatsächlich einzuschlagende Weg zur Vereinigung der beiden deutschen Staaten sein würde. Die Grenzöffnung entzog der Vision des Aufbruchs in eine bessere DDR – einer Vision, die bis dahin in den Demonstrationen Zustimmung gefunden hatte – die Grundlage.

Mit der Öffnung der Mauer am 9. November begann eine zweite Phase der Revolution; sie reicht bis zur Besetzung der Stasi-Zentrale in Berlin, Normannenstraße, am 15. Januar 1990. Zu diesem Zeitpunkt scheiterten die eifrig betriebenen Versuche, den Machterhalt unter veränderten Bedingungen zu sichern. Es folgte eine dritte, bis zu den Märzwahlen reichende Phase des allgemeinen Machtverfalls. »In diesen beiden Phasen avancierte die nationale Frage zum beherrschenden Thema der Revolution. Sie wurde im Sinne schneller und voller staatlicher Vereinigung entschieden – vorbehaltlich der (zu diesem Zeitpunkt) noch nicht voll gesicherten außenpolitischen Durchsetzbarkeit.[6]

Die Bürgerbewegung spaltete sich jetzt in DDR-Verbesserer, die mehrheitlich eine Erneuerung des Landes mit einem Maximum an Demokratie anstrebten, und in Befürworter der Einheit: *Die Mauer hat ein Loch, aber weg muß sie doch!* (Leipzig, am 13. November, Transparent). Ein Zeitzeuge resümierte die historische Stunde, die, wie er meinte, »Reformen wollte und das bekam, was sie nicht voraussahen konnte: die Marktwirtschaft in Personalunion mit einer nicht mehr zu bewältigenden Vergangenheit«.[7] Wie nach einem Dammbruch fluteten nach der Öffnung der Mauer die Menschen in das andere Deutschland und nach Westberlin. *Taxi! 1 x Kudamm, hin und zurück. – Gestern in*

Bayern auf'm Bier, heute in Leipzig ... (Transparente auf der Montagsdemonstration am 13. November).

Dem Freudentaumel der Begegnung folgte der Westschock. Das Begrüßungsgeld ermöglichte erste Einkäufe, es verdeutlichte auch das Ausmaß des seit Jahren gelebten Verzichts, der seit dem Mauerbau 1961 verlorenen Möglichkeit, das Land zu verlassen und an solcher Lebensqualität arbeitend teilzuhaben. Die Freiheit der Kritik war errungen, dazu manche andere Freiheit, aber damit war keine Tonne Schwefeldioxyd weggefiltert, kein Quadratmeter schwermetallbelasteter Boden ausgetauscht, kein Betrieb saniert, die Versorgung nicht verbessert, der Mangel nicht gemindert usw. Jetzt weitete eine Mehrheit von Demonstranten den Tabubruch auf der Straße aus. Sie forderte den Systemwechsel und die Vereinigung der Deutschen. Am 13. November skandierten größere Gruppen in Leipzig erstmals nur das eine Wort: *Deutschland! Deutschland!*, gleichsam als stünden sie an der Bruchstelle des größten Tabus und wagten nicht, es zu zerstören. Daneben suchte sich eine aus Produktionsarbeitern bestehende Transparentträger-Gruppe mit dem Ruf *Wiedervereinigung jetzt!* Gehör zu verschaffen. Das Demonstrationsumfeld schwieg noch, und der Massenruf blieb aus.

Am 27. November brach dann mit dem Sprechchor *Deutschland einig Vaterland!* und dem Transparent *Daß die Sonne schön wie nie über Deutschland scheint* eine Art nationale Revolution zur Wende in der »Wende« durch. Beim ersten Hören stockte den Menschen der Atem. Denn *Deutschland einig Vaterland!* und *Daß die Sonne schön wie nie über Deutschland scheint* waren Worte aus der Nationalhymne der DDR. Insofern hatte sich der Perspektivenwechsel der Revolution bereits am 13. November mit dem Transparent *Ich schäme mich unserer Nationalhymne nicht* gleichsam flüsternd angekündigt. Der Text der DDR-Hymne wurde gemieden, seit man auf der Zweistaatlichkeit bestand; er war Schulstoff, der nicht mehr gelernt wurde, allen vertraut und doch verdrängt – ein Tabu. Mit *Ich schäme mich unserer Nationalhymne nicht* wurde die Tabuschwelle andeutungsweise überschritten. Dann wurde *Deutschland einig Vaterland!* zur viele mitreißenden und andere verunsichernden Metapher der Vereinigungsvision, das Drei-Worte-Fragment aus dem Hymnentext von Johannes R. Becher,[8] dem expressionistischen Rufer des Jahres 1917, der 1928 (über Lenin) geschrieben hatte: »Der an den Schlaf der Welt rührt, mit Worten, die Blitze waren.«[9] Die mittlere Generation hatte den nun nicht mehr gesungenen Text noch in der Schule gelernt, dieses »Auferstanden aus Ruinen/Und der Zukunft zugewandt,/ Laß uns Dir zum Guten dienen,/Deutschland einig Vaterland./ Alte Not gilt es zu zwingen,/Und wir zwingen sie vereint,/Denn es muß uns doch gelingen,/Daß die Sonne schön wie nie/über Deutschland scheint.«[10] Für die Älteren war dieser Text mit der Verheißung eines Neubeginns nach einem verheerenden Krieg verbunden. Die aktuelle Situation war eine andere. In einer Gegenreaktion spaltete sich ein Teil der Demonstranten, der das Verlangen nach einer Vereinigung der beiden deutschen Staaten zurückwies, ab. An seine Stelle traten andere Gruppen. Die das System zerstörende Wucht der Montagsdemonstrationen nahm damit noch zu.

Nie wieder SED!, dieser Massenruf vom 13. November, kennzeichnet den vollzogenen Übergang zur Ächtung und Demontage der Staatspartei. An diesem Montag hatte die Volkskammer den Ersten Sekretär der SED-Bezirksleitung Dresden, Hans Modrow, zum Vorsitzenden des Ministerrates der DDR gewählt; er wurde Nachfolger des zurückgetretenen Willi Stoph (SED) und führte eine aus der SED und den bisherigen Blockparteien CDU (bis Januar 1990), LDPD, NDPD und DBD gebildete Regierungskoalition. Die Politik der Regierung Modrow zielte vor allem auf eine Wirtschaftsreform, die im Rahmen einer Vertragsgemeinschaft mit der Bundesrepublik stattfinden sollte. Die Transparente vom 13. November verdeutlichten die veränderte Grundstimmung: *SED Lug und Trug. 40 Jahre sind genug!* – Leipzigs Demonstrierer lehnten diesen Regierungswechsel ab. *SED?? Nein – Danke! – 40 Jahre DDR, 40 Jahre Betrug am Volk. Schuldige bestrafen und enteignen! – Hager vors Tribunal. – Hager vors Volksgericht!* Die Ächtung der Staatspartei und ihrer Spitzenfunktionäre wurde in immer neuen Varianten von den Montagsdemonstranten gefordert: *Raus aus Wandlitz, rein ins herrliche Plagwitz* (eines der vom Verfall der Bausubstanz schwer getroffenen Leipziger Wohn- und Industrieviertel – Transparent am 27. November). *Alle korrupten SED-Funktionäre in Stadt und Land sofort auf die Anklagebank. – Die Katze läßt das Mausen nicht, alle Bonzen vor Gericht. – Sofort Auflösung und Enteignung der SED. – Ich schäme mich, Bürger*

*eines von der SED-Mafia beherrschten Staates zu sein. – SED-Wilderer
vor den Staatsanwalt* (Transparente am 4. Dezember). Erschüt-
ternd der Transparenttext nach den Enthüllungen über die Jagd-
vergnügen der Honecker, Mittag, Mielke: *Wir warn das Tier im
Jagdrevier* (gleichfalls am 4. Dezember). Die Menschen auf den
Straßen waren aufgebracht, bei vielen mischten sich Empörung
und Wut mit Schmerz und tiefer Enttäuschung. Aus dieser Betroffenheit heraus forderten Demonstranten, zuerst am 4. Dezember in Leipzig: *Schluß mit sozialistischen Experimenten!* und
*Keine neuen sozialistischen Experimente, sondern Wiedervereinigung!
– Wiedervereinigung Ja. – Wiedervereinigung Ja, sozialistische Armut
Nein. – Wir leben nur einmal. Darum Ja zur Wiedervereinigung. – Wir
wollen sein ein einig Volk von Brüdern.* Ein Stück der Transparent-
parole vom 13. November *SED! Lug und Trug, vierzig Jahre sind
genug!* verselbständigte sich am 11. Dezember, als *Vierzig Jahre sind
genug!* Massenruf und Massengesang wurde, gesungen nach
einer in den Fußballstadien populären Melodie. Auch ein anderes vertrautes Muster zur Ausgrenzung des sportlichen ›Geg-
ners‹ und zur Selbstbehauptung wurde nun politisch angewendet:
das »Nieder mit dem BFC« (Berliner Fußball-Club), das die
Leipziger sangen, wenn die Berliner Stasi-Mannschaft gegen den
1. FC Lokomotive Leipzig spielte. Es wurde jetzt zu dem Massenchor *Nieder mit der SED* (am 8. und am 15. Januar), und es wurde
in etwa von den gleichen Menschen gerufen, in der großen
Mehrheit Arbeiter.

Weder als populären Transparenttext noch als Massenruf hat es
den Parteienaufkleber *Wir sind ein Volk!* gegeben.[11] Im Übergang
von dem Massenruf *Wir sind das Volk!* zu diesem Aufkleber der
von CDU und CSU geförderten »Allianz für Deutschland« drückte sich der Übergang von der kurzzeitigen Herrschaft der demonstrierenden Massen zur Parteienhegemonie aus und zugleich der Verzicht auf die Rekonstitution des Landes in soziali-
stischer Perspektive. Dagegen, gegen das Weitergehen auf dem
sozialistischen Weg, und für die deutsche Einheit, hat sich bis zu
den Volkskammer-Wahlen am 18. März die übergroße Mehrheit
der Bevölkerung eindeutig ausgesprochen. Wolf Biermann faßte
diese Wende in die sarkastischen Worte: »Die übergeduldigen
Opfer des totalitären Regimes fordern jetzt den totalen und so-
fortigen Anschluß an die Bundesrepublik. Es ist aus mit dem

eigenen Weg der DDR.« Dann bitterer noch und für diesen Zeitpunkt zutreffend: »Es gibt nur zwei Minderheiten, die noch an einem sozialistischen Versuch interessiert sind: die Machthaber von gestern und ihre bevorzugten Opfer von gestern: linke Christen und radikale Linke. Die oppositionelle Minderheit der dunklen Jahre ist schon längst wieder in die Minderheit geraten.«[12]

So sehr die großen Parteien der Bundesrepublik, allen voran die CDU, über die gewandelten alten Parteien in der DDR auf diese Entscheidung auch Einfluß genommen haben, sie fiel im Lande selbst, nachdem der durch den Massendruck geschützten Bürgerbewegung der Durchbruch zur Demontage des parteiadministrativen Systems, des Blocks der Parteien der »Nationalen Front« sowie des flächendeckend arbeitenden Sicherheitsdienstes gelungen war. Aber: Die Stillen im Lande, still oder doch weitgehend still zur Zeit der Demonstrationen, der Kopf an Kopf gedrängten Masse am Fernsehen zuschauend, die vom Regen durchnäßten Demonstrierer beobachtend, von denen die meisten in Richtung der vom Verfall gezeichneten Altbaugebiete nach Hause gingen, vorbei an den erleuchteten Fensterfronten der Wohnblocks in den Neubauvierteln, die Stöcke mit dem eingerollten Transparent bekennend über die Schulter gelegt – diese Zuschauer ließen jetzt die Parteien handeln.

An die Stelle einer Mehrheit von DDR-Verbesserern trat eine Vereinigungs- bzw. Wiedervereinigungsmehrheit. Die Dialektik zwischen Freiheit und Konsum begann die übergroße Mehrheit der Menschen, deren eine Grunderfahrung Mangel war, zu bewegen; man war entschlossen, die Mangelgesellschaft hinter sich zu lassen. Dieser Aufbruch erfaßte die Basis der Parteien und umgekehrt: er wirkte aus den Parteien heraus ins Land. Die Blockparteien lösten sich aus der Rolle der Geführten. Im Verlauf der Revolution war aus der Gegenöffentlichkeit der Straße, aus der Demonstrations- und Kundgebungsdemokratie zugleich eine qualitativ neue demokratische Öffentlichkeit hervorgegangen. In ihr bewegten sich neue Parteien, Vereinigungen, entstanden Aktions- und andere Bündnisse, die Komiteebewegung der Bürger. Neue Parteien, das waren die SPD (gegründet in Schwante bei Potsdam am 7. Oktober 1989 als SDP der DDR), die Grüne Partei der DDR (gegründet am 24. November 1989 in Ost-Berlin), der Demokratische Aufbruch (als Partei gegründet am 17. Dezember 1989 in Leipzig), die Kommunistische Partei Deutschlands (gegründet am 31. Januar 1990 in Ost-Berlin) und die Freie Demokratische Partei in der DDR (gegründet am 4. Februar 1990 in Ost-Berlin). Diese Parteigründungen und die Legalisierung der neuen Parteien hatten zur Folge, daß die zunächst hegemoniale Wirkung der demonstrierenden Massen nachließ und schließlich aufhörte. Das lag in der Logik der Ereignisse.

Als eine der ersten Parteien sprach die neugegründete Sozialdemokratische Partei (SDP) die Leipziger Demonstranten an: *Sozialdemokratie lebt – SDP* (Transparent am 23. und am 30. Oktober), *Kein Führungsanspruch! Ohne Wahrheitsmonopol! SDP* (Transparent am 30. Oktober). *Daß die SED die führende Rolle behält, was soll das? Bleibt im Lande und wehret euch täglich, SDP! – Mit der SDP laufen Sie in der ersten Reihe und SDP Leipzig* (Transparente am 13. November). Dann aber wurde erneut ein Führungsanspruch erhoben: *Leipzig weder rot noch rechts, sondern sozialdemokratisch. – Vorwärts! Nicht vergessen: Jetzt wir: SDP* (Transparente am 4. Dezember). Die Massenforderungen wurden zu Forderungen von Vereinigungen und Parteien, sie wurden von der Vertretungsdemokratie aufgenommen.

Die »Runden Tische«, an denen der landesweite Dialog zwischen den Kräften der neuen politischen Bewegung geführt wurde, standen etwa in der Mitte dieses Übergangs in einen neuen politischen Zustand. Sie waren aus der Komiteebewegung der Bürger und anderen Initiativen hervorgegangen. Die illegale und halblegale Gegenöffentlichkeit des ›Voroktober‹ wurde zur eigentlichen Öffentlichkeit. Sie war teils Vernehmungs- und Enthüllungsinstanz, teils eine Art moralisches Tribunal. Der erste »Runde Tisch« der Stadt Leipzig trat am 29. November 1989 zusammen. Nach dem Rücktritt des Stadtparlaments nahm er dessen Stelle ein und leitete die Stadt, moderiert von Superintendent Friedrich Magirius, dem späteren frei gewählten Stadtpräsidenten, und Pfarrer Hans-Jürgen Sievers von der Reformierten Kirche. Bis zu den ersten freien und geheimen Kommunalwahlen am 6. Mai 1990 kam er in festem wöchentlichen Turnus zusammen. Die von der Bürgerbewegung und den Parteien beschickten »Runden Tische« dienten dem Konsens und der Willensbildung der Erneuerungskräfte. An ihnen erlitten die Staatspartei und die Staatsmacht vor laufender Kamera schwere Niederlagen.

Besonders seit dem 3. Dezember war der rapide Machtverfall in den Apparaten der Staatspartei und der Staatsmacht der DDR nicht mehr aufzuhalten. An diesem Tag waren Politbüro und Zentralkomitee der SED geschlossen zurückgetreten. Es folgte die Besetzung der Bezirksbehörden und vieler Kreisbehörden des MfS am 4. Dezember. Am 5. Dezember wurde das im November aus der Umbenennung des Ministeriums für Staatssicherheit hervorgegangene Amt für Nationale Sicherheit unter ziviler Kontrolle aufgelöst; die Kampfgruppen wurden entwaffnet. Am 7. Dezember trat in Berlin auf Einladung des Bundes Evangelischer Kirchen und der katholischen Berliner Bischofskonferenz der Zentrale »Runde Tisch« zusammen. Nie waren die Mächtigen mehr in Druck als hier. Die Diskussionen wurden zur Demontage des Systems und waren ein Medienereignis. Die Beratungsrunden leiteten zu Konzepten der Erneuerung über. Grundfragen der Entwicklung des Landes sind hier von Woche zu Woche unter der Leitung kirchlicher Moderatoren beraten worden.

Von den großen Themen seien genannt: die Gewährleistung von Rechtsstaatlichkeit, die Auflösung des MfS und seiner Nachfolgeeinrichtung, die Verhinderung der von der Modrow-Regierung beabsichtigten Gründung eines DDR-Verfassungsschutzes, die Gewährleistung der inneren Sicherheit, die Offenlegung der wirtschaftlichen und finanziellen und ökologischen Situation der DDR, Wirtschaftslage und Wirtschaftsreform, das Wahlgesetz, die Ausarbeitung einer neuen Verfassung, Medien- und Bildungsreform, die Stellung der Kultur. Herausragende Ergebnisse der demokratischen Revolution waren unter anderen die Legalisierung der neuen Vereinigungen und Parteien, die Amnestie der politischen Gefangenen, die Rehabilitierungen, die Reisefreiheit, die Offenlegung des Strafvollzugs und des Machtmißbrauchs, die beginnende Justiz- und Bildungsreform, die Entfesselung der Medien, die marktwirtschaftliche Öffnung, die Wende zur ökologischen Sanierung, die Verkürzung des Wehrdienstes, die Einführung des Zivildienstes, kurz: die gesamtgesellschaftliche Öffnung. Nicht wenige Forderungen erledigten sich durch das sofortige Nachgeben der Staatsmacht und der Staatspartei, andere erforderten unablässigen Außendruck. Die Aufdeckung von Machtmißbrauch hat auch zahlreiche Kommunalpolitiker in den Räten und, infolge des Wahlbetrugs bei den Kommunalwahlen vom Mai 1989, ganze Stadtverordnetenversammlungen zum Rücktritt veranlaßt, so daß sich durchaus auch eine Art Munizipalrevolution ereignet hat. Wie in Leipzig hatten die Kommissionen der regionalen »Runden Tische« ihre Vertreter in die verwaisten Stadtparlamente entsandt und diesen und den Räten vielerorts wieder zu einer gewissen Arbeitsfähigkeit verholfen.

Die Ächtung und schließlich die Auflösung des Staatssicherheitsapparates veränderten die Stellung der Polizei wie der Armee. Beide betraten die wesentlich von der Bürgerbewegung geschaffene Brücke der Sicherheitspartnerschaft. Die Polizeiangehörigen organisierten sich erstmals gewerkschaftlich unter der Losung: *Auch wir sind das Volk!* Die Bewegung an der Armeebasis machte den Weg frei für eine Armeereform. Auch die Armee löste sich aus dem Kommandosystem der Partei. Sie unterstellte sich Parlament und Regierung und damit dem Verfassungsauftrag. Über die Gewalt der Straße, die Kraft der Medien, die Transparenz der Diskussionen an den Runden Tischen, die Hartnäckigkeit der Bürgerrechtler und Bürgerrechtlerinnen (unter denen am zentralen Runden Tisch zeitweilig einige noch nicht enttarnte Inoffizielle Mitarbeiter der Staatssicherheit saßen) vollzog sich das, was vielen wie eine Selbstdemontage der Macht erscheinen mochte. Alle Teilbereiche des gesellschaftlichen Lebens wurden, soweit sie im administrativen System Schaden genommen hatten, von der Erneuerung erfaßt. Zugleich spaltete sich die Demokratiebewegung der Anfänge angesichts des Machtkampfes, der um die Parteienherrschaft eingesetzt hatte. Es ging um Profilierung im Interesse der künftigen Wählervertretungsdemokratie und damit um die Beendigung der Revolution.[13]

Gegen die in der Verfassung festgeschriebene Herrschaft der SED stritten zum einen die am stärksten legitimierten neuen Parteien und Vereinigungen, deren Autorität in einem Mißverhältnis zu dem tatsächlich erreichten Organisierungsgrad stand, zum anderen die gewendeten alten neuen Parteien des zerfallenen »Blocks«. Sie hatten sich nicht aus starker eigener Initiative aus dem Führungsmonopol der SED befreit, sondern sich mit dem Druck der Straße im Rücken daraus gelöst.

Als das SED-Führungsmonopol von der Straße aus permanent

und kompromißlos in Frage gestellt wurde, zogen die Parteien der zerfallenden »Nationalen Front« daraus ihren Nutzen; sie verdrängten ihre am stärksten kompromitierten Führungsfiguren. Im Unterschied zum Apparat der SED aber hatten sie in den Stadt- und Landgemeinden vielerorts eine von breiteren Schichten der Bevölkerung durchaus mitgetragene Basisarbeit geleistet; sie fanden unter Handwerkern, Gastwirten, Handeltreibenden, aber auch Ärzten Rückhalt, soweit sie Teilgruppen, die einer Mitgliedschaft in der SED oder einer zu großen Nähe zur SED dadurch ausweichen konnten, zu öffentlicher staatlicher und kommunaler Anerkennung geleisteter Arbeit verhalfen. Die Wende-Parteien haben sich in diesen Verknüpfungen rasch als eine Kraft der Veränderung etablieren können; damit veränderten sie sich selbst, und dadurch veränderte sich das Potential der Straße. In der Öffentlichkeit wurde die Brandmarkung der Wendehälse: *Ohne euch Wendehälse! – Weg mit den Wendehälsen* (zuerst auf der Berliner Demonstration am 4. November, erste Transparente in Leipzig am 6. November) nun auf die sogenannten Blockparteien übertragen. Die Alt-CDU profilierte sich aus verschiedenen Gründen am schnellsten und erfolgreichsten, besaß sie doch einen regional verzweigten, bis in entlegene Orte hinein funktionierenden Parteiapparat.

Die Parteienhegemonie löste nun die Massenhegemonie ab; sie löste nach dem Westschock der Grenzöffnung Teile aus der breiten Bürgerbewegung heraus und machte sie zu Triebkräften der Parteibildung. Damit verfiel die Demonstrationskultur ziemlich rasch. Die Demonstrationen wurden zu Schubkraft-Veranstaltungen für Parteien. Sowohl die Akteure der Anfänge als auch wichtige Träger der Massenhegemonie, darunter nicht wenige der vielen Lehrlinge und jungen Facharbeiter aus den Betrieben, die mehr noch als Schüler und Schülerinnen der Erweiterten Oberschulen in den Oktoberdemonstrationen vertreten waren, zogen sich zurück, ebenso Studenten, oder sie folgten jetzt der Anziehungskraft anderer Symbole, etwa der DM, den Konsumsymbolen. Aus der geschlossenen Gesellschaft herausdrängend, erlebten sich viele Menschen plötzlich in einer rasanten Schrittfolge. Dem *Wir sind Deutsche!* (in Leipzig am 11. Dezember) setzte die Linke wiederholt ihr *Wir auch!* entgegen. Man schimpfte sie dafür *Wand-litz-kin-der!* und Schlimmeres. So verstummte die

Linke auf den Straßen. Ihren Platz nahmen Menschen ein, die in den Risikowochen vielleicht sogar zu den Stillen im Lande gehörten. Der Zuzug vom Lande, aus den Kleinstädten des Umlandes und vor allem aus den Betrieben verstärkte sich. Die Öffnung der Grenze veränderte die Perspektiven der eigenen Hoffnung von der DDR-Verbesserung hin zur nationalen Einheit. Die Träger der Massenhegemonie vom Oktober und noch vom November, die eigentliche Linke ausgenommen (aber auch sie begann an den Rändern abzubröckeln) wandelten sich so zu Triebkräften der Vereinigung. Von ihnen ging ein zunehmender Druck auf alle Parteien und Organisationen aus. Die Akzeptanz der Vereinigungsforderung verbreiterte sich von Woche zu Woche.

Es war die breite Masse, die das Vereinigungsgebot, das sie erhob, auf die politische Bühne warf. Als Kanzler Kohl am 10. November seinen Polenbesuch unterbrach, setzte er damit ein Zeichen. Am 28. November unterbreitete er dem Deutschen Bundestag ein »Zehnpunkteprogramm zur Überwindung der Teilung Deutschlands und Europas«. Am 1. Februar 1990 erst legte DDR-Ministerpräsident Modrow für den Weg zur Einheit Deutschlands einen solchen Plan vor, der den Titel »Für Deutschland, einig Vaterland« trug. Die Vereinigung der beiden Staaten sollte in vier Schritten geschehen: Als erster die Bildung einer Vertragsgemeinschaft mit konföderativen Elementen wie Wirtschafts-, Währungs- und Verkehrsunion sowie einer Rechtsangleichung, als zweiter die Bildung einer Konföderation von DDR und Bundesrepublik Deutschland mit gemeinsamen Organen und Institutionen. Der dritte Schritt sollte die Übertragung von Souveränitätsrechten beider Staaten als Machtorgane der Konföderation sein, der vierte schließlich die Bildung eines einheitlichen deutschen Staates in Form einer Deutschen Föderation oder eines Deutschen Bundes bringen. Hierzu sollten Wahlen in beiden Teilen der Konföderation stattfinden. Die Hauptstadt sollte Berlin sein. Ziel war auch, auf dem Wege zur Föderation militärische Neutralität zu erreichen.

Dies Programm verdeutlicht den massiven Druck, der zuerst vom nationalstaatlichen Vereinigungsanspruch der Leipziger Montagsdemonstranten ausging. Die Massenforderung *Deutschland einig Vaterland!* führte schließlich zur Massenakzeptanz und damit an einen Punkt, wo sich der Parteienmechanismus in

Bewegung setzte und diese Akzeptanz in sich aufnahm. Seitdem wandelte sich auch das äußere Bild der Leipziger Montagsdemonstrationen wie der auf sie abgestimmten Demonstrationen in den Bezirken. An die Stelle der vielen selbstgefertigten Transparente (vom 2. Oktober bis 15. Januar habe ich allein in Leipzig mehr als 470 verschiedene Transparenttexte erfassen können) traten die schwarz-rot-goldenen Fahnen ohne Hammer, Zirkel und Ährenkranz, das Staatsemblem der DDR. Die kreisrunde Verfärbung auf Fahnen zeigte allenthalben und allen, die dies sehen wollten, wo das Emblem herausgetrennt worden war. Die Trennung von der DDR wurde selten demonstrativer bekundet. Man muß diese Menschen erlebt haben, auf den Demonstrationen und bei anderer Gelegenheit, die vielen vielen, die glücklos lebten oder nach alledem meinten, so gelebt zu haben. Unter ihnen waren nicht wenige, die um der Selbsterhaltung willen oder aus Verantwortung für ihnen anvertraute Menschen, Anlagen und Güter irgendwie ihre Pflicht getan hatten. Sie entschieden sich dann letztlich auch gegen die DDR in der Erkenntnis der Leipziger Demonstrierer, die wiederholt werden soll: *Wir warn das Tier im Jagdrevier!*

Das schwarz-rot-goldene Symbol der Vereinigung nahm zu diesem Zeitpunkt gleichsam alle Einzelforderungen in sich auf. Die Nationalfarben wurden im Verständnis der Demonstrierenden jetzt zu Zeichen für den Vorrang des Nationalen; sie drückten aber schon, soweit die Parteien sich die Vereinigungsforderung zu eigen gemacht hatten, Anerkennung von Parteienhegemonie aus. Die ursprüngliche Massenhegemonie hatte den Macht- und schließlich den Systemwechsel ermöglicht, sie hatte die Wiedervereinigungsforderung hervorgebracht, die den Status quo total in Frage stellte, und verwandelte sich nun, unverstanden von vielen, in eine Kraft, welche den Parteien zufiel. Selbst aber trat sie als Machtfaktor von der politischen Bühne ab.

Die Leipziger Montagsdemonstrationen drückten die politische Polarisierung der DDR-Bevölkerung während der Monate November und Dezember am klarsten aus. Parteilose und Angehörige der Altersgruppen unter 45 Jahren bildeten die übergroße Mehrheit der Teilnehmer.[14] 10% der am 4. und 11. Dezember Befragten gaben an, Mitglied in den neuen Parteien bzw. Bürgerbewegungen zu sein. Die SED war deutlich unterrepräsentiert, obwohl sie bis zum Herbst 1989 in allen Bevölkerungsgruppen der über Achtzehnjährigen einen Mitgliederanteil von etwa 20% besessen hatte. Es waren die in der DDR Geborenen, Aufgewachsenen, autoritär Erzogenen, Gedemütigten, die mit der Partei des Machterhalts und schließlich mit der am 7. Oktober 1949 gegründeten Republik brachen. Besonders die Altersgruppe unter fünfundzwanzig war im Vergleich zur Gesamtbevölkerung überrepräsentiert; sie hat vielleicht den größten Mut bewiesen, darunter Lehrlinge in großer Zahl, Facharbeiter, Angestellte, Schüler der 9. und 10. Klassen und, vermutlich nur bis zu einem Drittel, Schüler der erweiterten Oberschulen. Auch die Zahl der Studierenden unter den Demonstranten ist kaum zu bestimmen.

2000 Teilnehmer der Demonstrationen, die am 4. und 11. Dezember 1989 befragt wurden, waren parteipolitisch so orientiert (in Prozent):[15]

	CDU	LDPD	SED	NDPD	DBD	Neues Forum	SDP	Andere Parteien
Demo am 4.12.89	12	11	6	2	1	18	37	13
Demo am 11.12.89	9	7	15	1	0	14	42	12
DDR repräsentativ Ende Nov.	10	23	31	3	5	17	6	5

Die nach ihrer politischen Orientierung Befragten verteilten sich am 11. Dezember auf die Parteien wie folgt (in Prozent):

	CDU	LDPD	SED	NDPD	DBD	Neues Forum	SDP	Andere Parteien
Studenten	3	5	53	0	0	11	14	14
Facharbeiter	11	6	9	0	1	17	46	10
Meister	9	10	3	3	0	13	50	12
Fachschulabsolventen	9	14	7	3	0	13	43	11
Hochschulabsolventen	7	2	15	0	0	13	47	16

Die 2000 Demonstrationsteilnehmer entschieden sich am 4. und am 11. Dezember 1989, befragt, welcher Partei/neuen Bewegung sie ihre Stimme geben würden, zu jeweils 68% für das Neue Forum, die SDP bzw. die eine oder andere neue Partei. Am 11. Dezember erklärten sich von den Hochschulabsolventen 76%, von den Meistern 75%, von den Facharbeitern 73%, von den Fachschulabsolventen 67% und von den Studenten 39% für die neuen politischen Bewegungen. Die heftigen Diskussionen besonders am 4. und am 11. Dezember mit den Studenten, die am Ziel einer reformierten DDR festhielten und dieses Ziel als Forderung in die Montagsdemonstration wieder einzubringen oder darin zu halten suchten, wurden vorzugsweise von Arbeiter-Demonstranten geführt. Im Votum für die SED kam zu diesem Zeitpunkt ein teilweise noch erfolgreiches Krisenmanagement an der Parteibasis der Universität und anderer Bildungseinrichtungen zum Ausdruck.

Stark vertreten war die SDP (SPD der DDR) zunächst unter Facharbeitern, Meistern, Fachschul- und Hochschulabsolventen; sie hat ihre starke Position aber bald darauf, zumindest unter den Facharbeitern und Meistern, an die CDU verloren. Das klare Votum dieser beiden Gruppen für die Vereinigung der beiden deutschen Staaten weist eindeutig in diese Richtung. Gefragt wurde am 11. Dezember auch: »Wie stehen Sie zu einer Vereinigung von DDR und BRD?« Von allen Befragten entschieden sich 33% für die eindeutigste der möglichen Antworten (Variante 1: »Ich bin sehr dafür«) und nochmals 33% für Variante 2: »Ich bin eher dafür als dagegen«.[16] Auf die nachstehend genannten Sozial- bzw. Berufsgruppen verteilt, waren das: 54 (!) bzw. 36 von 100 Meistern, 39 (!) bzw. 34 von 100 Facharbeitern, 39 (!) bzw. 40 von 100 Fachschul- und 29 bzw. 39 von 100 Hochschulabsolventen, aber nur 4 bzw. 17 von 100 Studenten. Von den auf den Demonstrationen befragten Studenten ist die zentrale Losung der Demonstrierer, nämlich *Deutschland einig Vater*land!, zu diesem Zeitpunkt am deutlichsten verneint worden. Denn 24% antworteten auf die Frage nach der Vereinigung von DDR und Bundesrepublik »Ich bin eher dagegen als dafür« (Variante 3) und 55% »Ich bin sehr dagegen« (Variante 4). Die entschiedensten Befürworter der Vereinigung fanden sich zu diesem Zeitpunkt unter den Sympathisanten der CDU, der SDP und der LDPD.

Es votierten für die Varianten (in Prozent)	1 %	2 %	3 %	4 %
Sympathisanten				
der CDU	56	32	7	5
der SDP	48	40	9	3
der LDPD	35	40	17	8
des Neuen Forum	23	42	26	9
der SED	–	3	19	78
der sonstigen Parteien/Bewegungen	31	31	19	19

Daß Anhänger der Bauernpartei (DBD) nicht ins Gewicht fielen, bestätigt den auf den Demonstrationen gewonnenen Eindruck, daß zunächst nichtlandwirtschaftliche Bevölkerungsgruppen das Demonstrationsgeschehen trugen.

Die Montagsdemonstrationen waren eine Bewegung vor allem der Leipziger. Die Stichprobe der 2000 Befragten am 4. Dezember ergab, daß nur 14 % der Demonstrierenden ihren Hauptwohnsitz nicht in Leipzig hatten; die meisten davon waren Studierende.[17] Arbeiter und Angestellte bildeten die stärksten sozialen Gruppen. Etwa zwei Drittel der Demonstranten waren männlichen Geschlechts. Das bestätigen auch die Demo-Fotos. Dennoch: Daß laut Befragung ein Drittel aller Demonstrierenden Frauen und Mädchen waren, und dies schon am Anfang, bezeugt ein ganz außergewöhnliches Engagement. In einem Verzeichnis der im September Verhafteten sind fünf von sechzehn dieser jungen Leute Mädchen.[18] Die Demoskopie bestätigt, was die Massengesänge *Montags sind wir wieder da!* und *Jeder bringt noch einen mit!* und ein Transparent wie *Montag – Ehrensache! Im Selbstlauf wird die Wende Asche!* als Grundannahme nahelegen, nämlich eine hohe Beständigkeit der Demonstrationsteilnahme und die Beharrlichkeit im Fordern. Anspielend auf den von Bebel übernommenen Ausspruch Honeckers, daß weder Ochs noch Esel den Sozialismus aufhalten, verkündete ein großes Spruchband: *Montagslauf. Neues Forum. Freie Wahlen. Reformen hält weder Ochs noch Esel auf!* Am 11. Dezember gab die Hälfte der Befragten an, bisher sieben Mal oder häufiger demonstriert zu haben. Das heißt, daß sie, zurückgerechnet, zumindest seit dem 30. Oktober, und wohl auch schon früher, an den Montagsdemonstrationen teilgenommen haben. Ein solches Engagement spricht dafür, daß die Wende in der Wende von nicht wenigen Oktoberdemonstranten und wohl auch der Friedensgebetsteilnehmer mitgetragen wurde, während andere, die an ihrer Seite gegangen waren, nun vom Demonstrationsgeschehen Abstand nahmen.

Vor dem 9. Oktober haben 30% der Befragten an Friedensgebeten teilgenommen. »Vieles deutet darauf hin, daß jene Kerngruppe sich überwiegend aus Arbeitern und Angestellten im Alter zwischen 25 und 55 Jahren rekrutierte. Die ›Mütter und Väter der Revolution‹ erweisen sich im Dezember insbesondere als Sympathisanten des Neuen Forums sowie der CDU und der LDPD. Tatsache scheint zu sein, daß jüngere Bürger (unter 25), darunter auch die Studenten, sowie Bürger ohne abgeschlossene berufliche Qualifikation keine vordergründige Rolle bei der Geburt der Leipziger Demo spielten. Und ein Fakt ist unbestritten, der historisch von Bedeutung ist: Angehörige bzw. Sympathisanten der SED befanden sich kaum unter den Teilnehmern an den Friedensgebeten, von denen die Initiative für die Leipziger Demo ausging.«[19]

Die Regierung Modrow leitete unter dem Druck der Bürgerbewegung wesentliche Demokratisierungsschritte, auch Gesetzesinitiativen ein, so das Parteiengesetz (Gesetz über Parteien und andere politische Vereinigungen vom 21. Februar 1990) und das Vereinigungsgesetz (Gesetz über Vereinigungen, ebenfalls vom 21. Februar 1990). Sie gewährleistete die Vorbereitung und schließlich im März 1990 die Durchführung der ersten freien Wahlen zur Volkskammer und damit zugleich das Ende ihres eigenen Wirkens.

Die Parteien begannen am Rande der Leipziger Montagsdemonstrationen den Wahlkampf. Sie trugen diesen seit Januar 1990 in das Demonstrationsgeschehen hinein. Unterhalb der an der Ostseite des Karl-Marx-Platzes gelegenen Hauptpost, etwa auf den ersten einhundert Metern des »Ringlaufs«, wurden vereinzelt auch schon Wahlkampffahrzeuge aufgestellt. Von diesen mobilen Standorten aus appellierten Wahlredner über Lautsprecher an die Demonstrierenden. In der ersten Januarwoche wurde in Leipzig die von Markus Meckel am 3. Dezember 1989 unterzeichnete »Erklärung der SDP zur deutschen Frage« verbreitet: »Die Sozialdemokraten in der DDR bekennen sich zur Einheit der deutschen Nation ... Wir denken, daß eine Konföderation der beiden deutschen Staaten eine schon bald mögliche Form ist, die Einheit der deutschen Nation zu gestalten.«[20] Am 8. Januar erlebten die Montagsdemonstranten die erste große Flugblattaktion der Republikaner. Jugendliche verteilten in einigen Tausend Exemplaren zwei Flugblätter der Münchener »Rep-Versand GmbH«. Das eine verkündete »Wiedervereinigung jetzt«, das andere erklärte provokant »Auch Königsberg ist deutsch, Herr Gorbatschow!«.[21] Die Masse dieser Flugblätter wurde zerrissen, weggeworfen; die Demonstranten gingen über sie hinweg. Die Marxistische Gruppe (MG), gleichfalls in München beheimatet, versuchte sich mit dem Flugblatt Nr. 6 »Gegen den deutschen Wahn« Gehör zu verschaffen. Am 15. Januar eröffnete die Christlich-Soziale Partei Deutschlands (CSPD), »ein Kreis von Männern und Frauen in Leipzig, dem Zentrum und Ausgangspunkt der Erneuerung«, den Wahlkampf, »um Wege für eine gute Zukunft zu finden«. Sie erstrebten für die DDR vorerst einen Staatenbund (Konföderation) mit der Bundesrepublik Deutschland; ein Volksentscheid sollte darüber befinden; sie forderten zugleich die Wiederherstellung »föderativer Strukturen im Gebiet der DDR« und erklärten, »daß die Grenzen, insbesondere die Westgrenze der Volksrepublik Polen, als endgültig« anzusehen seien.[22] Die SPD (Sozialdemokratische Partei in der DDR, in Leipzig wohl erstmals am 15. Januar auf einem Flugblatt zur Montagsdemonstration als SPD) warb für eine »Gesicherte Zukunft durch kraftvolle Initiative«. »Die Augen der Weltöffentlichkeit blicken voll Bewunderung nach Leipzig, wo das Volk in einer friedlichen Revolution einen neuen Anfang ohne nochmalige Sozialismus-Experimente besiegelte.« Sozialdemokratie in Aktion bedeute den programmatischen Dreischritt: Demokratischer Pluralismus, Soziale Marktwirtschaft, (Wieder-)Vereinigung in einer deutsch-deutschen Vertragsgemeinschaft, in welcher »wir als Europäer deutscher Nation noch Trennendes überwinden und am Haus Europa mitbauen, bevor wir unsere gemeinsame Wohnung darin beziehen. Angleichen statt Zusammenwuchern, lautet unsere Devise«.[23] In einem Aufruf, der auf der Montagsdemonstration am 22. Januar verbreitet wurde, teilte die Christlich-Demokratische

Union Deutschlands, CDU-Kreisverband Leipzig-Land, den Bürgern des Kreises Leipzig-Land mit, sie formiere sich als Volkspartei. Unter anderen trete sie »für eine Konföderation beider deutscher Staaten als Übergang zur Erlangung der Einheit der deutschen Nation« ein, für die »Wiederherstellung der alten Länderstrukturen«, für »Freie Wahlen am 6. Mai 1992«, für eine von den »genetischen Defekten des Stalinismus« befreite »Neue Verfassung«.[24] Gleichfalls am 22. Januar forderte der CDU-Bezirksverband Leipzig »ein vereintes Deutschland im Haus Europa« und sprach sich »für freie und geheime Wahlen zwischen gleichberechtigten Parteien und Personen« aus. »Gehen Sie zur Wahl! Wer nicht wählt, wählt die SED!«.[25] Anders als die CDU beschränkte sich der Bezirksverband Leipzig der Liberal-Demokratischen Partei Deutschlands am 22. Januar noch auf die Profilierung der LDPD zur liberalen und demokratischen Volkspartei, ohne die Vereinigung als politisches Ziel anzusprechen.[26]

Auf diese Weise wurden aus »Demos« Wahlkampfveranstaltungen. Die Zeit revolutionärer Öffentlichkeit ging zu Ende. Immerhin, die Gegenöffentlichkeit aus der Zeit vor dem 2. Oktober hatte sich in die Öffentlichkeit einer veränderten Gegenwart verwandelt. Diese stand im Zeichen zunehmender Demokratisierung, aber auch neuer Risiken, Ängste und Zwänge. Die Rivalitäten der Parteien nahmen seit Januar zunehmend gesamtdeutsche Formen an. Erste Konturen künftiger Parteibündnisse und Parteizusammenschlüsse zeichneten sich ab.[27] Ein deutliches Signal gab die CDU. Als Ministerpräsident Modrow Anfang Februar acht Vertreter der Oppositionsgruppen als Minister ohne Geschäftsbereich in sein Kabinett aufnahm, um zu einer Stabilisierung zu gelangen und die innere Sicherheit zu gewährleisten, war die Partei zuvor aus der Regierung ausgeschieden. Die christdemokratischen Allianzparteien (CDU, Deutsche Soziale Union, Demokratischer Aufbruch) repräsentierten seit etwa Februar 1990 die (Wieder-)Vereinigung fordernde Bevölkerungsmehrheit der DDR. Seit Mitte November, besonders aber seit Dezember waren dafür Zehntausende von Leipzigern mit ihrem *Deutschland einig Vaterland!* montags auf den Straßen geblieben. Sie hatten das Beispiel gegeben, ja, sie sind geradezu im Alleingang zum anderen deutschen Ufer aufgebrochen.

Die Chance, die Teilung der Nation in zwei Staatsvölker zu

überwinden, ist, aus welchen Gründen auch immer, auf den Straßen Leipzigs, einer Stadt, die immer Stätte deutsch-deutscher Begegnung und zugleich von Weltbegegnung war, schlagartig begriffen worden, und zwar von Menschen mit einem ›archaischen‹ Deutschlandbild: einem Deutschlandbild, das nicht konzeptionell geprägt war, weder durch einen linken DDR-Mythos[28] noch durch ein Status-quo-Denken in den Kategorien europäischer Sicherheit. Eine Masse von Arbeitern, Angestellten, Handwerkern, in der Mehrzahl »kleine Leute«, darunter viele Jugendliche aus den Betrieben, auch das Gros der Restgeneration der Alten war es, die sich über alle politische Konvention und Tabus auf beiden Seiten der Mauer hinwegsetzten und dieses *Deutschland einig Vaterland!* herausschrien, weil das unter den Bedingungen von Selbstzerstörung ihre einzige Vision war. Eine andere konnten diese Menschen nicht mehr haben. Ihnen schwebte eine Nationalstaatsvision vor, die Europa so vielleicht schon nicht mehr benötigt und die angesichts der Normalität weltweiten Austauschs im Generationswechsel auf der bundesdeutschen Seite trotz der deutschen Teilung aus dem Blick zu geraten schien.

Mit der Nationalstaatsidee das System zu sprengen und Perspektiven zu öffnen, das vermochten gerade diejenigen, die in mancherlei Hinsicht zurückgeblieben waren. Sie drängten hinter der Mauer hervor mit all ihren zurückgestauten Elementarbedürfnissen und ihrer Unbeholfenheit, einer Folge ihrer unfreiwilligen Abschottung. Dieser Schritt von dem einen in das andere Deutschland löste auf beiden Seiten ungeheure Irritationen aus. Er war ein Ereignis allerersten Ranges. Es hat Geschichte gemacht und unser aller Leben verändert. Denn die deutsche Teilung war die radikalste Form der europäischen. Die demokratische Revolution eröffnete die Möglichkeit, daß die in zwei Staatsvölker geteilte Nation, und zwar in kurzer Zeit, staatlich wieder zusammenwuchs. Die Revolution in der DDR wurde, absolut unerwartet, zum Beschleuniger für den gesamteuropäischen Wandel. Die Volksbewegungen hier und in den Nachbarstaaten des realen Sozialismus, und am Ende gleichermaßen in der Sowjetunion, setzten die Diplomatie unter Zeitdruck.[29] »Die deutsche Einheit hat die Vordenker überrollt und das Nachdenken zum Hinterherdenken gemacht«, räsonierte Klaus Hartung.[30]

Es gehörte zu den Erfahrungen deutscher Geschichte, besonders des 19. Jahrhunderts, daß eine nationalstaatliche Ordnung Deutschlands immer auch die Ordnung Europas, die europäische Sicherheit und den Ausgleich zwischen West- und Osteuropa grundlegend betrifft. Im Bewußtsein der kritischen Zeitgenossen war diese Erfahrung durchaus lebendig. Wenn die Volkskammer der DDR und der Deutsche Bundestag am 21. Juni 1990 schließlich in einer gleichlautenden Erklärung zur polnischen Westgrenze zum Ausdruck brachten, daß ein vereinigtes Deutschland die Nachkriegsgrenze an Oder und Neiße als unverletzlich anerkennen werde,[31] entsprach das einem Grundbedürfnis nach Sicherheit und dauerhaftem Ausgleich. Die Bürgerbewegung hat es in ihrer Solidarisierung mit den Bürgerbewegungen insbesondere in Polen und in der damaligen ČSSR, wieder zuerst auf den Straßen Leipzigs, ins öffentliche Bewußtsein gehoben. Sie ging davon aus, daß es ein Interesse der europäischen Völker an einer politischen Ordnung gibt, die feindliche Abschließung und das verhängnisvolle Gegeneinander überwindet.

Es gab die Visionen westdeutscher und ostdeutscher Europäer, wie das künftige Deutschland aussehen und wie es entstehen werde. Zwei namhafte Verfassungsrichter haben im Frühjahr des Jahres 1990, noch vor den folgenreichen ersten freien Wahlen zur Volkskammer der DDR, die alternativen Wege zur staatlichen Einheit der Deutschen so gesehen: »Ein neugewähltes DDR-Parlament muß nach dem 18. März entscheiden, welche Verfassung es will. Übernimmt es das Grundgesetz, wäre dies das Ende der DDR; besteht es auf einer neuen, gesamtdeutsch verfaßten Ordnung, wäre dies auch das Ende der Bundesrepublik.«[32] In dieser zuletzt genannten Richtung, über Artikel 146 des Grundgesetzes, sah Wilhelm Hennis »die Chance einer ganz anderen Republik«.[33] Das Neben- und das Miteinander der beiden deutschen Staaten in einer Konföderation war eine dritte Möglichkeit. Jeder der drei Wege hätte, parlamentarische Mehrheiten vorausgesetzt, gegangen werden können. »Die Vereinigung und Einheit Deutschlands«, so Ernst-Wolfgang Böckenförde und Dieter Grimm, »findet ihre Legitimation im völkerrechtlich fundierten Selbstbestimmungsrecht. Dieses Recht gilt für das deutsche Volk (im Sinne der einheitlichen deutschen Staatsangehörigkeit), es gilt auch für die Deutschen in der DDR, die ebenfalls ein eigenes Staatsvolk (mit Staatsbürgerschaft) bilden. Ihm kommt ein eigenes defensives Bestimmungsrecht zu, (nicht gegen den eigenen Willen aufgehoben oder vereinigt zu werden) ... Die friedliche Revolution in der DDR war Werk und Leistung der Menschen in der DDR, ihrer Besonnenheit, Selbstdisziplin und Tapferkeit. Andere Staaten und Ereignisse (Sowjetunion mit Gorbatschow, Polens Solidarność, Ungarn, die Bundesrepublik) haben Rahmenbedingungen dafür geschaffen, nicht aber die Sache selbst ins Werk gesetzt. Die Bürger der DDR haben auch deshalb ein Recht auf Selbstentscheidung über ihren Weg und ihre Ordnung. Das schließt die Option des Beitritts (Anschlusses) ein. Aber die Bundesrepublik kann die Anpassung und deren Bedingungen nicht von sich aus auferlegen; wollte sie dies tun und die ökonomische Schwäche der DDR als Hebel dazu benutzen, käme dies einer ökonomisch-politischen Unterwerfung gleich«.[34] In der Logik der durch Selbstbefreiung gewonnenen Souveränität und Würde, die auch den Leipziger Demospruch: *Es lebe die sächsische Revolution!* (am 15. November 1989, Transparent) erfüllte, argumentierte Jens Reich, Mitbegründer des Neuen Forum: »Wir sind etwas wert, wir haben uns befreit, wir haben Elemente der gesellschaftspolitischen Kultur des neuen Jahrtausends entworfen; wir wollen nicht gnädig aufgenommen und ins mittlere oder untere Schiffsdeck verwiesen werden. Wir werden mitreden, wenn es um die Zukunft geht, die das heutige Gesellschafts- und Industriemodell des Westens jedenfalls nicht unverändert meistern wird. Westeuropa braucht auch Osteuropa, seine Menschen, seine Ideen, seine Entwürfe.«[35]

Die Vorentscheidung über den Anschluß der DDR an die Bundesrepublik Deutschland fiel in den Wahlen zur Volkskammer der DDR am 18. März 1990. Aus ihr ging, bei einer Wahlbeteiligung von 93,4%, die in Berlin-West am 25. Februar 1990 gebildete »Allianz für Deutschland«, das Wahlbündnis von CDU (gegründet am 26. Juni 1945), Deutscher Sozialer Union (gegründet am 20. Januar 1990 in Leipzig, ursprünglich CSPD, Christlich-Soziale Partei Deutschlands, gegründet am 7. Dezember 1989 in Leipzig) und Demokratischer Aufbruch, mit einem Stimmenanteil von knapp 48% als Sieger hervor.[36] Die christdemokratischen Parteien erzielten folgende Ergebnisse: CDU 40,8% (163 Mandate),

DSU 6,3% (25 Mandate), DA 0,9% (4 Mandate). Die SPD der DDR erhielt 21,9% der Stimmen (88 Mandate), der Bund Freier Demokraten/Die Liberalen nur 5,28% (21 Mandate). Er vereinte DFP (Deutsche Forum Partei), LDP (Liberal-Demokratische Partei) und FDP (Freie Demokratische Partei).[37] Weit abgeschlagen rangierten die Bürgerbewegungen. Einschließlich der Grünen erhielten sie nicht einmal 5% der Stimmen. Die im Bündnis 90 zusammengeschlossenen Vereinigungen Neues Forum (Gründungsaufruf vom 10. September 1989, Ost-Berlin), Demokratie Jetzt (Gründungsaufruf vom 12. September 1989, Ost-Berlin) und die Initiative Freiheit und Menschenrechte gewannen 2,9% (12 Mandate). Die Grüne Partei der DDR und der Unabhängige Frauenverband (gegründet am 3. Dezember 1989, Ost-Berlin) konnten einen Stimmenanteil von 2,0% (8 Mandate) auf sich vereinen, die zu einem Aktionsbündnis zusammengeschlossene Vereinigte Linke und Die Nelken (marxistische Partei, gegründet am 13. Januar 1990, Ost-Berlin) gar nur von 0,18%. Die Demokratische Bauernpartei Deutschlands (DBD) erlangte 2,2% der Stimmen (9 Mandate) und der DFD (Demokratische Frauenbund Deutschlands) 0,2% (1 Mandat). Die basisdemokratischen Revolutionskräfte des Versuchs einer Rekonstitution der DDR erlitten eine schwere Wahlniederlage. Die aus der SED entstandene PDS (Partei des Demokratischen Sozialismus) erhielt 16,4% der Wählerstimmen und wurde mit 66 Mandaten drittstärkste Partei; sie hatte am 4. Februar 1990 den Doppelnamen SED-PDS fallen lassen.

Die vom parteiadministrativen System ausgehende Selbstzerstörung hatte die in der Arbeitergeschichte besonders Sachsens und Thüringens einstmals ungebrochene sozialistische Tradition längst schwer getroffen. Daran konnte die PDS kaum noch anschließen. Zu ihr standen Teile des Funktionärskaders und der oppositionellen Parteibasis, was zu künftigen Konflikten überleitete. Auch die Vision eines erneuerten demokratischen Sozialismus der Jahre 1968 und 1969 überdauerte in der DDR nur in Minderheiten, wenngleich mit zahlreichen personellen Verknüpfungen zu Persönlichkeiten der Bürgerbewegung. Die PDS machte das 68er Erbe erklärtermaßen zu dem ihren. Trotzdem gehörten und gehören ihr viele damalige Gegner und Verfolger des Dubček-Sozialismus an.

Der Anschluß nach Artikel 23 des Grundgesetzes wurde zum Ziel der Regierung der großen Koalition unter Ministerpräsident de Maizière (CDU). »Keine 5 Prozent für die Gruppierungen der November-Revolution / Die DDR hat den Anschluß an die BRD gewählt / Große Koalition der Allianz mit SPD wahrscheinlich«, teilte »die tageszeitung« ihren Lesern mit.[38] Endgültig verworfen wurden im März 1990 die beiden anderen möglichen Wege zur Vereinigung der Deutschen, der Weg über eine Konföderation ebenso wie der zu einer neuen deutschen Republik. Zu ihr wären die Bundesrepublik Deutschland und die in ihrer politischen Kultur revolutionär veränderte DDR als Gleichberechtigte zusammengetreten, eine entsprechende politische Willensbildung und parlamentarische Mehrheitsentscheidungen vorausgesetzt.

Die Koalitionsregierung de Maizière hat am 10. April, unter Beteiligung der SPD und der Liberaldemokraten, die seit 5. Februar im Amt befindliche »Regierung der nationalen Verantwortung« unter Ministerpräsident Modrow abgelöst. In diesem Regierungswechsel drückte sich der reale Machtwechsel aus, der im Revolutionsgeschehen eingetreten war. Das Kräfteverhältnis hatte sich tiefgreifend verändert. Die Demonstrationen in Permanenz, Kundgebungen vielerorts, die da, wo es an großen Versammlungsräumen fehlte – wie in dem zehntausend Einwohner zählenden Oberlausitzer Industriedorf Neukirch im Kreis Bischofswerda (damals Bezirk Dresden) – auf Entscheidung des Kirchenvorstandes in der Kirche stattfanden, auch massive Warnstreikdrohungen (*ČSSR empfiehlt Warnstreik*, am 4. Dezember, Transparent in Leipzig; *Warnstreik oder die Revolution geht verloren!*, am 8. Januar 1990, Transparent) bewirkten den Systemzerfall sogar unter aktiver Mitwirkung eines Teils der in den Strukturen verbliebenen Staatskader, der sich bald darauf marktwirtschaftlich zu arrangieren begann. Als versucht wurde, Stasi- und andere Machtstrukturen zu verschleiern und umzubauen, fanden dann auch eine Reihe von Warnstreiks statt.

Nachdem die Entscheidung gegen die DDR und für den Anschluß gefallen war, begab sich die Parlamentsmehrheit auf den Weg der Währungs-, Wirtschafts- und Sozialunion. Aus dem durch die Wahl veränderten Kräfteverhältnis entstand die aufeinander abgestimmte Vereinigungsstrategie von CDU und CSU

auf der einen, der im Wahlbündnis »Allianz für Deutschland«
zusammengeschlossenen Parteien auf der anderen Seite. Dieses
Bündnis zur schnellstmöglichen Vereinigung mit der Bundesrepublik und zur Demontage des Realsozialismus wurde von den
Liberaldemokraten flankiert, von den Bürgerrechtlern der DDR
aber abgelehnt.[39] Diese stellten mit Betroffenheit fest, daß es um
die Bürgerrechtsgruppen, ohne welche die Mauer nicht gefallen
wäre, still zu werden begann.[40] »Wenn wir radikal gewesen wären«, meint Konrad Weiß, Filmregisseur, Mitbegründer der De-
mokratie-Jetzt-Bewegung, »dann hätten wir im Herbst die Macht
an uns genommen. Da lag sie auf der Straße. Das scheint mir
heute ein Fehler gewesen zu sein, der entscheidende Fehler, den
wir gemacht haben: Daß wir im Herbst versucht haben, Demokraten zu sein und demokratische Spielregeln einzuhalten. Wir
haben den Runden Tisch installiert als ein demokratisches Kon-
trollinstrument. Wir haben eine Regierung akzeptiert, die nicht
gewählt, aber einigermaßen legitimiert gewesen ist. Aber wenn
die Bürgerbewegungen im Herbst machtbewußt gewesen wären
und Regierungsverantwortung übernommen hätten, dann wäre
die Entwicklung anders verlaufen. Ich weiß nicht, ob sie gewaltfrei
geblieben wäre. Das wäre das große Risiko dabei gewesen. Der
andere Fehler, weshalb es sich in der DDR so entwickelt hat, ist
die fatale Schwäche der SPD.«[41]

Das sind Vereinfachungen und auch Mutmaßungen, die bereits
zu den Geschichtserzählungen über den Untergang der DDR
gehören und aus dem Bedürfnis nach historischer Sinnbildung
entstanden sind. Grundsätzliches war umstritten, manches aber
war es schon nicht mehr oder doch entschieden weniger, etwa
der schnelle Weg zur Vereinigung. Anderes blieb Gegenstand des
Meinungsstreites, so die Entscheidung der Volkskammermehrheit,
nicht an dem unter Mitwirkung der vier ehemaligen Blockparteien zustandegekommenen Verfassungsbeschluß des Runden
Tisches vom 7. Dezember 1989 festzuhalten.[42] Dieser sah eine
Verfassungserneuerung durch Neufassung und Volksentscheid
vor und nicht die Verfassungsangleichung auf dem Gesetzesweg
und nicht den Staatsvertrag. Ein solcher Vertrag galt vielen als ein
zu großes Risiko, die Anschlußprobleme zu bewältigen. Aber
wer war in der Lage, die Risiken der Konföderation abzuschät-
zen? Diese hätten sich, abgesehen von der zeitweilig unüber-

sichtlichen außenpolitischen Konstellation, aus den zu langen Fristen für die Erneuerung ergeben; zugleich waren die Strukturen und Apparate der ehemaligen DDR mit dem ganzen Gewicht ihrer Altlasten und der ihnen eigenen Unbeweglichkeit und Beharrung in die offensichtlich komplizierteste Transformation der neueren deutschen Geschichte eingetreten. Es gab und gibt für das »gigantische Experiment« der Anpassung einer Staatsplanwirtschaft an die Marktwirtschaft[43] und eines weithin ruinierten Landes mit autoritären Strukturen, mit Obrigkeitsfixiertheit und beschädigter Moral an eine offene Gesellschaft keine Erfolgsgarantie und wohl auch keine Garantie für ausreichende Gerechtigkeit. Die Furcht vor dem ökonomischen Kollaps, die vor Einführung der Deutschen Mark am 2. Juli 1990 in den Betrieben umging, war nicht unbegründet.[44] Dennoch. Das ganze Ausmaß der Selbstzerstörung wurde denen, die sich darin bewegt hatten, oft erst mit der eigenen, persönlichen Katastrophe wirklich bewußt. Die anderen aber, die es von außen nicht hatten sehen können oder nicht wahrhaben wollen, haben es am Ende unterschätzt. Angesichts dieser Realität gab es genug Gründe, Vergangenes zu verdrängen. Dazu gehörte auch der Versuch, die Akten der Staatssicherheit der Bürgerbenutzung nicht freizugeben, und doch wäre gerade das verhängnisvoll gewesen.

Daß es inmitten sich beschleunigender Auflösungsprozesse, der beginnenden Umstrukturierung ganzer Regionen und der psychischen Belastung frühzeitig auch Haltepunkte für den Einzelnen wie für die Familie bzw. die Gruppe gab, ist in hohem Maße der Erneuerung der föderativen Strukturen im Staatsgebiet der ehemaligen DDR zu danken. Die Arbeiter-, Angestellten- und Handwerkermehrheit in den ruinierten Südbezirken, die einstmals Basisregionen der deutschen Sozialdemokratie und später Zentren des DDR-Aufbaus waren, bestimmte nicht nur das Tempo des Untergangs der DDR und die immer schnellere Schrittfolge zur Überwindung der deutschen Teilung, sie entschied letztlich auch über die Rekonstitution Sachsens, Sachsen-Anhalts, Thüringens, Mecklenburg-Vorpommerns und Brandenburgs.

Die Länder in der ehemaligen sowjetischen Besatzungszone[45] waren 1952 in einer Art Staatsstreich beseitigt worden. Der politische Wille zur Wiederherstellung dieser Länder äußerte sich zuerst auf den Montagsdemonstrationen in Leipzig. Wieder ging die Messestadt voran. Am 13. November trugen Leipziger ein erstes großes Spruchband mit dem Rautenwappen und der Aufschrift: *Schwarz-rot-gold. Sachsen Freistaat, Freies Europa!* Seitdem wurden die Sachsen-Transparente auf allen wichtigen Demonstrationen mitgeführt: am 8. Januar eines: *Nach den Wahlen Land Sachsen und ohne SED-PDS regiert*, am 15. Januar ein anderes: *Unser Ziel: Sachsen: Einigkeit/ Freiheit/ Demokratie/ Ohne SED*. Erwähnt sei das große Transparent mit der Aufschrift *Bundesland Sachsen* und dem Landeswappen in Farbe, das ein Jahr später attraktives Ausstellungsstück war.[46] Das von der Volkskammer am 22. Juli 1990 beschlossene Ländereinführungsgesetz[47] umriß die Konturen der künftigen Länder. Aus den Bezirken Neubrandenburg, Rostock und Schwerin (Landeshauptstadt) entstand das Land Mecklenburg-Vorpommern. Aus den Bezirken Cottbus, Frankfurt/Oder und Potsdam (Landeshauptstadt) ging das Land Brandenburg hervor, während sich die Bezirke Erfurt (Landeshauptstadt), Gera und Suhl zum Land Thüringen vereinigten. Die Bezirke Halle und Magdeburg (Landeshauptstadt) bildeten das Land Sachsen-Anhalt, die Bezirke Dresden (Landeshauptstadt), Chemnitz (bis 1. 6. 1990 Karl-Marx-Stadt) und Leipzig das Land Sachsen, das größte der neuen Bundesländer.[48] Sachsen erneuerte sich als Freistaat teilweise innerhalb älterer historischer Grenzen. In den Oberlausitzischen Kreisen Weißwasser und Hoyerswerda (bis 1990 zum Bezirk Cottbus gehörend) zum Beispiel gingen sie auf den Territorialbestand vor der 1815 zu Gunsten Preußens vorgenommenen Landesteilung zurück. Die seit dem Wiener Kongreß neupreußischen Kreise kehrten nach mehr als 170 Jahren in das wiedererstehende Land Sachsen zurück.

Die sächsische Verfassungsdiskussion ging von dem Grundsatz aus, den Bürgerinnen und Bürgern auch in der Landesverfassung Grundrechte zu geben und damit an »Forderungen und Tendenzen« anzuschließen, wie sie in der revolutionären Bewegung des Jahres 1989 sichtbar geworden waren.[49] Der Verwaltungsaufbau der Länder und Kommunen bestimmte die politisch-administrative Erneuerung und beendete die Zergliederung und Auflösung der Bezirksverwaltungen der DDR.

Am 21./22. Juni wurde der Systemwechsel vertraglich fixiert. Er war das Ergebnis der nationalen Revolution, der »Wende in der Wende«. Volkskammer sowie Bundestag beschlossen den Staatsvertrag über die Währungs-, Wirtschafts- und Sozialunion zwischen der Bundesrepublik Deutschland und der Deutschen Demokratischen Republik, der am 1. Juli in Kraft trat.[50] Ihm folgte am 20. September der Einigungsvertrag zwischen der DDR und der Bundesrepublik.[51] Alle weiteren Schritte zur Vereinigung in den beiden deutschen Staaten bis zum Anschluß der DDR am 3. Oktober 1990 haben sich daraus ergeben. Am 21. September entschieden sich die Bundesländer im Bundesrat einstimmig für den deutsch-deutschen Einigungsvertrag.[52] Der Weg zu einem vereinigten Deutschland war frei, von dessen Territorium die sowjetischen Truppen abziehen würden und dessen Ostgrenze als polnische Westgrenze festgeschrieben sein würde. Nachdem die Bundesregierung gegengezeichnet und der Bundespräsident das Vertragswerk unterschrieben hatte, trat der Einigungsvertrag am 26. September um 0.00 Uhr in Kraft.

In den Verhandlungen zum Anschluß der DDR nach Artikel 23 des Grundgesetzes hatte die ostdeutsche Seite die Endgültigkeit der Bodenreform und der zwischen 1945 und 1949 vorgenommenen Enteignungen festlegen können. Bezüglich der Landwirtschaft, der Medien, der Länderfinanzierung, des Rehabilitierungsgesetzes schrieben die Verhandlungspartner einen verbleibenden Handlungsbedarf fest. Die Bürgerbewegung hatte, u.a. in Berlin,[53] Dresden und Leipzig[54], für das Zustandekommen einer Vereinbarung zur Sicherstellung der Stasi-Akten gestritten,[55] die in einen Zusatzartikel zum Einigungsvertrag aufgenommen wurde. Im Bundestag lehnten die Grünen den zweiten Staatsvertrag mit der Begründung ab, daß er keine Gestaltungsideen für ein neues Deutschland enthalte und für die Menschen in der DDR drastische wirtschaftliche und soziale Folgen haben werde.[56] In der DDR stand zu diesem Zeitpunkt die Mehrheit der Bürger und Bürgerinnen zur Vereinigungsentscheidung. Trotz der beginnenden Betriebszusammenbrüche, der Stillegungen und erster großer Entlassungen in die Arbeitslosigkeit hielten sie am Hauptziel ihrer Einigungsbewegung vom November und Dezember 1989 fest.

In einer bisher so nicht erlebten täglichen Beschleunigung

verwandelte sich Gegenwart in Geschichte. Nun erlebten Menschen in Ost und West gleichsam von einem Tag auf den anderen, was das von Leipzig ausgegangene Revolutionsgeschehen von 1989 bewirkte und wie es die europäische Politik veränderte und auf diese Weise in die Weltpolitik eingriff. In historisch kurzen Fristen hat die Deutschlandpolitik Wege beschreiten können, die nicht lange davor noch unpassierbar oder gar nicht vorhanden waren: hin zum Zwei-plus-Vier-Vertrag und zum deutsch-deutschen Einigungsvertrag, zur Herauslösung der Nationalen Volksarmee der DDR aus dem Warschauer Pakt,[57] zur Auflösung der Berliner Alliierten Kommandantur, zur Verabschiedung der Stadtkommandanten, hin zur letzten Tagung der Volkskammer in Berlin-Ost und zum Staatsakt der deutschen Vereinigung am 3. Oktober 1990 in der Philharmonie in Berlin-West, dem die erste Sitzung des gesamtdeutschen Parlaments im Gebäude des Reichstags am Tage darauf folgte. Internationale und nationale Verträge beendeten die historisch überlebte Trennung der Deutschen, aber auch der »Kalte Krieg zwischen Ost und West« ging zu Ende.[58] All das war in der inneren Logik der Revolutionen des Jahres 1989 angelegt.

Zum Schluß

Eine Serie von Revolutionen hat das politische und sozialökono-
mische System des parteiadministrativen Sozialismus aufgelöst,
das nach dem Zweiten Weltkrieg in den Ländern Ostmitteleuropas
und Südosteuropas sowie im östlichen Deutschland entstanden
war. Die Demontage dieses staatsplanwirtschaftlichen Produk-
tions- und Reproduktionstyps, der anfangs ein europäisch-konti-
nentales Phänomen antifaschistischer Selbstbefreiung und zugleich eines sowjetisch-stalinistischen Hegemoniestrebens gewesen war, schloß die Zerstörung der spät- und neostalinistischen
politischen Strukturen ein. Die Revolutionen im ›real existierenden Sozialismus‹[1] ebneten aber, indem sie diesen überwanden,
auch das Epochenjahr 1917 ein. In Riesenschritten und mit enormer
Zerstörungskraft sind sie über die in Jahrzehnten entstandenen
Realitäten hinweggegangen. Es war das Zerstörungswerk von
Menschen, die millionenfach für sich eine weitgehend negative
Lebensbilanz gezogen hatten und nun in elementarer Weise Demokratie und Freiheit und ein auskömmliches Leben, auch
Wohlstand einklagten.[2] Die Vergeblichkeit ihrer Lebensarbeit hat
für sie am schwersten gewogen. Nur das erklärt die Wucht und
die rasche Unumkehrbarkeit der Aktionen bei der Zerstörung
der realsozialistischen Welt. Am Ende sprengte die rebellierende
Produktivkraft Mensch die gesellschaftlichen Strukturen, in die
sie in einem zerstörerischen Wirkungszusammenhang eingebaut
gewesen war.

Am Wendepunkt der Revolution in der DDR entschied sich die
Mehrheit der Bevölkerung gegen die hauptsächlich von Intellektuellen vertretene Alternative eines demokratischen und markt-
wirtschaftlichen Sozialismus, d.h. gegen die Alternative einer

anderen, einer erneuerten DDR. Diejenigen, die eine solche Erneuerung anstrebten, hatten den Menschen kein wirklich neues und praktikables Modell von Herrschaft und freier Arbeit anbieten können. So führte die Revolution in der DDR politisch zu einer demokratischen Ordnung, staatlich zur Vereinigung der Deutschen, ökonomisch ins Kapitalverhältnis; darin war sie beispiellos und auch neuartig. Das Ergebnis liegt vor aller Augen. Deutlicher als vor zwei Jahren ist inzwischen für eine größere Öffentlichkeit hervorgetreten, daß diese letztlich nationaldemokratische Revolution, die in Leipzig begann, in ihrer durchschlagenden Wirkung eine europäische Dimension hatte. Mit der deutschen Vereinigung hat die Nachkriegsordnung Europas ihr Ende gefunden. Zum raschen Machtverfall des europäischen Realsozialismus (wodurch die Vereinigung der beiden deutschen Staaten möglich wurde) gehörte eine ostwärts verlaufende Kettenreaktion, die mit dem Untergang der Sowjetunion endete. Jetzt muß den Völkern des Kontinents daran gelegen sein, daß eine neue europäische Ordnung entsteht, in der die nationalstaatlichen Grenzen zugunsten eines gemeinsamen, aber in sich föderierten Europas allmählich in den Hintergrund treten. Über den Nationen steht Europa.[3] Die Deutschen können aus ihrer Geschichte vernünftigerweise nur den Schluß ziehen, friedensbewahrend zu wirken und den Nationalismus gemeineuropäisch zu überwinden.

Für die Ostdeutschen bedeutete die Abkehr von der Selbstzerstörung und die Hinwendung zur Gesellschaftserneuerung: Angleichung an ein vorgegebenes Modell. Zur Zeit der Herbstrevolutionen hatte die Erneuerung wohl in allen Nationen keine andere Perspektive. So war die ostdeutsche Revolution in ihren Inhalten, aber auch typologisch, als Revolution, demokratisch und nationalstaatlich. Die Produktivkraft Mensch hörte auf, Instrument von Selbstzerstörung zu sein, und wurde zu einer Kraft der Selbstbefreiung: Das war ein durch und durch demokratischer Vorgang. Er wurde schnell unumkehrbar.

Die friedliche, jedoch zu keiner Zeit gewaltlose Revolution in der DDR[4] zerstörte zuerst das politische System. Sie führte zur Entmachtung der staatstragenden Partei und des Staatssicherheitsapparates, der die Selbstbefreiung der SED-Basis aus den Strukturen des neostalinistischen Zentralismus verhindert hatte.

Als die tragenden Säulen stürzten, löste sich das parteiadministrative System auf. An seine Stelle begann Schritt um Schritt eine rechtsstaatliche Demokratie zu treten; und an die Stelle von Staatseigentum und Staatsplanwirtschaft trat die Marktwirtschaft. Jürgen Habermas nannte die Revolution deshalb eine »nachholende«.[5] Es zerfielen die Transmissionen zum Block der in der ›Nationalen Front‹ entmündigten anderen Parteien, zum Freien Deutschen Gewerkschaftsbund (FDGB, gegründet 1945), zur Freien Deutschen Jugend (FDJ, gegründet 1946). Sie alle traten unter Außendruck in eine Selbstreinigung von dem bis dahin praktizierten Machtmißbrauch ein, an die sich der Organisationszerfall anschloß. »Jede Revolution löst die alte Gesellschaft auf; insofern ist sie sozial. Jede Revolution stürzt die alte Gewalt; insofern ist sie politisch.«[6] Mit der Ächtung der Stasi zerfiel das Spitzelsystem. Es hinterließ Täter und Opfer, auch Menschen, die beides waren, und Überwachungsakten, deren Umfang in Kilometern angegeben wird.[7]

Wie werden die Menschen damit und mit der Erfahrung fertig, daß sie einen mehr oder weniger großen Teil ihres Lebens an den Realsozialismus verloren haben? Wie werden sie jene ertragen, denen sie dafür die Schuld geben? Die unten Rudernden wurden nicht gefragt, sondern vereinnahmt. Lange hat sich eine Mehrheit der Bevölkerung dem autoritären Zugriff gebeugt, die politbürokratische Lenkung hingenommen, lange hat sie angepaßt gelebt, ihr Bewußtsein aufgespalten[8] und permanenten Mangel ertragen. Die Demokratiebewegung im Herbst 1989 hat dann den Menschen die Zunge gelöst. Die DDR zerbrach, als die Bürger und Bürgerinnen sie im Alltag nicht mehr ertrugen. Das ist inzwischen Geschichte. Den »geteilten Himmel« gibt es nicht mehr.[9]

Bürgerrechtler suchen das Gespräch mit den Tätern, um den Mechanismus der Diktatur zu ergründen, unter der sie gelebt haben. Andere verdrängen, was sie gewußt oder sogar mit zu verantworten haben. Sie wollen und werden keiner Partei mehr angehören, und sie raten auch ihren Kindern, in keine Partei einzutreten. (Diesen Rat hatte in den ersten Jahren nach dem Krieg auch schon die damals ältere Generation gegeben.) Viele Männer und noch mehr Frauen sind arbeitslos geworden und unglücklich, weil sie erleben, daß sie in einem vertrauten Umfeld ihren Platz verlieren. Andere arbeiten im Übermaß, auch Frauen. Sie haben genügend Geld, doch es fehlt ihnen an freier Zeit, um die Freiräume, die sich verlockend öffnen, erobern zu können. Junge Leute fragen nach dem Sinn eines solchen neuen Lebens. Sie beginnen, sich in den verschiedensten sozialen und politischen Milieus der neuen Bundesländer einzurichten. Diejenigen, die Bildungskapital erwerben, wissen: Sie werden besser sein müssen als die Westdeutschen, die das unter anderen Voraussetzungen und Umständen tun, und sie werden besser sein können. Was haben wir, was haben die allermeisten von uns, fragen sie, von den Eltern als Erbe zu erwarten, außer einem schlechten Gewissen und einer Dreizimmerwohnung? Sie vergleichen sich mit den gleichaltrigen Westdeutschen und ahnen, daß die Umschichtung des Eigentums, die vor ihren Augen stattfindet, sie auf Lebenszeit benachteiligt. Vor ihren Augen werden aber auch Häuser und ganze Straßenzüge, denen der Abriß drohte, wieder bewohnbar – Auferstanden aus Ruinen. Doch werden, so fragen viele Hindurchgehende, auch in Zukunft diejenigen darin wohnen, die sie jetzt bewohnen? Andere sagen: Ohne die Vermögensumschichtung können die nach dem Krieg zum zweiten Mal untergegangenen Städte nicht wieder auferstehen. Das ist eben der Preis für diese vierzig Jahre, für dieses Experiment, für diesen Umweg, den die Geschichte genommen hat. Im Augenblick scheint es immer noch unmöglich, die Dinge auf einen Nenner zu bringen, es sei denn auf den, daß die Selbstzerstörung zu Ende ist. Das ist Gewißheit. Für den Arbeitslosen aber wird es oft nur ein schwacher Trost sein, daß er bessere Luft atmet, jetzt, da bestimmte Betriebe stillgelegt worden sind, vielleicht auch sein Betrieb, und daß diese Stadt, Leipzig, aufatmet und nachts ihre Fenster wieder öffnet, weil nicht mehr die Absterbeluft aus den Schornsteinen der Chemiegiganten und der Braunkohlenkraftwerke einströmt.

Anmerkungen

Einleitung

1 Vgl. Van zelfvernietiging naar zelfbevrijding, in: Quod Novum. Weekblad van de Erasmus Universiteit Rotterdam, 28.3.1990. Der Titel des Vortrags war: Ende einer Selbstzerstörung. Die Revolution in der DDR. Ferner: Mare. Leids Universitair Weekblad, 29. 3. 1990, sowie Hartmut Zwahr: Die Revolution in der DDR, in: Manfred Hettling (Hg.): Revolution in Deutschland? 1789–1989, Göttingen 1991, S. 122-143.

2 Rolf Henrich: Der vormundschaftliche Staat. Mit einem Gespräch zwischen Kurt Masur und Rolf Henrich, Leipzig/Weimar 1990.

3 Berlin 1990.

Selbstzerstörung

1 Die Union (Dresden), 31. 10. 1989; siehe auch Bündnis 90. Bürger für Bürger. Sonderausgabe des Bündnis 90 zur Kommunalwahl am 6. Mai 1990 für die Stadt Leipzig. Die Rettungsmetapher tauchte in der Presse immer wieder auf, vgl. zum Beispiel: Leipziger Volkszeitung, 5. 12. 1989: Wir arbeiten mit an der Rettung unseres Landes. Gespräch mit Roland Wötzel; Die Union, 3. 9. 1990: Forschung soll gerettet werden; ebd.: Heinz Müller: Rettet unsere Burgen und Schlösser. Die Burgenlandschaft Sachsen. – Inzwischen wurde die Stadt Meißen als erstes Europazentrum im entstehenden Land Sachsen zu einem »Symbol der Einheit des Kontinents« (ebd., 3. 9. 1990). Zum Standortverfall und zur »Rettung« der Leipziger Messe siehe Leipziger Volkszeitung, 4. 9. 1990: Leipzig kann es schaffen. Seit der Rat für gegenseitige Wirtschaftshilfe (RGW) zerbröckelt, »gibt es für die zentrale Frühjahrs- und Herbstmesse in Leipzig als Drehscheibe für den Ost-West-Handel keine Notwendigkeit mehr«.

2 Wolf Biermann: Ein Nachruf auf die DDR, in: Die Zeit, 2. 3. 1990, dazu die Gedichtbände: Die Drahtharfe (Berlin 1965), Mit Marx- und Engelszungen (Berlin 1968), Für meine Genossen (Berlin 1972).

3 Rudolf Herrnstadt: »Das Herrnstadt-Dokument«. Das Politbüro der SED und die Geschichte des 17. Juni 1953. Hg. von Nadja Stulz-Herrnstadt, Reinbek 1990; ferner: Wie der SED-Rebell Rudolf Herrnstadt den Diktator Ulbricht entmachten wollte und scheiterte, in: Der Spiegel 1990/24, S. 126-137; ebd., 1990/25, S. 116-139.

4 Vgl. Egon Krenz: Wenn Mauern fallen. Die friedliche Revolution: Vorgeschichte – Ablauf – Auswirkungen. Unter Mitarbeit von Hartmut König und Gunter Rettner, Wien 1990, S. 74-84; Peter Kirschey: Wandlitz – Waldsiedlung – die geschlossene Gesellschaft. Versuch einer Reportage. Gespräche. Dokumente, Berlin 1990 (u.a. Gespräche mit Horst Sindermann und Erich Mückenberger).

5 Zur Mauer siehe Jürgen Petschull: Die Mauer. Vom Anfang und vom Ende eines deutschen Bauwerks, Hamburg [2]1989; Süddeutsche Zeitung, 7. 6. 1990: Baggern für Deutschland. In Berlin reißen sich Abbruch-Unternehmen aus Ost und West darum, die Mauer endgültig abtragen zu dürfen.

6 Michail Gorbatschow: Perestroika. Die zweite russische Revolution. Eine neue Politik für Europa und die Welt, München 1987; Christiane Neef: Ein Land in Bewegung. Berichte zur Perestroika 1985–1989, Berlin 1990 (Beiträge aus »Die Weltbühne«). – Der sowjetische Historiker Jurij Afanasjew zum kommunistischen Aufbau in der Vergangenheit: »Denn unser gewaltiges soziales Experiment hat sehr bald die generelle Lebensuntüchtigkeit dieser sozialen Utopie bewiesen. Nur hat der Verwirklichungsversuch in Rußland tragische Formen angenommen« (Der Spiegel 1990/14, S. 102).

7 Zit. nach dem Editorial: Am Ende des Ost-West-Konflikts, in: Leviathan 18 (1990), H. 1, S. 1.

8 Ebd. (Schlußbemerkung des Editorials aus Heft 2, 1981).

9 Paradigmatisch dafür der Roman des sowjetischen Schriftstellers Alexander Bek: Die Ernennung, Berlin 1989.

10 Neues Deutschland, 14. 12. 1989.

11 Anders das Autorenkollektiv unter Ernstgert Kalbe (Hg.): Geschichte der sozialistischen Gemeinschaft. Herausbildung und Entwicklung des realen Sozialismus von 1917 bis zur Gegenwart, Berlin 1981, beispielsweise S. 381-392 (Tschechoslowakische Krise und ihre Ursache); den Kontrast bietet Neues Deutschland, 12. 2. 1990: ČSSR – Kommt Licht in die 68er Ereignisse?

12 Die Vorentscheidung fiel auf der Politbürositzung am 17. Oktober. Dazu Krenz: Wenn Mauern fallen, S. 208: »Erich Honecker fragt, ob noch jemand Vorschläge zur Tagesordnung hat. Willi Stoph meldet sich als erster zu Wort und schlägt vor: Absetzung Erich Honeckers und Wahl von Egon Krenz zum Generalsekretär des ZK der SED.«

13 Die Charité, in: Zeit-Magazin, 22. 6. 1990.

14 Ein Beispiel: Bürgerkomitee entdeckte geheime Mielke-Anweisung, Berlin 19. 5. 1989, in: Leipziger Volkszeitung, 15. 2. 1990.

15 Vgl. Armin Mitter/Stefan Wolle (Hg.): »Ich liebe euch doch alle!«. Befehle und Lageberichte des MfS. Januar-November 1989, Berlin 1990, S. 200.

16 Selbst der Politbürokader spielte Knechtsrollen. Dazu Krenz: Wenn Mauern fallen, S. 28f., S. 57, S. 62ff.

17 Zur Ära Honecker vgl. ebd., S. 11-70, S. 99-145. Zum Jäger und Sportschützen Honecker siehe: Union (Dresden), 2./3. 12. 1989; Cordt Schnibben: »Ich bin das Volk«. Wie Erich Honecker und sein Politbüro die Konterrevolution erlebten, in: Der Spiegel 1990/16, S. 72-90, und ebd., 1990/17, S. 78-98; auch: Spiegel Spezial: 162 Tage Deutsche Geschichte. Das halbe Jahr der gewaltlosen Revolution, Hamburg 1990, S. 44-73 (Abrechnung und Aufklärung); Neues Deutschland, 5. 1. 1990: Haftfähigkeit von Honecker wird

geprüft. Untersuchungsausschuß der Volkskammer tagt; ebd., 19. 2. 1990: Offener Brief von Bärbel Bohley und Katja Havemann an Gregor Gysi mit der Forderung, daß die »gesamte DDR-Stalinismus-Justiz« aufgearbeitet werden müsse. An den Honeckers solle Unrecht nicht wiederholt werden; Die Union, 11./12. 8. 1990: Honecker verantwortlich. Die Union, 3. 9. 1990 (mit dem Hinweis auf einen Beitrag in der »Moskowskie Nowosti«: »Komm, Genosse Honecker«): Das Ehepaar Honecker lebe in eineinhalb Zimmern in einem sowjetischen Militärhospital in Beelitz bei Potsdam. – Mielke vernichtete die »historisch wertvollsten« Teile des internen Archivs des Politbüros auf Anordnung Honeckers. Vgl. Heinz Voßke: Über die Bestände des Archivs im Institut für Geschichte der Arbeiterbewegung in Berlin, in: Internationale wissenschaftliche Korrespondenz zur Geschichte der Arbeiterbewegung 26 (1990), H. 2, S. 194. Mielkes privates Archiv enthielt u.a. die Handakten des Oberstaatsanwalts im Prozeß gegen Honecker sowie weitere Unterlagen, die vermuten lassen, daß der Minister für Staatssicherheit Druckmittel gegenüber Honecker besaß und diese zur Zeit des Rücktritts möglicherweise auch einsetzte. Andererseits läßt das Material Stilisierungen in der biographischen Selbstdarstellung des Widerstandskämpfers Honecker erkennen, siehe Zweites Deutsches Fernsehen, Kennzeichen D, Sendung vom 14. 11. 1990.

18 Dazu: Grundriß der deutschen Geschichte. Von den Anfängen der Geschichte des deutschen Volkes bis zur Gestaltung der entwickelten sozialistischen Gesellschaft in der Deutschen Demokratischen Republik. Klassenkampf – Tradition – Sozialismus, Berlin 1974/3. Auflage 1979, S. 7-10 (Vorwort zur 1. Auflage von 1974), S. 777-839, wobei Honecker, in der Regel ungenannt, hinter der Tätigkeit der Parteierfolge steht.

19 Alfred Kosing/Walter Schmidt: Zur Herausbildung der sozialistischen deutschen Nation in der DDR, in: Einheit 29 (1974), H. 2, S. 179ff.; dies.: Nation und Nationalität in der DDR, in: Neues Deutschland, 15./16. 2. 1979; Jürgen Hofmann: Ein neues Deutschland soll es sein. Zur Frage nach der Nation in der Geschichte der DDR und der Politik der SED, Berlin 1989; Walter Schmidt: DDR und nationale Frage. Selbstkritische Anmerkungen zur These von der sozialistischen deutschen Nation, in: Historiker-Gesellschaft der DDR. Wissenschaftliche Mitteilungen, 1990/I, S. 54-62.

20 Siehe das Rundschreiben von Pastor Uwe Holmers zur Aufnahme des obdachlosen Ehepaars in: Krenz: Wenn Mauern fallen, S. 71-73.

21 Dazu die Innenansicht: Hans Hermann Hertle u.a. (Hg.): Protokoll eines Gesprächs mit Günter Schabowski am 24. April 1990 in West-Berlin, S. 19: »Mögen die Leute noch so gute Intentionen haben, sie geraten früher oder später unter das Gesetz dieses Systems ... Oder sie lösen immer mehr dieser Strukturen auf, wie das Gorbatschow macht, mit dem Resultat, daß am Ende derselbe Effekt entsteht. In einem Fall wird das System eruptiv weggefegt, und im anderen Fall hat er selbst alle möglichen Auflösungen bewirkt und hat denselben Effekt erzielt, nur daß es etwas länger dauert«.

22 Dazu Ariane Riecker/Annett Schwarz/Dirk Schneider (Hg.): Stasi intim. Gespräche mit ehemaligen MfS-Angehörigen, Leipzig 1990. Gesprächspartner waren auch Spitzenfunktionäre wie Wolfgang Herger (früher Abteilungsleiter im ZK der SED), Rudolf Mittig (früher Stellvertreter des Ministers für Staatssicherheit), der Leiter der Bezirksverwaltung Leipzig des MfS, Manfred

Hummitzsch, ferner Abwehroffiziere, aber auch ein Inoffizieller Mitarbeiter (IM), zur Zeit tätig im Staatsdienst (S. 141-149); vgl. auch Christa Wilkennig (Hg.): Staat im Staate. Auskünfte ehemaliger Stasi-Mitarbeiter, Berlin 1990. – Das Ausmaß der Überwachung an Universitäten und Hochschulen enthüllen Informationen der Abt. XX des MfS vom 18. August 1988 über das »gegenwärtige IM-Potential«: Wilhelm-Pieck-Universität Rostock = 187 IM, davon 25 in Schlüsselpositionen, Ernst-Moritz-Arndt-Universität Greifswald = 56 IM, Technische Hochschule Wismar 32 IM, Ingenieur-Hochschule Warnemünde-Wustrow 75 IM, Hochschule für Musik Rostock 7 IM. Vgl. Jan v. Flocken/Erwin Jurtschitsch: Mielkes Argusaugen an der Universität. Totale Überwachung durch das MfS erfaßte Studenten und Professoren. OibE (Offiziere in besonderem Einsatz) und Stasi-Informanden saßen überall, in: Der Morgen, 6. 11. 1990; siehe auch Erich Loest: Der Zorn des Schafes, Künzelsau/Leipzig 1990 (aus den Stasiakten des Autors, 1975–1989). Spitzeltätigkeit gegen die eigene Bevölkerung behandelte erstmals am Beispiel der jüngeren deutschen Geschichte Walter Otto Weyrauch: Gestapo V-Leute. Tatsachen und Theorie des Geheimdienstes. Untersuchungen zur Geheimen Staatspolizei während der nationalsozialistischen Herrschaft, Frankfurt/Main 1989; Bärbel Bohley nannte die 6 Millionen Stasi-Akten »die größte Altlast unserer Geschichte der letzten vierzig Jahre«. Dazu: Sächsisches Tageblatt, 5. 9. 1990: Bürgerrechtler besetzten ehemalige Stasi-Zentrale; ebd., 6. 9. 1990: Streit um Stasi-Akten. Bleiben Besetzer bis 3. Oktober?; ebd., 11. 9. 1990: Agenten im Innenministerium. Die Stasi sollte die Stasi auflösen. Mit der Enttarnung des Rechtsanwalts Schnur, Parteivorsitzender des Demokratischen Aufbruch, erhielt die Öffentlichkeit eine erste realistische Vorstellung vom Ausmaß der in die Gesellschaft eingelagerten Stasi-Realität. Vgl. Die Union, 15. 3. 1990: Schnur unterliegt dem alten System. Vorwürfe zum Teil bestätigt/Motive ungeklärt); ebd., 9. 8. 1990: Der Dezernent für Ordnung und Sicherheit der Stadt Görlitz war Chef-Stasi-Aufklärer des Neuen Forum – Sicherheitsexperte der CDU; Leipziger Tageblatt, 14. 9. 1990: Wer sind die vier Stasi-Minister? Am 24. 8. 1990 entschied die Volkskammer, daß die personenbezogenen Daten der ehemaligen Staatssicherheit und ihrer Nachfolgeorganisationen zum Zweck der Rehabilitierung, für Strafverfolgung und Vergangenheitsbewältigung und spätere Geschichtsforschung in drei Sonderarchiven der Länder aufbewahrt werden sollen (vgl. Die Union, 25./26.8. 1990). Die bundesrepublikanische Gegenentscheidung, die Akten im Bundesarchiv Koblenz zu verwahren, rief die Bürgerbewegungen auf den Plan; der Konflikt konnte im wesentlichen erst mit dem Zusatzartikel zum Einigungsvertrag beigelegt werden (vgl. Die Union, 20. 9. 1990). Vgl. auch Bernhard Heinrich: Ein Brief von Bischof Hempel. Was macht die Kirche mit den geistlichen Mitarbeitern der Stasi?, in: Frankfurter Allgemeine Zeitung, 24. 9. 1990. Im »Jahresplan der Abteilung Innere Sicherheit« des Bezirkes Leipzig für 1989 hieß es: »Mit tschekistischen Mitteln ist weiterführend ein wirksamer Beitrag zur Durchsetzung der Politik von Partei und Regierung in Kirchenfragen zu leisten.« Daß es dem MfS in beträchtlichem Umfang gelang, mittels Inoffizieller Mitarbeiter (IM) in kirchliche Kreise vorzudringen, bestätigt auch die Dichte der hier gewonnenen internen Informationen. Vgl. Mitter/Wolle (Hg.): Befehle des MfS, S. 64ff., S. 172f., S. 153ff.

23 Vgl. Bürgerkomitee Auflösung MfS, Leipzig (Hg.): *Stasi*. Macht und Banalität. Indizien des Verbrechens. Ferner: Das Bürgerkomitee zeigt Stasi-Fundstücke, Leipzig-Information, 10. 6.-27. 6. 1990.

24 Dazu Lutz Rathenow: Symptome einer Krankheit. Das Post-DDR-Syndrom oder die verfaulte Vernunft, in: die tageszeitung, 23. 6. 1990; Jens Reich: Nation mit schlechtem Gewissen. Selbstreflexionen eines Mitschuldigen, in: ebd., 4. 7. 1990; Konrad Weiß: Von »Musterbürgern« und verpaßten Chancen. Interview mit dem DDR-Bürgerrechtler und Regisseur Konrad Weiß (»Demokratie jetzt«), in: Frankfurter Rundschau, 6. 7. 1990.

25 Umwelt Report DDR. Bilanz der Zerstörung, Kosten der Sanierung, Strategien für den ökologischen Umbau. Eine Studie des Instituts für ökologische Wirtschaftsforschung, Frankfurt/Main 1990. Die Kosten der Umweltsanierung einschließlich der Schadstoffbeseitigung in Böden und Gewässern sowie der notwendigen Verbesserung der Luftqualität werden auf Hunderte Milliarden Mark geschätzt, vgl. Frankfurter Allgemeine Zeitung, 12. 6. 1990. Am 3. 8. 1990 wurde das Schwarzbuch zum Bezirk Leipzig über den Zustand von Böden, Wasser, Luft der Presse vorgelegt, vgl. Leipziger Volkszeitung, 4./5. 8. 1990; ferner: Die Union, 25./26. 8. 1990: Gift in Wasser und Boden. Arzneimittelwerk Dresden.

26 Der Spiegel 43 (1989), Nr. 40, S. 29f.; »Wir haben nur ein Leben«, in: Spiegel Spezial, S. 98-102; Enthüllungen der Sendung Prisma (Fernsehen der DDR) vom 17. 4. 1990. Siehe auch Monika Maron: Flugasche. Roman. Frankfurt/Main 1981.

27 Vgl. Heinz Schönemann (Hg.): Wolfgang Mattheuer, Leipzig 1988, Tafelteil Nr. 62; siehe auch D. Eisold: Offener Brief an einen Genossen, der die Partei verlassen hat, in: Neues Deutschland, 5. 1. 1990, und Wolfgang Mattheuer: Eine offene Antwort (ebd., 13./14. 9. 1990) mit der Parteiaustrittserklärung an die SED-GO Bildende Kunst in Leipzig vom 7. (!) 10. 1988. »Sie wähnt sich nach wie vor allwissend und allmächtig und spricht nur ungern mit nicht jubelnden Genossen. Ich kann nicht jubeln und kann auch nicht ja sagen, wo Trauer und Resignation, Mangel, Karrierismus und Zynismus, wo bedenkenloser, ausbeuterischer Industrialismus so hochprozentig das Leben prägen und niederdrücken und wo programmatisch jede Änderung heute und für die Zukunft ausgeschlossen wird ... Ich sehe heute, sie, die Partei, braucht das sich selbstbestimmen wollende Individuum nicht«.

28 Universitätszeitung, Karl-Marx-Universität Leipzig, 15. 12. 1989.

29 die tageszeitung (Hamburg), 11. 5. 1990.

30 Dieter E. Zimmer: Bücher im Regen. Ein nationales Notprogramm zur Rettung der Bibliotheken der DDR ist nötig, in: Die Zeit, 29. 6. 1990.

31 Universitätszeitung, Karl-Marx-Universität Leipzig, 15. 12. 1989.

32 Vgl. Hartmut Zwahr: Die innere Uhr blieb stehen (Zuschrift vom 6. 11. 1989 an Christa Wolf), in: Der Sonntag, 23. 3. 1990; die historische Parallele untersuchte Heinz Bude: Deutsche Karrieren. Lebenskonstruktionen aus der Flakhelfer-Generation, Frankfurt/Main 1990.

33 Leipziger Volkszeitung, 17./18. 3. 1990; siehe auch: Vom Stadtpfarrer zum Stadtvater: Superintendent Friedrich Magirius, in: Bündnis 90. Sonderausgabe zur Kommunalwahl am 6. Mai 1990 für die Stadt Leipzig. – Eine erste durch Tonbandbefragung von DDR-Bürgern und -Bürgerinnen gewonnene

Innenansicht unmittelbar vor der Revolution vermittelt Lutz Niethammer: Annäherung an den Wandel. Auf der Suche nach der volkseigenen Erfahrung in der Industrieprovinz der DDR, in: Alf Lüdtke (Hg.): Alltagsgeschichte. Zur Rekonstruktion historischer Erfahrungen und Lebensweisen, Frankfurt/New York 1989, S. 283-345.

34 Dazu: Leipziger Volkszeitung, 4. 9. 1990: Rechtsradikale auf dem Marsch in die DDR. Schüsse in Leipzigs City: »Am Sonntagabend, dem 2. 9., zogen etwa 150 junge Leute, die zum Fußballspiel zwischen dem 1. FC Lok Leipzig und dem FC Bayern gekommen waren, vor dem Anpfiff, faschistische Parolen grölend, durch die Innenstadt und nach dem Spiel durchs Zentrum«. – Ebd.: In Erfurt drangen in der Nacht zum 2. September 25 Skinheads in das Autonome Jugendzentrum ein. Vier von ihnen waren aus der Bundesrepublik eingereiste DDR-Bürger. Ebd. ein Beispiel für Ausländerfeindlichkeit: Randale vorm Discozelt.

35 Vgl. Helmut Preißler: Linien, in: Neue deutsche Literatur (NdL), Heft 8/1989.

36 Diese Erkenntnis brach in der Bürgerbewegung vereinzelt durch. Der Arbeiter Manfred Bär, 50, erklärte auf der ersten genehmigten Kundgebung des Neuen Forum am 18. November 1989 in Leipzig zur Entmachtung des Geraer SED-Bezirkssekretärs: »Zum Glück haben die Geraer ihre Situation erkannt und ihren Fürsten, ehemaligen Oberfeldwebel und HJ-Gefolgschaftsführer, Herbert Ziegenhahn, gestürzt«, in: Neues Forum Leipzig (Hg.): Demokratie – jetzt oder nie. Leipziger Herbst 89. Zeugnisse, Gespräche, Dokumente. Mit einem Vorwort von Rolf Henrich, Leipzig 1989/München 1990, S. 266.

37 Dazu Zwahr: Die innere Uhr blieb stehen.

Selbstbefreiung

1 Einiges Interne bei Krenz: Wenn Mauern fallen, S. 28-38, 166-170.

2 Neues Deutschland, 2. 10. 1989; Krenz, Wenn Mauern fallen, S. 30. Lutz Niethammer (»Das Volk der DDR und die Revolution«) nennt die Weggegangenen »die Kinder des Ökonomismus«, s. Der Ökonomismus entläßt seine Kinder, in: Schüddekopf (Hg.), Flugschriften, S. 263ff.

3 Vgl. Lothar Fritze: Ausreisemotive. Hypothesen über die Massenflucht aus der DDR, in: Leviathan 18 (1990), S. 39-54 (geschrieben im Januar 1990). Zur Ausreisepraxis s. Hans Noll: Abschied. Journal meiner Ausreise aus der DDR, Hamburg 1985. Zur Massenflucht s. Stefan Heym: Der Ausreisedruck steigt (August 1989): »Ich kann nur sagen, daß das ein fürchterliches Phänomen ist. Das droht, die ganze DDR zu vernichten«, in: Ders.: Einmischung. Gespräche, Reden, Essays. Mit einem Vorwort von Egon Bahr, Gütersloh 1990, S. 237f. Siehe auch Hartmut Jäckel: Unser schiefes DDR-Bild. Anmerkungen zu einem noch nicht verjährten publizistischen Sündenfall, in: Deutschland Archiv, Oktober 1990, S. 2300-2312.

4 die tageszeitung, 9. 9. 1989. Zum Geschehen nach dem Gebetsgottesdienst siehe den Auszug einer innerkirchlichen Information bei Hans-Jürgen Sievers:

Stundenbuch einer deutschen Revolution. Die Leipziger Kirchen im Oktober 1989, Zollikon/Göttingen 1990, S. 30f. Predigtauszug und Fürbittgebet vom 4. September vgl. ebd., S. 29f. Es handelte sich um das erste Friedensgebet in St. Nikolai nach der Sommerpause.

5 Mitter/Wolle (Hg.): Befehle des Stasi, S. 128.

6 Ebd. Vgl. vor allem »Chronik der Leipziger Friedensgebete«, gestaltet in der Leipziger Nikolaikirche (zeitweilig auch in der katholischen Probsteikirche) seit 1982 von verschiedenen kirchlichen Gruppen, darunter auch dem katholischen Friedenskreis Lindenau-Grünau. Am 29. 3. 1988 beschloß der Bezirkssynodalausschuß »Frieden, Gerechtigkeit und Bewahrung der Schöpfung« der Bezirkssynode Leipzig-Ost auf Antrag von Superintendent Friedrich Magirius, daß die Gruppe, die das Friedensgebet gestaltet, die Begleitung eines verantwortlichen Pfarrers suchen und akzeptieren müsse. Obwohl dieser Beschluß nur bis 31. 10. 1988 galt, wurde er nicht gänzlich zurückgenommen. Detailliert belegt sind die Friedensgebete vom 13. 2. 1988 bis 12. 3. 1990. Vgl. Sievers: Stundenbuch, S. 26-28, 146-151: siehe ferner: Leipzig im Oktober. Kirchen und alternative Gruppen im Umbruch der DDR. Analysen zur Wende, Leipzig 1990.

7 Ebd., S. 127-129.

1. Vorspiel: *We shall overcome*

1 Mitter/Wolle (Hg.): Befehle des MfS, S. 174-176 (MfS, ZAIG, Nr. 42/89, Berlin, 26. 9. 1989).

2 Frankfurter Allgemeine Zeitung, 27. 9. 1989: Die Protestanten in der DDR gehen aus der Kirche auf die Straße.

3 Vgl. ebd., S. 174.

4 Dazu ebd., S. 174. Die Predigt von Pfarrer Wonneberger ist ein Beispiel für Unerschrockenheit; sie gehört zu den herausragenden Texten der sich vorbereitenden demokratischen Revolution. Vgl. Sievers: Stundenbuch, S. 42-44. »Stärker als sonst üblich wurde die Predigt von Beifall unterbrochen. Zum Schluß sang die ganze Gemeinde ›We shall overcome‹, und ganz spontan stimmte die riesige Menschenmenge dieses Lied nach dem Segen noch einmal an, faßte sich bei den Händen und schwenkte sie erhoben im Takt. Ein Gefühl der Gemeinsamkeit und der Stärke breitete sich aus. Dieses Lied wurde ein weiteres Mal angestimmt, als man sich nach dem Gottesdienst den üblichen Absperrungen der Polizei gegenübersah« (ebd., S. 44f.). Siehe auch: Peter J. Albert/Ronald Hoffmann: We shall overcome. Martin Luther King, Jr., and the Black Freedom struggle, New York 1990.

5 Neues Forum Leipzig (Hg.): Demokratie, S. 33.

6 Ebd., S. 31.

7 Ebd., S. 32.

8 Vgl. ebd., S. 34-38.

9 Mitter/Wolle (Hg.): Befehle des MfS, S. 175.

10 Vgl. ebd. Zu den öffentlichen Angriffen gegen die Friedensgebete und zur Leserbriefkampagne vom 29. und 30. September, aber auch zur Ephoral-

konferenz der Pfarrer des Leipziger Kirchenbezirkes West vom 29. September, die eine beträchtliche innere Differenzierung zeigte, siehe Sievers: Stundenbuch, S. 47-51. Der Pfarrkonvent war gedrittelt. Ein Drittel schien bereit, für gesellschaftliche Veränderungen auf die Straße zu gehen, das zweite hoffte auf Veränderungen, sympathisierte mit den Friedensgebeten, wollte den Beobachterstatus aber offenbar nicht aufgeben, ein Drittel lehnte die gesellschaftspolitische Betätigung als nicht vereinbar mit den Aufgaben eines Pfarrers ab.

11 Neues Forum Leipzig (Hg.): Demokratie, S. 31f.

12 Vgl. Frankfurter Allgemeine Zeitung, 28. 9. 1990: Die Prager Botschaftsflüchtlinge trauen den Zusagen aus Ost-Berlin nicht.

13 Vgl. Neues Deutschland, 2. 10. 1989: Humanitärer Akt; Frankfurter Allgemeine Zeitung, 2. 10. 1989: Tausende in Sonderzügen in die Freiheit.

14 Neues Deutschland, 2. 10. 1989: Ehrung für Kollektive der Zivilverteidigung. Heinz Keßler verlieh Fahnen.

15 Ebd.: Sich selbst aus unserer Gesellschaft ausgegrenzt.

16 Ebd. (Titelseite).

17 Ebd., 3. 10. 1989: Generale befördert.

18 Neues Deutschland, 3. 10. 1989; Verleger Robert Maxwell. Erstes Exemplar der Enzyklopädie »Information GDR« übergeben.

19 Ebd.: Carl von Ossietzky-Denkmal in Berlin-Pankow enthüllt.

20 Zu Schabowski: Hans Hermann Hertle u.a. (Hg.): Protokoll eines Gesprächs mit Günter Schabowski am 24. April 1990 in Berlin-West, S. 48f. Zu Krack: Die Union, 21./22. 7. 1990: Anklage gegen Krack wegen Wahlbetrug. – Die Generalstaatsanwaltschaft warf ihm sowie früheren Mitarbeitern und acht ehemaligen Bezirksbürgermeistern vor, bei den Wahlen zu den Stadtbezirken und Kreistagen im Mai 1988 die Stimmergebnisse »verbessert« zu haben. Krack war nach sechzehnjähriger Amtszeit im Februar 1990 zurückgetreten.

21 Mitter/Wolle (Hg.): Befehle des MfS, S. 180-186.

22 die tageszeitung, 15. 8. 1989: Wieland Giebel, Geht die DDR-Opposition an den Start? Öffentlicher Aufruf in Ost-Berlin, eine »identifizierbare Alternative« für die nächste Wahl zu schaffen.

23 Vgl. Schüddekopf (Hg.): Flugschriften, S. 41f.; Mitter/Wolle (Hg.): Befehle des MfS, S. 161f. (Anlage zur Information MfS, ZAIG, Nr. 416/89, Berlin, 19. 9. 1989).

24 Vgl. ebd., S. 182 (Anlage zur Information MfS, ZAIG, Nr. 433/89, Berlin, 2. 10. 1989).

25 die tageszeitung, 9. 9. 1989: Petra Bornhöft, Ausreiser und Bleiber marschieren getrennt. Auf der Demonstration in Leipzig trennten sich die Wege: Abwandern oder Reformieren?

26 Mitter/Wolle (Hg.): Befehle des MfS, S. 180 (MfS, ZAIG, Nr. 433/89, Berlin 2. 10. 1989).

27 Ebd., S. 181.

28 Schüddekopf (Hg.): Flugschriften, S. 157.

29 Mitter/Wolle (Hg.): Befehle des MfS, S. 182 (Nachsatz zur Information MfS, ZAIG, Nr. 433/89, Berlin, 2. 10. 1989).

30 Die Zulassung des Neuen Forum wurde am 19. September beantragt

und vom Innenministerium der DDR am 21. September abgelehnt: »Ziele und Anliegen der beantragten Vereinigung widersprechen der Verfassung der DDR und stellen eine feindliche Plattform dar« (zit. nach Zeno und Sabine Zimmerling [Hg.]: Neue Chronik DDR. Berichte, Fotos, Dokumente. 1. Folge: 7. August-18. Oktober 1989, Berlin 1990, S. 49, S. 51; siehe auch: Peter Vonderhagen (Hg.): Die deutsche demokratische Revolution im Spiegel der DDR-Presse. Dokumente eines friedlichen Aufbruchs, Zürich 1990; ferner: Erklärung des Neuen Forum zum 40. Jahrestag der DDR, Berlin, 6. 10. 1989, in: Schüddekopf (Hg.): Flugschriften, S. 69f. Das Neue Forum nahm die Ablehnung nicht schweigend hin: »Wir protestieren gegen die Versuche der Regierung, uns als Sozialismusfeinde darzustellen. Das Neue Forum ist eine Stätte für neues Denken.« – »Eher schon gefährdet Untätigkeit der SED den Sozialismus auf deutschem Boden.« Die erste genehmigte Demonstration des Neuen Forum in Leipzig fand am 18. 11. 1989 statt. Die Texte der Ansprachen in: Demo-Reminiszenzen, Berlin 1990, S. 52-79.

31 »Aufbruch 89 – Neues Forum« (Gründungsaufruf vom 10. 9. 1989), in: ebd., S. 31.

32 Ebd., S. 69.

33 Ebd., S. 29. Das Neue Forum entwickelte Grundzüge einer Wirtschaftsreform der DDR. Internationale Wirtschaftskonferenz des Neuen Forum, Berlin-Buch 25./26. November 1989. Protokolle und Beiträge, Berlin-West 1990. Zu möglichen Folgen einer fehlenden Wirtschaftsstrategie: Lutz Niethammer: Das Volk der DDR und die Revolution. Versuch einer historischen Wahrnehmung der laufenden Ereignisse, in: Schüddekopf (Hg.): Flugschriften, S. 268.

34 Ebd., S. 29f.

35 Mitter/Wolle (Hg.): Befehle des MfS, S. 184-186 (MfS, ZAIG, Nr. 434/89, Berlin, 2. 10. 1989).

36 Ebd., S. 184.

37 Vgl. ebd., S. 163: Aufbruch 89 – Neues Forum (Anlage zur Information MfS, ZAIG, Nr. 416/89, Berlin, 19. 9. 1989); Schüddekopf (Hg.): Flugschriften, S. 29-31.

38 Mitter/Wolle (Hg.): Befehle des MfS, S. 175.

39 Mitter/Wolle (Hg.): Befehle des MfS, S. 186.

40 Vgl. Schüddekopf (Hg.): Flugschriften, S. 39f.

41 Vgl. Mitter/Wolle (Hg.): Befehle des MfS, S. 186.

42 Schüddekopf (Hg.): Flugschriften, S. 39f.

43 Vgl. Mitter/Wolle (Hg.): Befehle des MfS, S. 186.

44 Artikel 29 lautete: »Die Bürger der Deutschen Demokratischen Republik haben das Recht auf Vereinigung, um durch gemeinsames Handeln in politischen Parteien, gesellschaftlichen Organisationen, Vereinigungen und Kollektiven ihre Interessen in Übereinstimmung mit den Grundsätzen der Verfassung zu verwirklichen.« (Verfassung der DDR und Jugendgesetz, Berlin ²1976, S. 20.)

45 Neues Forum Leipzig (Hg.): Demokratie, S. 40.

46 Uwe Johnson: Einer meiner Lehrer, in: Ders.: Eine Reise wegwohin und andere kurze Prosa, Berlin 1989, S. 149.

2. Freiheit – Gleichheit – Brüderlichkeit!

1 Kurt Nowak: Jenseits des mehrheitlichen Schweigens. Texte von Juni bis Dezember des Jahres 1989, Berlin 1990, S. 17-19 (Andacht vom 2. Oktober 1989).

2 Mitter/Wolle (Hg.): Befehle des MfS, S. 190 (Information MfS, ZAIG, Nr. 45/89, Berlin, 3. 10. 1989).

3 Ebd.

4 die tageszeitung: DDR-Journal zur Novemberrevolution, August bis Dezember 1989. 2., erweiterte Auflage 1990, S. 10.

5 die tageszeitung, 4. 10. 1989. Petra Bornhöft: »Ihr könnt abdanken, jetzt sind wir dran!«. In Leipzig demonstrierten 15.000 bis 20.000 Menschen für Reformen und Zulassung des »Neuen Forum«.

6 Mitter/Wolle (Hg.): Befehle des MfS, S. 190.

7 Ebd.

8 Ebd.

9 Ebd.

10 die tageszeitung, 4. 10. 1989 (Petra Bornhöft).

11 Vgl. Sievers: Stundenbuch, S. 54.

12 Ebd., S. 45.

13 Vgl. Mitter/Wolle (Hg.): Befehle des MfS, S. 190f.

14 Vgl. Musik. Lehrbuch für die Klassen 7 und 8, 2. Auflage Berlin 1974/14. Auflage Berlin 1986, S. 100f. (in der Rubrik »Lieder als Waffe im internationalen Kampf der Arbeiterklasse«). Die Lehrbücher der Klassen 9 und 10 (17. Auflage 1988) bzw. 11 und 12 (2. Aufl. 1974) bringen »Die Internationale« im Liedanhang. »We shall overcome« ist in diesen Schulbüchern nicht enthalten.

15 Mitter/Wolle (Hg.): Befehle des MfS, S. 190.

16 Ebd.

17 die tageszeitung, 4. 10. 1989 (Petra Bornhöft).

18 Mitter/Wolle (Hg.): Befehle des MfS, S. 191.

19 An den Verlag Bertelsmann, Preisausschreiben »Denk ich an Deutschland«, eingesandt.

20 Neues Deutschland, 3. 10. 1989: DDR und China unbeirrt für Stärkung des Sozialismus. Toast von Günther Kleiber bei dem Essen für die chinesische Delegation.

21 Mitter/Wolle (Hg.): Befehle des MfS, S. 174-176, 190f. – »Mielke hat ein merkwürdiges Spiel getrieben, er hat ja über alle Entwicklungen gründlich informiert. Deshalb sage ich ja auch, es gab keine Informationsverluste, es gab nur Realitätsverdrängung« (Protokoll eines Gesprächs mit Günter Schabowski am 24. April 1990 in Berlin/West. Berliner Arbeitshefte und Berichte zur sozialwissenschaftlichen Forschung, Nr. 35, Berlin 1990, S. 22).

22 Dazu Krenz: Wenn Mauern fallen, S. 29.

3. Im Feierton

1 Neues Deutschland, 4. 10. 1989, Titelseite.

2 Ebd., Toast von Erich Honecker: »Wir sind gewiß, daß die DDR auch die Anforderungen der Zukunft bewältigen wird«.

3 Vgl. u.a. Rudolf Herrnstadt: »Das Herrnstadt-Dokument«. Das Politbüro der SED und die Geschichte des 17. Juni 1953. Hg. von Nadja Stulz-Herrnstadt, Reinbek 1990; Helmut Müller-Enbergs: Kader und Intellektuelle. Die Rolle Rudolf Herrnstadts in der SED, Berlin 1990 (FU Berlin: Zentralinstitut für sozialwissenschaftliche Forschung. Berliner Arbeitshefte und Berichte zur sozialwissenschaftlichen Forschung, H. 33); SED und Stalinismus. Dokumente aus dem Jahr 1956, Berlin 1990; Georg Hermann Hodes: Schauprozesse. Stalinistische Säuberungen in Osteuropa 1948–1954, Berlin 1990; Der Prozeß gegen Walter Janka und andere. Eine Dokumentation, Reinbek 1990; Walter Janka: Schwierigkeiten mit der Wahrheit, Berlin 1990; Neues Deutschland, 5. 1. 1990: Kassationsverhandlung gegen Walter Janka eröffnet; Gustav Just: Zeuge in eigener Sache. Die fünfziger Jahre. Mit einem Geleitwort von Christoph Hein, Berlin 1990; Robert Havemann, Fragen Antworten Fragen. Aus der Biographie eines deutschen Marxisten, München 1970; Dieter Hoffmann/Hubert Laitko (Hg.): Robert Havemann: Warum ich Stalinist war und Antistalinist wurde. Texte eines Unbequemen, Berlin 1990; Rudolf Bahro: Die Alternative. Zur Kritik des real existierenden Sozialismus, Köln 1979/Berlin 1990; Herbert Crüger: Verschwiegene Zeiten. Vom geheimen Apparat der KPD ins Gefängnis der Staatssicherheit, Berlin 1990.

4 Toast von Erich Honecker.

5 Alfred Eichhorn/Andreas Reinhardt (Hg.): Nach langem Schweigen endlich sprechen. Briefe an Walter Janka, Weinheim 1990. DDR-Bürger schreiben von ihren Ängsten und Hoffnungen, ihren Erfahrungen mit der Stasi – ein Psychogramm der demokratischen Revolution in der DDR.

6 Der Vorsitzende der NDPD (Nationaldemokratische Partei Deutschlands) trat am 2. November 1989 zurück.

7 Vollmitglied des Politbüros; als Sekretär für Agitation und Propaganda des ZK der SED zuständig auch für die Medien. Herrmann (geb. 1928) war Honecker ergeben. »Sie hatten fast eine Vater-Sohn-Beziehung, jedenfalls bestand ein starkes Abhängigkeitsverhältnis« (Protokoll eines Gesprächs mit Günter Schabowski am 24. April 1990, S. 8); Neues Deutschland, 27./28. 1. 1990: Protokolle über eine alte Zeit. Anhörung von Joachim Herrmann; ebd. auch die Anhörung von Hager und Sindermann. Siehe auch Ulrich Bürger: Das sagen wir natürlich so nicht! Donnerstags-Argus bei Herrn Geggel, Berlin 1990. Der Band enthält von B. heimlich angefertigte stenografische Protokolle der Sitzungen im »Großen Haus« bei der sogenannten »Meinungsmache« mit den Chefredakteuren von Presse und Rundfunk. Alles im Haus des Zentralkomitees Mitgeteilte mußte mündlich weitergegeben werden.

8 Götting erklärte seinen Rücktritt am 2. November 1989 auf einer Sitzung des Präsidiums des CDU-Hauptvorstandes in Ost-Berlin. In einer Erklärung für das Fernsehen der DDR fühlte er sich den Mitgliedern seiner Partei eng verbunden »im Willen, diesen Aufbruch mitzugestalten« (Die Union, 20. 10.

1989: Haltung und Motivation von Christen einbringen). Zur Opposition in der CDU vgl. ebd., 27. 10. 1989: Brief aus Weimar, Weimar 10. 9. 1989. Einer der Unterzeichner, Oberkirchenrat Martin Kirchner, trat im Sommer 1990 unter dem Verdacht der Informationstätigkeit für den Staatssicherheitsdienst von seinen Ämtern zurück. Siehe auch: Die Union, 30. 10. 1989: Positionspapier der CDU. Was wir wollen und brauchen: Reformen und Erneuerung.

9 Dazu Manfred Müller: Protestanten. Begegnungen mit Zeitgenossen, Halle/Leipzig 1990, S. 121ff.: Lothar de Maizière. Geteilte Tradition; de Maizière übernahm den Parteivorsitz der CDU am 10. 11. 1989. Vgl. Die Union, 11./12. 1989: Angemessenen eigenständigen Beitrag zur Erneuerung leisten; ebd., 3. 9. 1990, Interview: Die Schranken und Barrieren in den Köpfen überwinden. Nachdenkliches über die Vorausbilanz eines Regierungschefs auf Abruf; Leipziger Volkszeitung, 17. 9. 1990, Interview: Will keine symbolische Rolle spielen.

10 Der Morgen, 20. 9. 1989.

11 Ebd., 30. 9. 1989: Rede zum 100. Geburtstag Carl von Ossietzkys.

12 Zu Mielke: Protokoll eines Gesprächs mit Günther Schabowski, S. 22f., S. 33. Schabowski wurde von Mielke über die Tätigkeit des Neuen Forum eingehend auf dem laufenden gehalten.

13 Zu Krenz vgl. ebd., S. 7-9, S. 12, S. 25-49.

14 Zu Mittag: ebd. S. 24-37, und Krenz: Wenn Mauern fallen, S. 29ff.; ferner: Protokoll eines Gesprächs mit Günter Schabowski (Dokumentation: Herger/ Jarowinsky/Krenz/Lorenz/ Rauchfuß/Schabowski/Semmelmann/Sieber: Zu Ursachen für die Krise in der SED und in der Gesellschaft. Bericht für den außerordentlichen Parteitag der SED im Dezember 1989), S. 61.

15 Ebd., S. 24.

16 Ebd. (Dokumentation Herger u.a.: Zu Ursachen für die Krise in der SED), S. 59.»Eine hierarchisch organisierte Parteiführung wurde zum allein bestimmenden Zentrum. Sie hatte das Monopol der Information wie auch der Organisation. Die Kommunikation zwischen Parteiführung und Parteiorganisationen verlief einseitig von oben nach unten, wurde zur Einbahnstraße (ebd., S. 55f.).

17 Dazu ebd., S. 27-34. Infolge der Bindung des FDGB an die Partei liefen die »Massenbewegungen« neben der Gewerkschaft ab. »Der FDGB mischte doch erst in der allerletzten Phase mit, und da nicht etwa der Apparat, sondern die Gewerkschafter in den Betrieben. Nicht in den Gewerkschaften war doch die Bewegung, sondern die intellektuellen Gruppen artikulierten den Willen des Volkes. Trotz der Repression, der sie ausgesetzt waren, haben diese neuen Gruppen der Bürgerbewegungen die Sache zum Kochen gebracht. Der FDGB dagegen war ein Koloß, der sich überhaupt nicht gerührt hat« (ebd. S. 32). Am 14. 9. 1990 faßten in Berlin die Delegierten von 21 Einzelgewerkschaften der DDR mit 112 Stimmen bei 2 Enthaltungen den Beschluß zur Selbstauflösung des FDGB zum 30. 9. 1990 (vgl. Tribüne, 17. 9. 1990). Siehe ferner: Theo Pirker/Hans-Hermann Hertle u.a.: FDGB – Wende zum Ende, Köln 1990; Hans-Hermann Hertle: Transmissionsriemen ohne Mission. Der FDGB im Umwälzungsprozeß der DDR, Berlin 1990; ders.: »Die Gewerkschaft hat in der Verharrung gelegen«. Interview mit Werner Peplowski über den Wandlungsprozeß des FDGB, Berlin 1990; ders./Rainer Weinert: »Wir

haben gedacht, daß wir länger dran sind!«. Interview mit Annelies Kimmel über ihren Versuch einer Wende der Gewerkschaftspolitik in einem erneuerten Sozialismus, Berlin 1990; dies.: »Wir werden uns nicht unter Wert verkaufen!«. Interview mit Helga Mausch, Vorsitzende des FDGB, über den Versuch, den FDGB vom Kopf auf die Füße zu stellen, Berlin 1990. (Alle Titel: FU Berlin: Zentralinstitut für sozialwissenschaftliche Forschung. Berliner Arbeitshefte und Berichte zur sozialwissenschaftlichen Forschung.)

18 Protokoll eines Gesprächs mit Günter Schabowski, S. 29.

19 Wolf Biermann.

20 Neues Deutschland, 4. 10. 1990, Abbildung S. 3.

21 Dazu Krenz: Wenn Mauern fallen, S. 208.

22 Neues Deutschland, 4. 10. 1989: »... mit sofortiger Wirkung nach Konsultation mit der ČSSR«. Am 3. Oktober früh wurden Reisende in Bad Schandau aus den Zügen geholt und im Laufe des Tages nach Dresden zurückgeschickt. Am 3. Oktober abends begann auf dem Dresdner Hauptbahnhof das Warten auf die Züge; auf dem Bahnsteig 5 versammelte sich der ›harte Kern‹ derer, die unbedingt weg wollten.

23 Vgl. Frankfurter Allgemeine Zeitung, 4. 10. 1989: Aus Prag wieder Sonderzüge mit Tausenden. Die DDR hat zum zweiten Mal einer Massenausreise von DDR-Bewohnern aus Prag zugestimmt.

24 Augenzeugenbericht von Tom Tschintscharadse (geb. 1970), Radebeul bei Dresden. Eingehend: Eckhard Bahr (Hg.): Sieben Tage im Oktober. Aufbruch in Dresden. Hg. mit freundlicher Unterstützung der »Gruppe der 20«, Dresden. Mit einem Geleitwort von Superintendent Christof Ziemer und dem Abschlußbericht der Unabhängigen Untersuchungskommission. Mitarbeit: Sven Bartnik und Elisabeth Groh, Leipzig 1990. Der Bericht (S. 153-176) ergänzt die Chronik der Ereignisse vom 3. bis 9. Oktober durch wertvolle Zahlenangaben. Der Unabhängigen Untersuchungskommission lagen insgesamt 290 Einzelberichte und 89 Darstellungen vor, die teilweise von mehreren Personen stammten bzw. kollektive Äußerungen enthielten. Zur Gewaltanwendung gab es folgende Angaben: 181 Gewaltanwendungen bei Zuführungen, 199 im ZZP (Zentralen Zuführungspunkt), 136 in der Strafvollzugsanstalt Bautzen, 6 in der Strafvollzugsanstalt Görlitz. Drohungen beim Verhör gaben 20 Zugeführte an. Zugeführte, die sich nur zufällig am Ort des Geschehens aufhielten, wurden teilweise tagelang inhaftiert und mit der gleichen Brutalität behandelt wie die friedlichen Demonstranten.

25 Sächsische Zeitung, 4. 10. 1989.

26 Ebd., Dorothea Schmieder, Abteilungsleiterin.

27 Ebd., Brigadier Schönfeld: Mit diesem Namen kannst Du doch nicht durchhängen.

28 Vgl. u.a. Neues Deutschland, 9. 10. 1989; Leipziger Volkszeitung, 9. 10. 1989.

29 Vgl. Schüddekopf (Hg.): Flugschriften, S. 54f., datiert auf Anfang Oktober.

30 Neues Deutschland, 9. 10. 1989. Honecker: Durch das Volk und für das Volk wurde Großes vollbracht. – Gorbatschow: Uns vereinen die Ideale des Sozialismus und des Friedens. Zur Jahrestagsrede Honeckers kommentierend Schabowski: »Wo es schon an allen Ecken brannte und die Leute auf den Straßen demonstrierten, hält er eine Rede, in der das alles gar nicht vorkommt« (Protokoll eines Gesprächs mit Günter Schabowski, S. 19).

31 Vgl. Neues Deutschland, 9. 10. 1989: Wir stehen fest zu unserem Vaterland. An historischer Stätte legten über 100 000 FDJler beim Fackelzug ihr
Bekenntnis zur sozialistischen Republik ab.

32 Ebd., Fotoserie:»Begegnung« mit Miloš Jakeš,»Treffen« mit Nikolae
Ceauşescu.

33 Sächsische Zeitung, 10. 10. 1989, Lokalseite Bischofswerda: Versuchte
Ruhestörung wurde vereitelt. Der Kreisstaatsanwalt teilt mit:»Am 8. Oktober
gegen 22.15 Uhr kam es im Stadtgebiet der Kreisstadt im Anschluß an eine
Jugendtanzveranstaltung durch zirka 50 Jugendliche und jungerwachsene
Bürger zu einer die öffentliche Ordnung und Ruhe der Bevölkerung stören-
den Zusammenrottung. Nach Aufforderung der Sicherheitskräfte, diese An-
sammlung zu verlassen, wurde Widerstand geleistet, und es kam zu politisch
motiviertem Rowdytum. Daraufhin wurden 45 Personen zugeführt, und
gegenwärtig wird deren ordnungsstrafrechtliche und strafrechtliche Verantwortung geprüft«.

4. Exkurs: Staatsterror

1 Vgl. Die Union, 1. 12. 1989: Arbeit droht zu scheitern.

2 Schüddekopf (Hg.): Flugschriften, S. 112. Die dort S. 71-118 abgedruck-
ten Gedächtnisprotokolle von ›Zugeführten‹ wurden aus etwa 150 solcher
Protokolle »Tage und Nächte nach dem 7. Oktober in Berlin« ausgewählt.
Zitierte Textstellen S. 71ff. werden nicht jeweils einzeln nachgewiesen.

3 Ebd., S. 93, S. 97, S. 85, S.12. Siehe auch den Aufruf von Superintendent
Richter zur Gewaltlosigkeit, Leipzig, 30. September 1989 (Sievers: Stundenbuch, S. 52). Die Kernsätze des Aufrufs lauten:»Wir bitten die Pfarrer und
Pastorinnen darum, in verantwortlicher und geeigneter Weise darauf hinzu-
wirken, daß Gemeindemitglieder, die die Absicht haben, am Montagsgebet in
der Nikolaikirche teilzunehmen, alles in ihren Kräften Stehende zu tun, um
alle Anzeichen von verbaler oder tatsächlicher Gewalt mit strikter Gewaltlosigkeit zu beantworten. Für uns Christen steht in dieser bewegten Zeit die
Glaubwürdigkeit unserer Nachfolge auf dem Spiel«.

4 Sächsische Zeitung, 9. 10. 1989: Störungen der Volksfeste verhindert.

5 Mitter/Wolle (Hg.): Befehle des MfS, S. 131.

6 Sächsische Zeitung, 10. 10. 1989.

7 Ostsee-Zeitung, 12. 10. 1989.

8 Schüddekopf (Hg.): Flugschriften, S. 41.

5. Allerhöchste Weisung und Drohung

1 Mitter/Wolle (Hg.): Befehle des MfS, S. 200. Fernschreiben an die Ersten
Sekretäre der Bezirksleitungen der SED. Undatiert, aber mit dem Hinweis auf
die Ereignisse des »gestrigen Tags« (7. Oktober). Mielkes Begleitschreiben
wurde in Berlin am 8. 10. 1989 ausgefertigt.

2 Protokoll eines Gesprächs mit Günter Schabowski, S. 24, S. 29. - »Daß wir
uns einig darin waren, also der Honecker muß weg. Aber warum Honecker

weg mußte, dafür hatte Krenz andere Motive als ich« (S. 25). Als vierter noch war der Gewerkschaftsvorsitzende Harry Tisch beteiligt, vgl. ebd., S. 28–30. »Anfang September hatten wir noch die Vorstellung, alles im Griff zu haben. Daß Demonstrationen stattfanden, bedeutete doch nicht, daß die DDR aus den Angeln gehoben wurde. Es ist zwar eine betrübliche, peinliche und ekelhafte Situation, aber so, wie Sie das hier im Westen überrascht hat, wie schnell das ging, waren wir ja noch davon überzeugt, daß die Klammern halten« (S. 25).

3 Ebd., S. 26, vgl. auch S. 23-27.

4 Ebd., S. 29: »Wir hatten ja keine Strategie.« S. 27: »Wir haben erst am 8. Oktober begonnen, mit einzelnen zu telefonieren, sie einzuweihen und sie zu fragen, ob sie mitmachen.«

5 Mitter/Wolle (Hg.): Befehle des MfS, S. 200.

6 Ebd. Punkt 2 der Honecker-Weisung.

7 Protokoll eines Gesprächs mit Günter Schabowski, S. 23, S. 27.

8 Mitter/Wolle (Hg.): Befehle des MfS, S. 200.

9 Ebd., S. 132: Generalleutnant Gehlert, MfS-Bezirksbehörde Karl-Marx-Stadt, vor Mielke, Berlin, 31. 8. 1989.

10 Ebd. Zu den mafiaähnlichen Verbindungen siehe Hannes Bahrmann/Peter-Michael Fritsch: Sumpf, Privilegien, Amtsmißbrauch, Schiebergeschäfte, Berlin 1990, u.a. über Geldbeschaffer Schalck-Golodkowski im Waffengeschäft der IMES GmbH, über den finanziellen Filz von Staat und Partei, über Privilegienwirtschaft und Überwachungsapparat/Staatssicherheit. Die Autoren fragen: Bewältigen oder verdrängen? (S. 152ff.)

11 Neues Deutschland, 9. 10. 1989.

12 Sächsische Zeitung, 9. 10. 1989.

13 Leipziger Volkszeitung, 9. 10. 1989.

14 Sächsische Zeitung, 9. 10. 1989.

15 Ebd.

16 Ebd.

17 Ebd.; 9. 10. 1989: SED-Bezirkszeitungen zu antisozialistischen Ausschreitungen. Aus den »Wortmeldungen« wurden »Standpunkte und Leserbriefe zu Fragen unserer Zeit«. Der Wandel verdeutlicht, wie rasch sich das Meinungsbild änderte, die einzelnen Menschen wie die Presse sich aus ihren Fesseln lösten.

18 Leipziger Volkszeitung, 9. 10. 1989: Krimineller wollte Menge zur Gewalt aufwiegeln.

19 Volkswacht, 10. 10. 1989, S. 4.

20 Ebd., 11. 10. 1989. Einer abgedruckten Mitteilung der Presseabteilung des Ministeriums des Innern konnten die LeserInnen lediglich entnehmen, daß es »in verschiedenen Städten der DDR« zu Zwischenfällen gekommen war. Auf S. 4 berichten Volkspolizeiangehörige und Untersuchungsrichter vom 7. Oktober in Berlin. Abdruck erster »Wortmeldungen«.

21 Volkswacht, 23. 10. 1989: Demonstration in Gera; 27. 10. 1989: Friedliche Demonstration in der Geraer Innenstadt.

22 Leipziger Volkszeitung, 9. 10. 1989.

23 Ebd.: Dem Bürgerwohl verpflichtet, Bürgerpflicht ernstnehmen. Interview mit Oberbürgermeister Seidel, 29. 9. 1990.

24 Sächsische Zeitung, 9. 10. 1989.

25 Protokoll eines Gesprächs mit Günter Schabowski, S. 42. Schabowski hält Berghofer für den Prototyp eines Opportunisten. »Auf die Frage, ob sein Austritt aus der Partei nicht Verrat gewesen sei, hat er ganz kalt geantwortet, daß der Sozialismus Bankrott gemacht habe und er den ›Dritten Weg‹ für Quatsch halte. Vielleicht trete ich hier irgend jemandem zu nahe, aber da stimme ich ihm zu.« Zu Modrow ebd., S. 4-36.

26 Dazu Thomas Rosenlöcher: Herbsttage. Tagebuchnotizen, in: Die Union, 20. 10. 1989 (19. 9.-7. 10.) u. 21./22. 10. 1989 (8. 10.-11. 10.); siehe auch ebd., 11./12. 11. 1989: »Wir brauchen auch euch ...«. Union-Gespräch mit Offiziersschülern der Offiziershochschule des Ministeriums des Innern – Bereitschaften über die Ereignisse vom 4. 10.-8. 10. in Dresden. Ein Offiziersschüler: »Ich war am Sonntagabend, am 8. Oktober, auf der Prager Straße eingesetzt. Wir standen da, und es kamen immer mehr Leute. Wir fühlten uns nicht als Helden.« Ein anderer: »Wir sprachen bis jetzt nur von der Gewalt dieser Abende. Es gab aber auch eine andere Richtung. Wir standen den Bürgern direkt gegenüber und unterhielten uns mit ihnen. Das waren Arbeiter, genauer: Stahlwerker. Die hatten nichts mit Gewalt am Hute.« Ein anderer: »Keiner konnte den Ausbruch ahnen. In Anbetracht der Leipziger Ereignisse dachte ich dann doch: Hier müssen schleunigst Veränderungen her, sonst gibt es blutige Köpfe; ohne politische Veränderungen wird Blut fließen.« Die erste Mitteilung über das Gespräch Berghofers am 9. Oktober »mit Vertretern der Kirche und einigen Teilnehmern an Demonstrationen am Vortag« in: Sächsische Zeitung, 10. 10. 1989: Über 4000 Meetings in Dresdner Arbeitskollektiven. Konstruktiver Dialog im Dresdner Rathaus.

27 Sächsische Zeitung, 9. 10. 1989. An die Stelle der »Wortmeldungen« traten dann bald die Zuschriften mit einem wesentlich veränderten Meinungsbild. Vgl. Sächsische Zeitung, 14./15. 10. 1989: Auszüge aus Leserbriefen und Standpunkte zu aktuellen Fragen. Die Union, 14./15. 10. 1989: Aus Leserbriefen. Angebot zu Mitsprache und Mitarbeit. – Beispiele: Zeichen der Hoffnung/Starke Hoffnung/Die Zeit drängt/Reinigendes Gewitter/Neue Ansätze sind dringend gefragt.

28 Vgl. Frankfurter Allgemeine Zeitung, 2. 6. 1990: Die Soldaten werden ihrer Auszeichnungen für die Niederschlagung der Rebellion nicht froh.

29 Leipziger Volkszeitung, 9. 10. 1989: Krimineller wollte Menge zur Gewalt aufwiegeln.

30 Vgl. ebd.: Mit Recht und Gesetz für Ruhe und Ordnung.

6. Wir sind das Volk!

1 Dazu Jürgen Habermas: Theorie des kommunikativen Handelns, Bd. 2: Zur Kritik der funktionalistischen Vernunft, Frankfurt/Main 1981, S. 69-117.

2 Protokoll eines Gesprächs mit Günter Schabowski, S. 7f.; siehe in diesem Buch das Kapitel »Allerhöchste Weisung und Drohung«. – Honecker »hatte mehrere Hobbys, und ein Hobby war die Zeitung, was ihr letztendlich auch nicht gut bekommen ist« (Protokoll, S. 8).

3 Die Ursprünge des am 9. Oktober spontan durchbrechenden *Wir sind das Volk!* sind nicht aufgeklärt. Ein früher Beleg findet sich in: Chemnitzer Bote 1 (1848), 6. 6. 1848: Die Despoten und die Blutroten.»Die Despoten: 1. Der Staat, das sind wir. Die Blutroten: 1. Wir sind das Volk. Daraus folgt: Alles durch das Volk (d.h. durch uns), für das Volk (d.h. für uns).« Vermutlich ist es im Oktober 1989 zu einer originären Neuprägung gekommen, deren Demokratismus das 1848er Erbe in sich trägt. Auf den »vormärzlichen Geist« (treffender noch wäre: den märzlich-nachmärzlichen Geist) des Protests und der Programmatik der Opposition verweist Lutz Niethammer: Das Volk der DDR und die Revolution. Versuch einer historischen Wahrnehmung der laufenden Ereignisse, in Schüddekopf (Hg.): Flugschriften, S. 268 (»'48, '68 und das liberale Erbe«). Das 1968er-Erbe ist für die beteiligte mittlere Oppositionsgeneration der DDR weniger die »68er Bewegung im Westen« als die eigene 68er Bewegung im Osten; diese entstand mit dem Hineinwirken des »Prager Frühlings« in die DDR, und zwar sowohl in Studenten- und Intellektuellenkreisen als auch in Betrieben.

4 Die Innenansicht dieser »Spitze« bei Schabowski, S. 7-49. »Es hat ja auch im Politbüro keine Diskussionen gegeben, die prinzipieller oder gar existentieller Art gewesen wären. Es hat im Politbüro niemals eine offene Debatte gegeben, nicht einmal am Rande.« – Zum September 1989: »Der Chef war ja nicht da. Honecker war nicht da, und deshalb waren die Leute couragiert« (S. 24).

5 Vgl. ebd. S. 35-39, S. 42-47, besonders S. 42.

6 Eine »Voraussetzung«, blutige Auseinandersetzungen zu verhindern, sei mit der Wahl von Krenz zum Generalsekretär am 18. Oktober entstanden. Dazu Herger / Jarowinsky / Krenz / Lorenz / Rauchfuß / Schabowski / Semmelmann / Sieber: Zu Ursachen für die Krise in der SED und in der Gesellschaft (Bericht für den außerordentlichen Parteitag der SED im Dezember 1989), in: Protokoll eines Gesprächs mit Günter Schabowski, III. Dokumentation, S. 70.

7 Gemeint ist die »Wortmeldung« des Kommandeurs Günter Lutz im Auftrag der Kampfgruppenhundertschaft »Hans Geiffert« in: Leipziger Volkszeitung, 6. 10. 1989: Werktätige des Bezirks fordern: Staatsfeindlichkeit nicht länger dulden.

8 Christian Führer: Friedensgebet am 9. Oktober 1989 in St. Nikolai. Aufzeichnung, Leipzig, 11. 10. 1989.

9 Ebd.

10 Kampfgruppenhundertschaft »Gerhard Amm«, in: Leipziger Volkszeitung, 5. 10. 1989: Nicht nur zusehen; Lutz: Im Auftrag der Kampfgruppenhundertschaft »Hans Geiffert«.

11 Vgl. Mitter/Wolle (Hg.): Befehle des MfS, S. 200.

12 Protokoll eines Gesprächs mit Günter Schabowski, S. 8.

13 Neues Forum Leipzig (Hg.): Demokratie, S. 280 – Interview mit Bernd-Lutz Lange, Kabarettist, 29. 11. 1989.

14 Ebd.

15 Ebd., S. 278.

16 Vgl. ebd., S. 284 – Interview mit Dr. Kurt Meyer, Sekretär der SED-Bezirksleitung, 15. 12. 1989.

17 Ebd.

18 Protokoll eines Gesprächs mit Günter Schabowski, S. 23: »Diesem Gesetz haben wir uns alle unterworfen«.

19 Interview mit Dr. Kurt Meyer, in: Neues Forum Leipzig (Hg.): Demokratie, S. 284f.

20 Vgl. Rieker/Schwarz/Schneider (Hg.): Stasi intim, S.218 - Interview mit dem Leiter der Bezirksverwaltung Leipzig des MfS im Juli 1990. »In der letzten Phase vor der Wende hat die Einsatzleitung permanent getagt. Seit Hackenberg als Erster Sekretär der SED-Bezirksleitung amtierte, fast täglich.«

21 Krenz: Wenn Mauern fallen, S. 135, ohne Nennung Honeckers.

22 Dazu auch Rieker/Schwarz/Schneider (Hg.): Stasi intim, S. 218. Die Weisung Honeckers, die Demonstrationen zu kanalisieren und abzudrängen, galt noch am 14. Oktober, wie der Leiter der Bezirksverwaltung Leipzig des MfS ausdrücklich bejaht hat. »Am Sonnabend oder Sonntag, dem 14. oder 15. Oktober, rief Rudolf Mittig mich an. Er sagte: ›Paß auf, wir sind uns einig mit Krenz. Blockierung zählt für uns nicht. Deine Einschätzung gegenüber Krenz bleibt bestehen. Du brauchst auch keine Sorgen zu haben, daß Du gegen eine Weisung des Ministers handelst.‹ Ich war dem Rudi Mittig für diese Worte sehr dankbar. Er ersparte mir schlimme Gewissenskonflikte. Ich war ja Militär und unterlag dem Eid.« Die »Einschätzung« betraf eine Absprache vom 13. Oktober beim Besuch von Krenz in Leipzig: »Ich sagte ihm, daß wir nichts mehr aufhalten können und dürfen. Krenz hat das nachträglich sanktioniert (ebd., S. 218).

23 Vgl. ebd., S. 217. Der Chef der Bezirksverwaltung Leipzig des MfS versteht »bis heute nicht, warum nicht einer von den drei beteiligten Herren der SED-Bezirksleitung den ›allgewaltigen und gefürchteten‹ Stasi-Chef angerufen und gesagt hat: Mach alles, damit es nicht zur Konfrontation kommt! ... Es lag doch mit in meiner Hand, was gemacht wird«. Der sehr geschätzte Aufruf der Sechs habe ihm nichts genützt. »Ich hätte doch diese riesige Last der Verantwortung mittragen müssen, wenn ein Demonstrant oder einer von den MfS– und Volkspolizei-Leuten die Nerven verloren hätte. Ich will mich nicht als Helden hinstellen – aber ich habe denen, die von uns draußen waren, verboten, Waffen zu tragen. Gegen die Dienstvorschrift des Ministers.«

24 Ebd., S. 218: »Im Normalfall war die politische Einschätzung der Partei das Entscheidende. Aber nach dieser verhängnisvollen Entwicklung verschob sich die Priorität zugunsten des MfS, also praktisch zu meinen Einschätzungen. Am 9. Oktober früh kam meine Einschätzung: Wir können die Bewegung der Demonstranten nicht mehr mit den uniformierten Kräften verhindern oder einschränken. Und die Leitung war sich einig. Obwohl bei der Polizei die Voraussetzungen geschaffen wurden, die Demonstration in eine Richtung zu lenken. Wir konnten natürlich nicht die Befehle des Innenministeriums aufheben.«

25 Vgl. ebd., S. 207. Mielke, so behauptet der Leiter der Bezirksverwaltung Leipzig des MfS, habe ihn am 9. Oktober mehrmals angerufen und »dringlichst« ersucht, »nicht die Nerven zu verlieren und keine Schußwaffen anzuwenden«. »Und man wollte mir nicht glauben, daß dieser Mielke, der nach verschiedenen Informationen am 7. oder 8. Oktober hinter den Polizei- und Wachregimentsketten die Polizisten nach vorne getrieben haben soll, diese Telefongespräche geführt hat. Ich konnte jedoch anhand eines Aufzeich-

nungsbuches, in dem ich solche Gespräche notierte, belegen, daß tatsächlich diese Art Anrufe am 9. Oktober stattgefunden hat« (ebd., S. 207f.). »Er sah die Gefahr, daß es zu bürgerkriegsähnlichen Zuständen, zu Blutvergießen kommen könnte« (ebd., S. 217).

26 Ebd., S. 218: »Es gab ja diesen Begriff der Demonstrativhandlung. Am 9. Oktober war jedoch in Leipzig klar, daß diese Einsatzkräfte nicht handeln würden«.

27 Ebd., S. 219.

28 Interview mit Dr. Kurt Meyer, in: Neues Forum Leipzig (Hg.): Demokratie, S. 285. Ein Gespräch mit fünf Professoren der Universität und Roland Wötzel, der auch diesen Rat suchte, war am Vormittag vorausgegangen.

29 Ebd., S. 274: Interview mit Professor Dr. h.c. Kurt Masur, Gewandhauskapellmeister, 29. 12. 1989; siehe auch: Der Spiegel, 1989, Nr. 48, S. 22: Vorschläge ohne Stock. Gewandhaus-Chef Kurt Masur, Dirigent der Leipziger Opposition.

30 Neues Forum Leipzig (Hg.): Demokratie, S. 273.

31 Ebd., S. 274.

32 Ebd., S. 87.

33 Ebd.

34 Ebd., S. 86.

35 Leipziger Volkszeitung, 9. 10. 1989 – Norbert Molkenbuhr: Wir wollen sachlichen Dialog führen. Inzwischen ist die Belegschaft von Edition Peters durch Molkenbuhr in die Arbeitslosigkeit entlassen worden. Vgl. Leipziger Volkszeitung, 31. 7. 1990 – Ann Wolff: Das skandalöse Ende eines Leipziger Musikverlages.

36 Vgl. Mitter/Wolle (Hg.): Befehle des MfS, S. 200.

37 Brigitte Heßler (Delitzsch): Aufzeichnung vom 10. Oktober 1989.

38 Protokoll eines Gesprächs mit Günter Schabowski, S. 20: »Krenz hatte aber abgesprochen, und er war sich mit Keßler, Mielke und Dickel einig darüber, daß es nicht zu Gewaltanwendungen kommen dürfe«.

39 Führer: Friedensgebet am 9. Oktober 1989.

40 Neues Forum Leipzig (Hg.): Demokratie, S. 83 (Susanne Rummel).

41 Ebd., S. 84 (Gudrun Fischer).

42 Siehe die Dokumentation über die Behinderung des ersten Straßenmusikfestivals am 10. Juni 1989 in Leipzig durch die Sicherheitsorgane: Steffen Lieberwirth: »Wer eynen Spielmann zu tode schlaegt«. Ein mittelalterliches Zeitdokument anno 1989. Mit einem Beitrag von Stefan Gööck: Die Verwaltung der Spontaneität, Leipzig 1990.

43 Brigitte Heßler (Delitzsch): Aufzeichnung vom 10. Oktober 1989.

44 Neues Forum Leipzig (Hg.): Demokratie, S. 90. Theo Kühirt, Ingenieur, Angehöriger der Kampfgruppen: »Es wurde generell darauf orientiert, sich in keinerlei Auseinandersetzungen einzumischen«.

45 Ebd., S. 91.

46 Ebd., S. 85 (Sybille Freitag).

47 Ebd., S. 92 (Fünf ehemalige Bereitschaftspolizisten). Siehe auch S. 69f. (Einsatz am 7. Oktober).

48 Ebd., S. 93.

49 Vgl. ebd.

50 Ebd., S. 83.
51 Ebd., S. 88f. (Helga Wagner).
52 Ebd., S. 89.
53 Vgl. Führer: Friedensgebet am 9. Oktober 1989.
54 Ebd.
55 Neues Forum Leipzig (Hg.): Demokratie, S. 82f.
56 Interview mit Bernd-Lutz Lange, S. 280.
57 Neues Forum Leipzig (Hg.): Demokratie, S. 83.
58 Ebd., S. 89.
59 Ebd., S. 84.
60 Ebd.
61 Führer: Friedensgebet am 9. Oktober 1989.
62 Ebd.
63 Neues Forum Leipzig (Hg.): Demokratie, S. 89.
64 Ebd.
65 Ebd.
66 Die Universitätszeitung berichtete darüber nichts, vgl. Universitätszeitung, Karl-Marx-Universität Leipzig, 20. 10. 1989. Erwähnung fand der »Politische Frühschoppen« mit Rektor Hennig, dem Theologen Prof. Nowak, Bezirkssekretär Wötzel und dem Kabarettisten Lange am 15. 10.: »1500 Leipziger drängelten sich und fanden außerhalb der Veranstaltungstonne, wenn auch beengt, so doch Platz«. Siehe ebd. auch den Beitrag: Der offene Dialog – ein Weg zu Antworten. Wortmeldungen der SED-GO Wissenschaftlicher Kommunismus: »Mit Erleichterung haben wir die Erklärung des Politbüros vom 11. 10. 1989 aufgenommen«. Am 26. Oktober fand eine denkwürdige Studentenratsversammlung statt, vgl. Universitätszeitung, 3. 11. 1989. – Auf der außerordentlichen Sitzung der SED-Kreisleitung am 31. 10. wurde der sog. ›Erste Kreisfuchs‹ in Anwesenheit von Roland Wötzel entmachtet. Neuer Kreissekretär wurde Professor Rendgen. Das Kreisparteiaktiv fand noch am selben Tag statt; verabschiedet wurde ein Brief der Parteiorganisation der Karl-Marx-Universität (etwa 5900 Mitglieder) an das Zentralkomitee der SED, der sich mit Modrow, Wötzel und Schabowski solidarisierte und die Entfernung von Hager, Dohlus und Stoph »aus leitenden Positionen« forderte. Ihr Verhalten lasse nicht erwarten, »daß sie durch die Erneuerung der Partei die entscheidende Voraussetzung für die Erneuerung unserer Gesellschaft schaffen wollen«. Das Referat Rendgens (»Es geht ums Ganze«) in: Universitätszeitung, 10. 11. 1989.
67 Siehe auch den Bericht über den 2. Oktober in Leipzig, S. 46-50.
68 Neues Forum Leipzig (Hg.): Demokratie, S. 83-95; dazu die Besprechung des Buches durch Heinz Czechowski: Blütenträume im Leipziger Herbst, in: Frankfurter Allgemeine Zeitung, 9. 6. 1990. Siehe auch: Reiner Tetzner: Aufzeichnungen eines Montagsdemonstranten, Neuwied 1990, eine frühe, eindrucksvolle Dokumentation des Demonstrationsgeschehens. Wie akut die Leipziger die Gefahr erlebt haben, belegt auch der Besuch von Professor Walter Friedrich (Institut für Jugendforschung Leipzig) bei Krenz am Vormittag des 9. Oktober: Man befürchte, »es könne dort am Abend zu einem Blutbad kommen« (Krenz, Wenn Mauern fallen, S. 135-137): siehe auch Kurt Nowak: Jenseits des mehrheitlichen Schweigens. Texte von Juni bis

Dezember des Jahres 1989, Berlin 1990 (»Gewidmet den aufrechten Bürgern meiner Heimatstadt, die sich ihrer wankenden Knie in der Frühphase der Leipziger Montagsdemonstration nicht schämen«), S. 50ff.

69 Neues Forum Leipzig (Hg.): Demokratie, S. 85.

70 Ebd., S. 292 – Interview mit Dr. Peter Zimmermann, Theologe, am 14. 12. 1989.

71 Brigitte Heßler (Delitzsch): Aufzeichnung vom 10. Oktober 1989.

72 Interview mit Dr. Peter Zimmermann, in: Neues Forum Leipzig (Hg.): Demokratie, S. 292.

73 Ebd., S. 91: »Wir hatten angenommen, daß nicht nur die einzelnen Kämpfer dort stehen würden, die einzelnen Produktionsarbeiter, sondern daß sich auch Funktionäre der Kreisleitungen, der Bezirksleitung der SED dort befinden. Von diesen Genossen war keiner zu sehen«.

74 Ebd., S. 84.

75 Ebd., S. 85.

76 Ebd., S. 92.

77 Vgl. ebd., S. 85: »Wir sind noch heute – nach regelmäßigen Montagsmärschen – stolz darauf, am 9. Oktober mit dabeigewesen zu sein«.

78 Dazu Krenz: Wenn Mauern fallen, S. 23-26, S. 61-68, S. 117-124; Protokoll eines Gesprächs mit Günter Schabowski, S. 12-19.

79 Interview mit Kurt Masur, S. 275: »Der Bewußtseinswandel in unserem Land begann mit Gorbatschow, der im Mutterland des Sozialismus eine Revolution einleitete. Er wird in die Geschichte eingehen als geistiger Vater all der Vorgänge, die gegenwärtig in Europa stattfinden«.

80 Vgl. die kurze Rede von Manfred Bär, Arbeiter, parteilos, 50 Jahre, auf der ersten öffentlichen Kundgebung des Neuen Forum am 18. November in Leipzig: »Meine Forderungen: 1. Auflösung der Kampfgruppen! 2. Abschaffung des gesamten Militärs! 2a. Dazu gehört auch der Rückzug unserer Freunde, ich sage heute: Freunde. Denn ohne ihre Zurückhaltung könnten wir nicht um unsere Freiheit und Demokratie kämpfen. 3. Stasi in die Volkswirtschaft« (Neues Forum Leipzig [Hg.]: Demokratie, S. 266). Zu Punkt 2a siehe: Vertrag über die abschließende Regelung in bezug auf Deutschland, Artikel 4 und 5, vom 12. 9. 1990, in: Die Union, 14. 9. 1990. Einen Tag nach Unterzeichnung des Zwei-plus-Vier-Abkommens über die äußeren Aspekte der deutschen Einheit paraphierten Bundesaußenminister Genscher und der sowjetische Außenminister Schewardnadse in Moskau den bilateralen Vertrag über eine enge Zusammenarbeit des künftigen vereinigten Deutschland mit der Sowjetunion auf allen Gebieten sowie über den Verzicht auf Gewalt und Gebietsansprüche: Vertrag über gute Nachbarschaft, Partnerschaft und Zusammenarbeit zwischen der Bundesrepublik Deutschland und der Union der Sozialistischen Sowjetrepubliken. Siehe den unterschriftsreifen Text in: Leipziger Volkszeitung, 17. 9. 1990.

81 Vgl. Protokoll eines Gesprächs mit Günter Schabowski, S. 20.

82 Zur Wirkung der Begegnung mit Gorbatschow auf Honecker und das Politbüro siehe ebd., S. 25-27; Neues Deutschland, 9. 10. 1989: Festansprache von Honecker/Grußansprache von Gorbatschow/Freundschaftlicher Meinungsaustausch Erich Honecker – Michael Gorbatschow/Begegnung des Politbüros mit dem sowjetischen Gast.

83 Krenz: Wenn Mauern fallen, S. 93, S. 5-96.

84 Günter Schabowski in einer Sendung des bundesdeutschen Fernsehens.

85 Protokoll eines Gesprächs mit Günter Schabowski, S. 31: »Wir haben die personelle Wende zu einer Zeit vollzogen, als sich die politische Wende längst vollzogen hatte«. – »Bei diesen rasanten Zeitabläufen waren das [das am 8. 11. 1989 auf dem 10. Plenum verabschiedete Aktionsprogramm und die ›Ansprache an das Volk‹ von Krenz H.Z.] unwiederbringliche Zeitverluste« (S. 32). Dieses »typische Hinterherhinken: Wir glaubten mit der Parteikonferenz noch etwas machen zu können, und da war die Basis schon weiter«. »Die jungen Genossen vom Funkwerk, die technische Intelligenz, die wiederum mit den Leuten von der Humboldt-Universität korrespondierten, hatten da schon die Marke gesetzt., daß das ganze ZK weg muß« (S. 43).

86 Vgl. Leipziger Volkszeitung, 17. 10. 1989: Montagabend auf dem Ring der Bezirksstadt; siehe auch den Demo-Bericht in: Junge Welt, 18. 10. 1989: Demonstration von Zehntausenden Bürgern in Messestadt. Protokoll eines Leipziger Montags. ADN berichtete: »Am Ende waren es 100 000.« Neues Forum (Hg.): Demokratie, S. 120; Frank Blohm/Wolf Herzberg (Hg.): Nichts wird mehr so sein, wie es war, Leipzig 1990.

87 Krenz, Wenn Mauern fallen, S. 206.

88 Vgl. ebd., S. 207.

89 Bezeugt ist ein Telefonat, das SED-Bezirkssekretär Hackenberg, als alles entschieden war, mit ihm führte. Krenz erkundigte sich nach der Lage. Die Antwort war, es liefe gewaltfrei. Vom Alleingang der drei Sekretäre erfuhr Krenz über die Bezirksleitung zu diesem Zeitpunkt nichts. Auch habe er, so wird behauptet, mit keinem Wort zu einem Dialog ermutigt. Vgl. Der Spiegel, 1989, Nr. 48, S. 23; Neues Forum Leipzig (Hg.): Demokratie, S. 286 (Dr. Meyer), S. 275 (Masur). Von Journalisten über seinen Beitrag zur friedlichen Wende befragt, antwortete Krenz am 17. November: »Ich war in Leipzig und habe dort geklärt: Wir sind dafür, politische Konflikte auch nur politisch zu lösen, und ich habe dort in Leipzig mitgeholfen, daß die Dinge auch so gelöst worden sind« (Der Spiegel, 1989, Nr. 48: Von den Arbeitern verlassen). Das war mehr- und mißdeutig, in den Zielen schon ein Symptom des Machtverfalls der Partei und ihres nominellen Spitzenpolitikers, der erst am 13. Oktober nach Leipzig gekommen war. Rechtsanwalt Gysi hat die Krenz-Legende am 4. November in seiner Ansprache auf dem Berliner Alexanderplatz an die Teilnehmer der Demonstration der 250 000 (dazu Schabowski, S. 38f.) unter die Massen gebracht: Er wisse, daß Krenz am 9. Oktober in Leipzig verantwortlich gewesen sei für die Entscheidung, chinesische oder demokratische Lösung. »Er entschied sich für die zweite.« Dazu Masur: »Krenz hat nachweisbar erst ja gesagt, als die entscheidenden Dinge schon geschehen waren – zwischen 19.15 Uhr und 19.30 Uhr gab es ein Telefonat mit der SED-Bezirksleitung. Egon Krenz war am 9. Oktober nicht hier, dafür hatten wir Weltniveau in den Sicherheitskräften« (Neues Forum [Hg.]: Demokratie, S. 275).

90 Reverend John E. Swords, Syracuse, sah in der Revolution in der DDR »eine der größten friedlichen Revolutionen auf unserem Erdball« (Die Union, 25./26. 8. 1990). – »Zeit für einen Shakespeare«, schrieb Stefan Heym, »nach dieser Massendemonstration in Leipzig« und kommentierte: »Wie die Ereig-

nisse gezeigt haben, kommt es nicht so sehr auf die einzelne Gruppe an. Ich glaube, bei uns hier setzt sich in diesen Tagen das durch, von dem Rosa Luxemburg einst geträumt hat: die Spontaneität der Massen, auf die sie immer wartete und die nie kam« (Heym: Einmischung, S. 246). Die Vereinigung hielt er zu diesem Zeitpunkt für »Westpropaganda«. »Wiedervereinigung kann erst sein, wenn die zwei großen Blöcke sich aufgelöst haben, und dann wird sie auf ganz neue und andere Weise kommen, als beide Seiten sich jetzt vorstellen« (ebd., S. 247).

7. Verfall und Zerfall des administrativen Systems

1 Sie begannen mit dem Protest der von Bad Schandau zurückgeführten Reisenden gegen die zeitweilige Aussetzung des visafreien Reiseverkehrs zwischen DDR und ČSSR, denn damit war der Fluchtweg in die Prager Botschaft gesperrt (vgl. Zimmerling [Hg.]: Neue Chronik, S. 64-68).

2 Siehe die Texte in: Hubertus Knabe (Hg.): Aufbruch in eine andere DDR. Reformer und Oppositionelle zur Zukunft ihres Landes, Hamburg 1989; Wolfgang Rüddenklau (Hg.): Störenfried. DDR-Opposition 1986–1989. Aus dem Untergrundblatt der Umweltbibliothek, Berlin 1990; Berndt Musiolek/ Carola Wuttke (Hg.): Parteien und politische Bewegungen im letzten Jahr der DDR (Oktober 1989 bis April 1990), Berlin 1990.

3 Vgl. Mitter/Wolle (Hg.): Befehle des MfS, S. 113-251; R. Meinel/Th. Wernicke (Hg.): Mit tschekistischem Gruß. Berichte der Bezirksverwaltung für Staatssicherheit Potsdam, Babelsberg 1989; Christine Wilkening: Staat im Staate. Auskünfte ehemaliger Stasi-Mitarbeiter, Berlin/Weimar 1990; Ausgedient. Ein Stasi-Major erzählt. Notiert von Reinhardt O. Hahn. Mit einem Nachwort von Pfarrer Hans-Joachim Hanewinkel, Halle/Leipzig 1990; Irena Kukutz/Katja Havemann (Hg.): Geschützte Quelle. Gespräche mit Monika H. alias Karin Lenz, Berlin 1990; Jürgen Fuchs: »... und wann kömmt der Hammer?« Psychologie, Opposition und Staatssicherheit, Berlin 1990; in einem weiten Kontext siehe auch Norbert Kapferer: Das Feindbild der marxistisch-leninistischen Philosophie in der DDR 1945-1988, Darmstadt 1990.

4 Neues Forum Leipzig (Hg.): Demokratie, S. 288.

5 Dazu die kurze Rede von Petra Lux auf der ersten genehmigten Kundgebung des Neuen Forum am 18. November in Leipzig, in: Demo-Reminiszenzen, S. 58-60. Petra Lux war Mitherausgeberin der inzwischen eingestellten Wochenzeitung »Die andere Zeitung« (DAZ), eines der Organe der Bürgerbewegung. – Der Unabhängige Frauenverband der DDR wurde am 3. Dezember in Ost-Berlin gegründet.

6 Zit. nach Sievers: Stundenbuch, S. 27. Siehe auch dort S. 146ff. (Chronik); vgl. ferner Wolf-Jürgen Grabner/Christian Heinze/Detlev Pollack: Leipzig im Oktober. Kirchen und alternative Gruppen im Umbruch der DDR. Analysen zur Wende, Berlin 1990; Mary Fulbrook: Protestantismus und Staat in der DDR, in: Sowi. Sozialwissenschaftliche Informationen 19 (1990), H. 3, S. 143ff.

7 »Mit der von der DDR-Regierung in Bewegung gesetzten Ausreisewelle hat sich dann dieses Montagsgebet angeboten für diejenigen, die raus wollten. Das waren nicht die Leute, die politisch verfolgt waren oder rausgedrängt wurden, sondern solche, die einfach wegwollten. Vom Frühjahr diesen Jahres bis zum 4. September ist das Friedensgebet eine Ausreiseversammlung gewesen« (Neues Forum Leipzig [Hg.]: Demokratie, S. 288). Siehe aber auch: Stasi und kein Ende. LVZ im Gespräch mit Dr. Peter Zimmermann, in: Leipziger Volkszeitung, 19./20. Januar 1991.

8 Gisela Dähn, Fernsehen der DDR, anläßlich einer Mediendiskussion im Gewandhaus zu Leipzig u.a. mit Kurt Biedenkopf, Kurt Masur, Konrad Weiß und Dieter Engert, Kleiner Saal, am 16. 3. 1990.

9 Bernd-Lutz Lange, 29. 11. 1989, in: Neues Forum Leipzig (Hg.): Demokratie, S. 278.

10 Vgl. Jens Langer: Protestantische Revolution, in: Bürgerrat, 7. 12. 1989, Rostock. »Diese Revolutionen am Schluß unseres Jahrhunderts sind ohne Christen undenkbar.« Die »friedliche und demokratische Revolution des Lichtes seit Oktober 1989 in der DDR« stehe in dieser Reihe. »Zu den Besonderheiten unseres Aufbruchs gehören«, so Langer, »auch deutliche christliche Stimmen, denen nach bitteren Erfahrungen dennoch die Verwirklichung der Ideale des Sozialismus am Herzen liegt« (Vollversammlung der Evangelischen Studentengemeinden in der DDR vom 22. Oktober 1989).

11 Niethammer: Das Volk der DDR und die Revolution, S. 268; vgl. auch den Aufruf der Vereinigten Bürgerinitiativen für einen neuen Sozialismus, Rostock, 26. 11. 1989, in: Bürgerrat, Rostock, 7. 12. 1989. Die Unterzeichner waren Christen wie Hartmut Dietrich, evangelischer Studentenpfarrer, und Nichtchristen wie Dr. Sybille Bachmann, Stellvertretende Parteisekretärin der Universität Rostock.

12 Dazu die technikhistorischen Anmerkungen zum »Zerfall« der DDR: Joachim Radkau: Revoltierten die Produktivkräfte gegen den real existierenden Sozialismus?, in: Zeitschrift für Sozialgeschichte des 20. und 21. Jahrhunderts, 1990, H. 4, S. 13-42; apologetisch: Günter Mittag: Um jeden Preis. Aufbau im Spannungsfeld zweier Systeme, Berlin/Weimar 1990.

13 Die Zahl der Friedensgebetsteilnehmer am 9. Oktober wird mit insgesamt 6000 angegeben, vgl. die tageszeitung, 24. 10. 1989; Führer: Friedensgebet am 9. Oktober 1989.

14 Annegret Hahn/Gisela Pucher/Henking Schaler/Lothar Scharrich (Hg.): 4. November 89. Der Protest. Die Menschen. Die Reden, Frankfurt am Main 1990. Zur Zahl Schabowski: »Wir haben 250 000 gezählt, aber die Veranstalter bestehen darauf, es müssen 500 000 sein. Es blieb dann bei den 500 000.« Zutreffend aus der damaligen Sicht der »Provinz« urteilt Schabowski über den Rang dieser Demonstration, die nachträglich zum »Höhepunkt« stilisiert werde. »Das Volk hatte sich doch längst vorher in anderen Orten auf großen Demonstrationen artikuliert, die Berliner sind erst danach gekommen, wahrscheinlich weil die Situation in Berlin insgesamt besser war« (Protokoll eines Gesprächs mit Günter Schabowski am 24. April 1990 in Berlin/West, S. 38f.).

15 Friedrich Dieckmann: Friedensfeier, in: Demo-Reminiszenzen, S. 23.

16 Durch den Studenten Peter Thiemann aus Bautzen sowie einen Hochschullehrer. Beides wurde von den Versammelten ohne direkte Zustimmung, teilweise eher mit einem Gefühl von Verunsicherung aufgenommen.

17 Vgl. Volkswacht, 17. 11. 1989: Donnerstags-Demo durch unsere Bezirksstadt. Sofern nicht gesondert belegt, siehe die Demo-Berichte in Volkswacht, 23. 10. 1989, 26. 10., 27. 10., 28. 10., 30. 10., 1. 11., 3. 11., 6. 11., 7. 11., 10. 11., 14. 11., 2. 12., 4. 12., 8. 12., 15. 12., 22. 12.

18 Ebd., 3. 11. 1989: Demonstration durch Geras Innenstadt.

19 Ebd., 10. 11. 1989: Friedliche Demonstration für gesellschaftlichen Aufbruch.

20 Ebd., 15. 12. 1989: Demo in Gera: laute Töne, aber auch Worte der Besonnenheit.

21 Ebd., 6. 11. 1989: Bauarbeiter aus Berlin zurück.

22 Ebd., 6. 12. 1989: Meine Ideale werde ich verteidigen.

23 Ebd., 19. 12. 1989: Falko Malessa: Gehen wir zu den Arbeitern und hören wir auf sie! Was sich Gießereiarbeiter aus dem Wema Union Gera von der Seele redeten.

24 Vgl. Ostsee-Zeitung, Rostock, 20. 10. 1989: Angebot zum offenen Dialog durch den Rat der Stadt; ebd., 26. 10. 1989: Thomas Fischer: Courage auf der Straße. Eine junge Frau fragte vor dem Gebäude der Staatssicherheit, inmitten erregter Demonstranten: »Warum geht ihr immer dichter, warum wollt ihr provozieren?« – »Bist wohl in der Partei, brüllten sie. – Ja, natürlich, und ich steh dazu.« – »Da mußt Du doch wissen, daß Du nur Scheiße gebaut hast.«

25 Ebd., 3. 11. 1989: Zehntausende Rostocker waren auf den Straßen. Am 5. November, 10 Uhr, fand in der Kongreßhalle ein Forum zum Thema »Parteienpluralismus und Bürgermitbestimmung« statt. Seit dem 31. 10. berichtete die Ostsee-Zeitung erstmals eingehender über Demonstrationen in Leipzig, Halle, Berlin, Schwerin, Pösneck, Gera, Guben, Erfurt. Die Forderung *Das Volk sind wir!* ist für die Demonstration am 4. November belegt, ebenso: *Freie Wahlen!*, *Schluß mit der ideologischen Vergewaltigung in Schule und Betrieben!* (Ostsee-Zeitung, 6. 11. 1989). Am 9. November waren in der Demonstration der mehr als 40 000 unter anderen folgende Transparente zu sehen: *Demokratie – jetzt oder nie!*; *Alleinvertretungsanspruch der Partei auf ein ganzes Volk*; *Reinigung der Partei* (Vgl. Ostsee-Zeitung, 10. 11. 1989). Siehe auch ebd., 8. 11. 1989: Bürger auf der Straße. Am 7. November forderten 50 000 Bürger und Bürgerinnen Wismars vor dem Rathaus freie Wahlen und die Preisgabe des Führungsanspruchs der SED. Am 31. November demonstrierten in Rostock Tausende für die Auflösung des Amtes für Nationale Sicherheit (vgl. ebd., 1. 12. 1989).

26 Ebd., 6. 11. 1989.

27 Bürgerrat, 7. 12. 1989: Hört Ihr mich?

28 Ebd.: Jochen Langer: Werkstatt des Systems.

29 »Deutschland einig Vaterland!« Vgl. ebd.: F. Mahburg: Für den kleinen Schmetterling. »Auch diese Sehnsucht muß Platz haben in unserer Demonstration. Aber es ist nicht die Losung aller!«

8. Das Ende der Stasi

1 Teils im Laufen, teils im Stehen am Abend des 4. Dezember 1989 niedergeschrieben.

2 Es erreichte trotz »massiver Schwierigkeiten« die »kontrollierte Auflösung« der Stasi (vgl. Bürgerkomitee Auflösung MfS [Hg.]: Stasi: Macht und
Banalität. Indizien des Verbrechens. Das Bürgerkomitee zeigt Stasi-Fundstücke, Leipzig-Information 10. 6.-27. 6. 1990, S. 2f.); Bürgerkomitee Leipzig
(Hg.): Stasi intern. Macht und Banalität, Leipzig 1991, S. 21-51: Der 4. Dezember 1989: Anfang vom Ende. – Vertreter des Bürgerkomitees schlossen sich
am 10. September 1990 dem Protest der Berliner Bürgerrechtler (u.a. Ingrid
Koeppe, Bärbel Bohley s. Leipziger Volkszeitung, 5. 9. 1990; Die Union, 5. 9.
1990) an, die am 4. September die ehemalige Stasizentrale in der Normannenstraße besetzt hatten und forderten gleichfalls, die Volkskammer solle den
Einigungsvertrag ablehnen, wenn er nicht das am 24. August 1990 von ihr
verabschiedete Gesetz über den Verbleib der Stasi-Akten in den künftigen
ostdeutschen Ländern enthält (vgl. Leipziger Volkszeitung, 10. 9. 1989: Parlament soll ablehnen). Am 12. September traten die Berliner Protestler in den
Hungerstreik, das Leipziger Bürgerkomitee führte vom 13. bis 15. September
Mahnwachen an der »Runden Ecke« durch; es schloß sich ein Hungerstreik
an (vgl. Leipziger Volkszeitung, 13. 9. 1990: Diestel: »Ich habe nichts
verschleiert«).

3 Dazu Hartmut Dietrich/Gerd Vogt: In der Stille der Nacht. »Aus mora-
lischen Gründen geschlossen«, in: Bürgerrat. Rostocker Initiativen für die
Erneuerung der Gesellschaft, 7. 12. 1989, S. 1. Das Foto »Mahnwache vor der
Bezirksverwaltung Rostock des jetzigen Amtes für Nationale Sicherheit gegen
die Vernichtung von Beweismitteln« zeigt deutlich fünf junge Frauen und
acht junge Männer. Die »traditionelle« Donnerstagsdemonstration am 7.
Dezember fand vor dem Gebäude des Bezirksamtes für Nationale Sicherheit
ihren Abschluß. »Mit Transparenten sprachen sich Teilnehmer sowohl für als
auch gegen Wiedervereinigung aus« (Ostsee-Zeitung, 8. 12. 1989: Unser
Handeln abhängig von unseren Hoffnungen. Für und wider bei Donnerstags-
andachten und Demo in Rostock). – Bereits in der Diskussion in der Marien-
kirche zeigten sich die »kontroversen Positionen zur Wiedervereinigung«. –
Eine Serie von Stasi-Dokumenten der Bezirksverwaltung Potsdam von Februar bis November 1989 endete mit einem »Befehl zur Aktenvernichtung«
vom 23. November, der auch die Weiterführung von Spitzel-Listen vorsah,
sowie mit »Hinweisen für die Vernichtung von operativen Materialien und
Informationen« (undatiert, nach dem 1. Oktober 1989 entstanden). Vgl. Meinel/
Wernicke (Hg.): Mit tschekistischem Gruß; siehe auch Justus Werdin (Hg.):
Unter uns: Die Stasi. Bericht der Bürgerkomitees zur Auflösung der Staatssicherheit im Bezirk Frankfurt/Oder, Berlin 1990.

9. Beginnender Macht- und Systemwechsel

1 Mehr als 470 solcher Parolen (Losungen, »Demo-Sprüche«) habe ich auf den Montagsdemonstrationen vom 2. Oktober 1989 bis zum 15. Januar 1990 notiert. Sprechchöre (neu) und Transparentaufschriften (neu) verzeichnet inzwischen das vorzügliche Leipziger *Demo*ntagebuch. *Demo Montag Tagebuch Demontage.* Zusammengestellt und mit einer Chronik von Wolfgang Schneider, Leipzig/Weimar 1990, S. 41-163 (9. 10.-18. 12. 1989, endend mit dem Schweigemarsch der Leipziger). Motto: Wir machten die Erfahrung der Freiheit zuerst auf den großen Straßen von Leipzig (Volker Braun). Zur »Soziologie« der Losungen: Bernd Lindner, ebd., S. 169-173. Eine Ausstellung des Stadtgeschichtlichen Museums zur friedlichen Revolution wurde am 21. 9. 1990 in der Nikolaikirche eröffnet. Fotos, Transparente, Poster, die von Leipzigern in großer Zahl zur Verfügung gestellt wurden, zeigen das Entstehen einer Tradition (vgl. Leipziger Volkszeitung, 12. 9. 1990: Leipzig im Herbst). Für den Begriff »friedliche Revolution« findet sich ein früher Beleg bei Karl Gutzkow, bezogen auf Berichte im März 1848 »von Robert Blums friedlicher Revolution in Sachsen« (Gutzkows Werke, hg. von Peter Müller, Bd. 4, Leipzig/Wien o.J., S. 394).

2 Vgl. Neues Forum Leipzig (Hg.): Demokratie, S. 83, S. 86 (Erlebnisberichte).

3 Vgl. Hannes Bahrmann/Christoph Links (Hg.): Wir sind das Volk. Die DDR zwischen 7. Oktober und 17. Dezember 1989. Eine Chronik, Berlin/Weimar/Wuppertal 1990, S. 147.

4 Krenz spricht zutreffend vom »bitteren Gang in die faktische Selbstauflösung« (Krenz: Wenn Mauern fallen, S. 45). Drastischer Schabowski: »Aus meiner Kenntnis war die Partei bis zum Dezember total zerrüttet und verzweifelt. Was sich in der Spitze abgespielt hat, war der deutliche Reflex dieser Situation: dieses panikartige Vorziehen des Parteitages, der plötzliche Rücktritt des Politbüros«. – »Die Partei ist reihenweise weggebrochen. Wir hatten Angst.« – »Es gab täglich Informationen »über massenhafte Austritte« in allen Regionen. – »Dieser Zustand von Zerrüttung herrschte. Das ist das, was man in der Tat revolutionäre Verhältnisse nennt, wo nichts mehr stimmt und alle Strukturen der Macht ins Rutschen geraten« (Protokoll eines Gesprächs mit Günter Schabowski am 24. April 1990, S. 42-44, S. 46, S. 48); siehe Gregor Walter: Der Kollaps der zentralen Machtstrukturen der DDR, in: Sowi. Sozialwissenschaftliche Informationen, 19 (1990), H. 3, S. 158-169; Heinz Jung: Abschied von einer Realität. Zur Niederlage des Sozialismus und zum Abgang der DDR, Frankfurt/Main 1990; Heinz Kallabis: Ade, DDR! Tagebuchblätter 7. Oktober 1989 - 8. Mai 1990, Berlin 1990; Peter Marcuse: A German Way of Revolution. DDR-Tagebuch eines Amerikaners, Berlin 1990.

5 Vgl. Wolfgang Eckelmann/Hans-Hermann Hertle/Rainer Weinert (Hg.): FDGB-Intern. Innenansicht einer Massenorganisation der SED, Berlin 1990; Günter Simon: Tisch-Zeiten. Aus den Notizen eines Chefredakteurs 1981–1989, Berlin 1990; Offener Brief der Vertrauensleute von Bergmann Borsig an Harry Tisch, Berlin, 29. 9. 1989, in: Hans Peter Lühr u.a. (Hg.): Wir sind das Volk! Aufbruch 89. mdv transparent, Teil 1: Die Bewegung, September/Oktober 1989, Halle 1990, S. 32-34.

6 Dazu Karl-Heinz Arnold: Die ersten hundert Tage des Hans Modrow, Berlin 1990. Hierzu kritisch Schabowski: Protokoll eines Gesprächs mit Günter Schabowski am 24. April 1990 in Berlin-West, S. 34-36; dort auch einiges über weitere personelle Zusammenhänge, unter anderen zu Gregor Gysi und Markus Wolf; Bernd Aischmann/Helmut Zessin (Hg.): »Menschen wichtiger als Macht ...«. Aus Briefen an Hans Modrow, Berlin 1990; vgl. auch: Wir in Leipzig, 7. 12. 1990: Wie neues Bewußtsein für Demokratie entstand. Runder Tisch brachte DDR über ihre schlimmste Krise; Wolfgang Ullmann: »Ich werde nicht schweigen«, Berlin 1990.

7 Vgl. Helmut Herles/Ewald Rose (Hg.): Parlaments-Szenen einer deutschen Revolution. Bundestag und Volkskammer im November 1989, Bonn 1990; Ruth Fuchs: »Gott schütze unser deutsches Vaterland!«. Erlebnisse einer Volkskammerabgeordneten, Berlin 1990; Dietmar Keller/Joachim Scholz (Hg.): Volkskammerspiele. Aus der Arbeit des ersten und letzten freien Parlaments der DDR. Eine Dokumentation, Berlin 1990.

8 Eckhard Fuhr: Ein Kopf ohne Rumpf. Der Aufbau der SPD in der DDR kommt nur schleppend voran, in: Frankfurter Allgemeine Zeitung, 12. 6. 1990.

10. Die Wende in der Wende

1 Vgl. Cornelia Gerstenmaier (Hg.): Andrej Dimitrievič Sacharow: Den Frieden retten! Aufsätze, Briefe, Aufrufe, 1978–1983, München 1985; Hans Christian Meiser (Hg.): Andrej Dimitrievič Sacharow: Ausgewählte Texte, München 1986.

2 Leipziger Volkszeitung, 8. 1. 1989: Roland Wötzel, 1. Sekretär der Bezirksleitung Leipzig: Was ich am Montag den Leipzigern sagen wollte; ebd., 7. 11. 1989: Bericht über die Montagsdemonstration. Er verschweigt die Schärfe der Konfrontation auf andere Weise. Vgl. damit die Berichterstattung in: Mitteldeutsche Neueste Nachrichten, 8. 11. 1989, abgedruckt in: Neues Forum Leipzig (Hg.): Demokratie, S. 208; Stefan Heym bilanzierte im Januar 1990 den damals einsetzenden Umschwung: Die Geschädigten, »seit sie die Mauer durchbrachen, [sind] nicht mehr in Stimmung, zwischen dem Mißbrauch einer Idee und der Idee selber zu unterscheiden oder auch nur Erklärungen entgegenzunehmen bezüglich der Ursachen des Malheurs. Bleibt uns vom Leib, so sagen sie, mit euren geistreichen Argumenten, vierzig Jahre eures Sozialismus sind genug, haben wir jeder doch nur ein einziges Leben, und bitte keine Experimente mehr mit uns, soziale und andere« (Heym: Einmischung, S. 274).

3 Krenz (Wenn Mauern fallen, S. 230) berichtet über eine Unterredung mit Ministerpräsident Rau am 9. November 1989 während der Mittagspause der 10. ZK-Tagung: »Zu diesem Zeitpunkt kann ich ihn noch nicht darüber informieren, daß beabsichtigt ist, am 10. November die Grenze zwischen der DDR und der BRD bzw. zwischen der DDR und Berlin-West für den Personen- und Reiseverkehr zu öffnen. Ich habe dafür noch nicht die Zustimmung des Zentralkomitees eingeholt. Das erfolgt unmittelbar nach dem Gespräch mit Rau. Die Grenze wird jedoch schon in der Nacht vom 9. zum 10. November

geöffnet. Günter Schabowski hat auf einer Pressekonferenz jene Mitteilung verlesen, die eigentlich erst am 10. November veröffentlicht werden sollte. So wird alles um einen Tag vorverlegt.« – »Und konnte ich mit Rau darüber sprechen, obwohl ich im ZK noch kein Wort darüber verloren hatte?« (ebd., S. 179). Zur vorzeitigen Öffnung siehe: Protokoll eines Gesprächs mit Günter Schabowski am 24. April 1990 in Berlin-West, S. 39-41. »Zuerst war mir das Herz in die Hosen gerutscht, weil ich dachte, jetzt läuft die DDR aus, aber dazu kam es nicht« (ebd., S. 41). Daß es in Berlin »zu diesem euphorischen Ansturm« kommen würde, hatte er sich nicht vorstellen können, was die Realitätsferne im engeren Zirkel der Macht bestätigt. Vgl. auch: 9. November 1989. Der Tag der Deutschen. Eine Bilddokumentation, München 1990; Guido Knopp: Eine deutsche Revolution (August bis Dezember 1989), in: Guido Knopp/Ekkehard Kuhn (Hg.): Die Deutsche Einheit. Traum und Wirklichkeit, Erla/Bonn/Wien 1990, S. 222-237. Zum »nationalen Symbol« in der Zeit der »Nach-Revolution« und zur Sylvesternacht 1989/90 siehe Michael S. Cullen/Uwe Kleining: Das Brandenburger Tor. Geschichte eines deutschen Symbols, Berlin 1990; zur Geschichte der Mauer siehe Jürgen Petschull: Die Mauer, sowie Christine Proske: Die Mauer 1961–1989. Bilder einer Trennung. Eine Chronik der Ereignisse in Fotos und Dokumenten, Graffitis und Sprüchen, Gedichten und Bildern, München 1990; Terry Tilman: The writings on the Wall. Peace at the Berlin Wall, Santa Monica 1990, S. 93-116, S. 117-144; Elizabeth Pond: After the Wall. American Policy toward Germany, New York 1990; Peter Schneider: Extreme Mittellage. Eine Reise durch das deutsche Nationalgefühl, Hamburg 1990, S. 9ff.: Der 9. November aus 10 000 km Entfernung betrachtet; Rainer Laabs: Das Brandenburger Tor. Brennpunkt deutscher Geschichte. Focus of German History, Frankfurt am Main/Berlin 1990; abwegig erscheint die Feststellung, es habe eine »Novemberrevolution« stattgefunden: die tageszeitung (Ausgabe für die DDR), 19. 3. 1990; siehe auch: Der lange Marsch in die Novemberrevolution, in: Vier Tage im November. Mit Beiträgen von Walter Momper und Helfried Schreiter, Hamburg ⁵1990, S. 85ff.; ferner: die tageszeitung. DDR. Journal zur Novemberrevolution, August bis Dezember 1989, Berlin ²1990. – Siehe Karin Dauerheimer: Die Mauer ging durch Kopf und Herz. Versuch einer Annäherung, in: Die Union, 13. 8. 1990. In Zwickau (Sachsen) wurde zum Antikriegstag am 1. September 1990 in der Inneren Plauenschen Straße ein vier Tonnen schweres Betonsegment der Berliner Mauer als Mahnmal aufgestellt, vgl. Die Union, 3. 9. 1990: Höhepunkt des vom Friedenszentrum Zwickau e.V. organisierten Antikriegstages.

4 Rheinische Post, 5. 11. 1990: Wie vor einem Jahr die Mauer geöffnet wurde. Krenz zögerte, Stasi-Offiziere handelten.

5 Ebd.

6 Jürgen Kocka: Revolution und Nation 1989. Zur historischen Einordnung der gegenwärtigen Ereignisse, in: Tel Aviver Jahrbuch für deutsche Geschichte 19, 1990, S. 481.

7 Heinz Czechowski: Blütenträume im Leipziger Herbst, in: Frankfurter Allgemeine Zeitung, 9. 6. 1990.

8 Vgl. Johannes R. Becher: Gedichte 1949–1958. Gesammelte Werke, Bd. 6, Berlin/Weimar 1973, S. 61; siehe auch S. 40: Turm von Babel; dazu Hans

Mayer: Der Turm von Babel. Erinnerung an eine Deutsche Demokratische Republik, Frankfurt am Main 1991, S. 11ff.

9 Johannes R. Becher: Gedichte 1926–1935. Gesammelte Werke, Bd. 3, Berlin/Weimar 1966, S. 166. Gedicht zum 4. Todestag Lenins 1928.

10 Ebd., Bd. 6, S. 61.

11 Das Foto in: Neues Forum Leipzig (Hg.): Demokratie, S. 251, zeigt eine kleine Schrifttafel ohne Tragestock hinter brennenden Kerzen. Vermutlich handelt es sich um eine Inszenierung. Tafeln wie diese habe ich auf den Montagsdemonstrationen nicht gesehen.

12 Wolf Biermann: Ein Nachruf auf die DDR, in: Die Zeit, 2. 3. 1990.

13 Vgl. Konrad Weiß: Von »Musterbürgern« und verpaßten Chancen. Interview mit dem DDR-Bürgerrechtler und Regisseur Konrad Weiß (»Demokratie jetzt«), in: Frankfurter Allgemeine Zeitung, 6. 7. 1990; siehe auch ders.: Wir sind im Augenblick so furchtbar deutschzentristisch, in: Neues Deutschland, 19. 2. 1990; und: Demokratie jetzt – erst recht. LVZ-Gespräch mit Konrad Weiß, in: Leipziger Volkszeitung, 17./18. 3. 1990 – Rückschau mit einer Vision: »Tatsache ist, die Leute in den unterschiedlichen Initiativgruppen haben – seit Anfang der 80er Jahre etwa, im Zusammenhang mit der Stationierung der atomaren Mittelstreckenraketen – die Entwicklung vorgedacht. Schwerter zu Pflugscharen – das war unsere Vision. Nun wird auf Vorschlag des Runden Tisches dieses Symbol das künftige Staatswappen der DDR.«

14 Vgl. Günter Roski/Peter Förster: Leipziger DEMOskopie, in: DEMOntagebuch, S. 173.

15 Ebd., S. 175. – »Hier handelt es sich um subjektive Beobachtungen, in der Diskussion mit Demonstrationsteilnehmern auf ihren Gehalt überprüft, ergänzt durch Befragungen von jeweils 2000 Teilnehmern der Demo am 4. und 11. Dezember« (ebd., S. 173).

16 Vgl. ebd., S. 176.

17 Ebd., S. 173.

18 Siehe ebd., S. 21: Carola Bornschlegel, Katrin Hattenhauer, Ramona Ziegner, Gundula Walter, Sylvia Ulbricht. Die Namen finden sich auf einem handgeschriebenen Protest im geschmückten Fenster der Leipziger Nikolaikirche (Foto in dem Band) unter der Losung »Freiheit«, daneben folgender Text: »In den Zeitungen dieses Landes steht: ›Hier herrscht Freiheit‹. Das ist ... Irrtum oder eine Lüge: Freiheit herrscht nicht.«

19 Ebd., S. 174. In Dresden gehörten zu den ersten die Setzer der Firma Becke, Hühnerstraße 15. »Sie kopierten Flugblätter vom Frühjahr 89 an bis in den Herbst« (Die Union, 20. 9. 1990: Die Männer der ersten Stunde).

20 Flugblatt, Computerdruck. Wie auch die folgenden Flugblätter im Besitz des Verfassers.

21 Beide Flugblätter sind nicht datiert.

22 Faltblatt, gedruckt in der DDR. Aufruf der CSPD (Christlich Soziale Partei Deutschlands) an alle Einwohner unseres Landes, undatiert. Als Kontaktpersonen wurden genannt: Hans-Wilhelm Ebeling, Pfarrer, Leipzig; Peter-Michael Diestel, Dr. jur., Leipzig; Christoph Michael Haufe, Dr. theol., Pönitz b. Taucha; Georg Christoph Biller, Dirigent, Leipzig; Siegfried Aischmann, Handwerksmeister, Leipzig; Rudolf Kaiser, Ing. oec., Leipzig.

23 Flugblatt, undatiert, gedruckt in der DDR.

24 Flugblatt, undatiert, gedruckt in der Buchdruckerei Böhlert in Baalsdorf.

25 Flugblatt, undatiert, Computerdruck. Mit Angabe der Anschriften des CDU-Bezirksverbandes Leipzig und der Kreisverbände Leipzig-Stadt, Leipzig-Land, Altenburg, Delitzsch, Borna, Döbeln, Eilenburg, Geithain, Grimma, Oschatz, Schmölln, Torgau, Wurzen.

26 Flugblatt, undatiert, gedruckt in der DDR. Mit Angabe von Kontaktanschriften für Leipzig-Stadt, Leipzig-Land, Leipzig-Mitte, Leipzig-Nord, Leipzig-Nordost, Leipzig-Süd, Leipzig-Südost, Leipzig-Südwest, Leipzig-West, Altenburg, Borna, Delitzsch, Döbeln, Eilenburg, Geithain, Grimma, Oschatz, Schmölln, Torgau, Wurzen.

27 Spiegel-TV: Deutschland im Frühling 1990. Protokoll einer deutschen Revolution, Teil 2, Hamburg 1990; siehe auch Daniel Hamilton: After the revolution. The new political landscape in East Germany, Washington 1990.

28 »Wir haben es nicht ernstgenommen, wie sarkastisch und bitter DDR-Intellektuelle über die Rettungsversuche der DDR-Eigenständigkeit sprachen. Für uns war die DDR eine pädagogische Provinz« (Klaus Hartung: Abbitte an Kohl oder der Mangel an Alternativen, in: die tageszeitung, 22. 6. 1990); siehe auch Bernd Ulrich über das Elend der linken Opposition: »Warum hat die Methode Kohl gesiegt?«, in: Frankfurter Rundschau, 1. 9. 1990: »Ausschlaggebend war die Schwäche der Opposition, ihre Abseitsstellung. Große Teile der Linken waren und sind gegen jeden gesamtdeutschen Staat. Sie sind dies aber mit Gründen, die demokratisch unzugänglich sind. Sie betrachten die deutsche Teilung als Strafe für Auschwitz und/oder Prävention vor einem neuen Auschwitz. Ich halte das für historisch verständlich und heute falsch.«

29 Fritz Ullrich Fack: Still zur deutschen Einheit, in: Frankfurter Allgemeine Zeitung, 22. 6. 1990; zur Chronologie der Ereignisse siehe: Verlag Tribüne (Hg.): Neue Chronik DDR: Berichte, Fotos, Dokumente, Teile 4-7/8 (23. 12. 1989-2. 10. 1990), Berlin 1991f.; Forum Verlag Leipzig (Hg.): Von Leipzig nach Deutschland, Leipzig 1991.

30 Klaus Hartung: Abbitte an Kohl.

31 Erklärung vom 21. 6. 1990 zu Polen.

32 Nachdenken über Deutschland. Die Verfassungsrichter Ernst-Wolfgang Böckenförde und Dieter Grimm zu Föderation und Vereinigung, in: Der Spiegel 44, 1990, Nr. 10, S. 72.

33 Wilhelm Hennis: Die Chance einer ganz anderen Republik. Zur Verfassung des zukünftigen Deutschland, in: Die Zeit, 10. 3. 1990.

34 Nachdenken über Deutschland.

35 Jens Reich: Die DDR ist kein Pleitier, der den Konkurs unterschreibt. Die deutsche Vereinigung muß ein Vertrag unter Partnern sein, nicht ein Geschenk, das im Gnadenverfahren erteilt wird, in: Süddeutsche Zeitung, 24./25. 3. 1990.

36 Vgl. Günter Fischbach (Hg.): DDR-Almanach 90. Daten, Informationen und Zahlen, Stuttgart/München/Landsberg, 1990, S. 372f., S. 393-399; eine nicht ganz vollständige Zusammenstellung der politischen Programme in: Politische Parteien und Bewegungen der DDR über sich selbst. Handbuch, Berlin 1990; Angaben über Mitgliederzahlen finden sich bei Gunnar Winkler (Hg.): Sozialreport '90. Daten und Fakten zur sozialen Lage in der DDR, Berlin 1990, S. 306ff.

37 Die Vereinigung der Liberalen zur ersten gesamtdeutschen Partei, FDP, wurde am 12. August 1990 in Hannover vollzogen. Die bundesdeutsche FDP schloß sich mit dem mehr als 130 000 Mitglieder zählenden DDR-Bund Freier Demokraten (BFD), der Ost-FDP sowie der Deutschen Forumpartei zusammen. Der Bund war im März 1990 aus den ehemaligen Blockparteien LDPD und NDPD (National-Demokratische Partei Deutschlands) entstanden.

38 die tageszeitung (Ausgabe für die DDR), 19. 3. 1990.

39 Jens Reich: Die DDR ist kein Pleitier.

40 Vgl. Konrad Weiß: Von Musterbürgern. – In einer öffentlichen Diskussion (Die Union, 20. 9. 1990: Begegnung von Manfred Stolpe und Freya Klier) äußerte ein Teilnehmer sogar die Meinung, daß sich in der DDR bei den »Massen der Mitläufer« eine Aggression gegen die wenigen Mutigen in der Zeit der SED-Herrschaft breitmache. Siehe auch Irmela Hannover/Ilona Rothin (Hg.): Sind wir ein Volk? DDR-Reporter berichten aus Deutschland-West, BRD-Reporter berichten aus Deutschland-Ost, Hannover 1990; Jonas Maron/Rainer Schedlinski: Innenansichten DDR. Letzte Bilder, Hamburg 1990. – Stefan Heym schrieb über die, wie er meint, »vom Volke mit einem Schuß Ironie als Wende bezeichneten Ereignisse des Oktober und November« (Außenstelle, in: Stefan Heym: Auf Sand gebaut. Sieben Geschichten aus der unmittelbaren Vergangenheit, München 1990, S. 27).

41 Ebd.

42 Erklärung des Runden Tisches vom 7. Dezember 1989, in: Arbeitsgruppe »Neue Verfassung der DDR« des Runden Tisches (Hg.): Entwurf. Verfassung der Deutschen Demokratischen Republik, Berlin, April 1990, S. 75; ablehnend Gerd Roellecke: Dritter Weg zum zweiten Fall. Der Verfassungsentwurf des Runden Tisches würde zum Scheitern des Staates führen, in: Frankfurter Allgemeine Zeitung, 12. 6. 1990; zustimmend: die tageszeitung (Ausgabe für die DDR), 21. 3. 1990 – Vorschlag für eine demokratische und friedliche Alternative zu DDR-Anschluß und NATO-Ausdehnung; Bernd Guggenberger/Ulrich K. Preuß/Wolfgang Ullmann (Hg.): Eine Verfassung für Deutschland. Manifest, Text, Plädoyers, München/Wien 1991; siehe auch Uwe Thaysen: Der Runde Tisch oder: Wo blieb das Volk? Der Weg der DDR in die Demokratie, Opladen 1990.

43 Fritz-Ullrich Fack: Still zur deutschen Einheit, in: Frankfurter Allgemeine Zeitung, 22. 6. 1990; zur Staatsplanwirtschaft und autoritären Wirtschaftsführung siehe Carl-Heinz Janson: Totengräber der DDR. Wie Günter Mittag den SED-Staat ruinierte, Düsseldorf/Wien/New York 1991.

44 Gerd Zitzelberger: Wachsende Furcht vor dem Urknall. Banges Warten auf die Währungsumstellung am 2. Juli, in: Süddeutsche Zeitung, 31. 5. 1990. Seit Juli 1990 berichtete die Presse über Betriebsstillegungen, Entlassungen, den Notstand in der Landwirtschaft usw. Es wird nicht versucht, dies zu dokumentieren. Zwei für die Anfänge dieser Berichterstattung kennzeichnende Beispiele seien genannt: Nichts geht mehr bei Getreide, in: Leipziger Volkszeitung, 31. 7. 1990; »Talsohle« kommt 1991. Nachtragsetats zum Haushalt/Dauerschäden in DDR-Wirtschaft, in: Die Union, 10. 8. 1990. Angelaufen war bereits die Reprivatisierung von mittelständischen Unternehmen: Ministerium für Wirtschaft der DDR, Abt. Mittelstandspolitik (Hg.): Die Reprivatisierung der 72er. Reprivatisierung von 1972 in Volkseigentum übergeleiteten

Betrieben mit staatlicher Beteiligung, Privatbetrieben und Produktionsge-nossenschaften, Berlin 1990; zu den mentalen Schwierigkeiten beim Umstieg auf die Marktwirtschaft siehe Hans Joachim Maaz: Das gestürzte Volk oder Die unglückliche Einheit, Berlin 1991, S. 50-56.

45 Siehe Wolfgang E. Henne (Hg.): Die Verfassungen und Landtags-Ge-schäftsordnungen der DDR-Länder bis 1952: Anlage zu den Loseblattwerken Grundgesetz der Bundesrepublik Deutschland, Bielefeld 1990.

46 In der Ausstellung »Leipziger Herbst«, die ein Jahr später in der Nikolaikirche gezeigt wurde, gehörte diese Leihgabe von Thea Riefel, Leip-zig, zu den attraktivsten Stücken.

47 Vgl. Leipziger Volkszeitung, 23. 7. 1990: Von der 27. Tagung der Volks-kammer: Fünf Länder nun perfekt. – Berlin mit Länderbefugnis: Die Landtagswahlen werden am 14. Oktober 1990 stattfinden.

48 Land Sachsen bald arbeitsfähig. Traum wird Realität, in: Die Union, 12. 9. 1990.

49 Steffen Heitmann/Arnold Vaatz: Zum Verfassungsentwurf – Verfassung des Landes Sachsen (Gohrischer Entwurf), in: Die Union, 10. 8. 1990; siehe den Text »Verfassung des Landes Sachsen« (Textentwurf der Gruppe 20), in: ebd., 29. 3. 1990.

50 Siehe den Text in: Die Union, 16. 5. 1990.

51 Vertrag zwischen der Bundesrepublik Deutschland und der Deutschen Demokratischen Republik über die Herstellung der Einheit Deutschlands – Einigungsvertrag. Ausgefertigt in Berlin am 31. 8. 1990 durch Wolfgang Schäuble (Bundesrepublik Deutschland) und Günther Krause (Deutsche Demokratische Republik), in: Frankfurter Allgemeine Zeitung, 5. 9. 1990. Der Vertrag enthält die notwendigen Änderungen des Grundgesetzes, legt die Grundsätze der Rechtsvereinheitlichung fest und regelt Materien, die nicht einfach durch Gesetzesänderungen oder Gesetzesergänzungen vereinheitlicht werden können. Vgl. Einigungsvertrag: Sonderdruck aus der Sammlung Das deutsche Bundesrecht/Bundesrepublik Deutschland; Deutsche Demokrati-sche Republik, 2. revidierte Auflage, Baden-Baden 1990; vgl. Dirk Koch/ Klaus Wirtgen (Hg.): Wolfgang Schäuble: Der Vertrag. Wie ich über die deutsche Einheit verhandelte, Stuttgart 1991; siehe: Gesetz zum Vertrag zwischen der Deutschen Demokratischen Republik und der Bundesrepublik Deutschland über die Herstellung der Einheit Deutschlands – Einigungs-vertrag vom 31. August 1990 (Verfassungsgesetz), in: Gesetzblatt der DDR, 1990, Berlin, Teil I, Nr. 64; vgl. Hans Modrow: Aufbruch und Ende, Hamburg 1991, S. 121-142: Der letzte Versuch.

52 Letzter parlamentarischer Akt zur deutschen Einheit im Bundesrat, in: Leipziger Volkszeitung, 22./23. 9. 1990.

53 Bürgerrechtler besetzten die ehemalige Stasi-Zentrale in Berlin, Normannenstraße; vgl. auch Sächsisches Tageblatt, 6. 9. 1990: Streit um Stasi-Akten. Bleiben Besetzer bis 3. Oktober?

54 Es kam zu Protesten vorwiegend junger Demonstranten. Am Montag, dem 17. September, fand in Dresden eine Montags-Demo für den Verbleib der Stasi-Akten auf dem Territorium der DDR statt; aufgerufen hatten der »Auto-nome Arbeitskreis Wolfspelz« und das Neue Forum: »Keine Chancen den neuen Spitzeln, die Akten bleiben« (vgl. Die Union, 20. 9. 1990). Die Leipziger

Demonstranten forderten am 21. Dezember auf Transparenten: *Keine Akte an den BND!, Wenn wir jetzt verstummen, sind wir wieder die Dummen* (vgl. Leipziger Volkszeitung, 22./23. 9. 1990). In Leipzig begannen 16 Bürgerrechtler am 14. September (am Tag nach Aufstellung einer Mahnwache) mit dem Hungerstreik im Treppenhaus des Stasi-Bezirksgebäudes. In Sprühschrift war dort zu lesen: *Stasi-Akten bleiben!* – Transparente: *Hungerstreik* (erstmals auf rotem Stoff). – *Nie wieder Entmündigung? Lernt aus den Erfahrungen des Herbstes 89. Demokratie ist mehr als das Kaspertheater der Parlamente. Stärkt die außerparlamentarische Opposition jetzt!* Am 24. 9. befanden sich 18 junge Leute im Hungerstreik: Schüler der Abiturstufe, ein Student, Schüler der 10. Klasse, Arbeitslose, ehrenamtliche Mitglieder des Leipziger Bürgerkomitees. In einem Telegramm an das Präsidium der Volkskammer forderten der damalige Kulturdezernent der Stadt Leipzig, Bernd Weinkauf, und der Vertreter der Streikenden, Kevin Deen, am 19. 9., »daß alle durch die Bürgerkomitees sichergestellten Akten des MfS/ANS in der Zuständigkeit der künftig zu bildenden Bundesländer auf dem Territorium der ehemaligen DDR bleiben und in der juristischen Zuständigkeit dieser Länder verwaltet werden«. Die damit verbundene Unterschriftenaktion fand regen Zuspruch. Das Flugblatt *Aufbruch 90* verdeutlichte Spannungen: »Forderungen aus dem Herbst des letzten Jahres sind zu großen Teilen nicht erfüllt. Das Volk wird in politische Entscheidungsprozesse nicht einbezogen. Weder Volksbefragungen noch - entscheide wurden durchgeführt, weil sie von vornherein nicht vorgesehen gewesen sind. Die Vergangenheit ist noch nicht bewältigt worden. Der Stasi-Apparat ist zerschlagen, doch die wirklich Betroffenen wurden in die Diskussion um Verbleib und Umgang mit den Akten nicht einbezogen. Ein Mißbrauch wird durch diese Politik nicht auszuschließen sein. Die Umstrukturierung der Wirtschaft führt nicht zu mehr, sondern zu weniger Arbeitsplätzen. Betriebe werden so lange hingehalten, bis sie für ein Lächeln zu kaufen sind. Bonzen und Karrieristen bleiben und kommen in leitende Funktionen. Lediglich Führungsköpfe sind aus Alibi-Gründen ausgewechselt worden.« Dann: »Wir haben nicht die Macht der Politiker, etwas durchzusetzen, aber die Moral der Lebendigen, etwas zu fordern.« – Das »Stasi-Unterlagengesetz« vom Dezember 1991 ermöglichte Einsicht in die Akten ab 2. Januar 1992. Vgl.: Wie bekomme ich meine Akte? Ab 2. Januar kann jeder Einsicht in seine Stasi-Unterlagen beantragen, in: Leipziger Volkszeitung, 31. 12. 1991; Endlich die Archive geöffnet. Schon 3000 wollten in Leipzig ihre Stasi-Akten, in: ebd., 3. 1. 1992; Das Schwerste: Erklären, daß er keine Akte hat. Leipziger Außenstelle der Gauck-Behörde erlebte zweiten Sturm auf die Runde Ecke, in: ebd., 14. 1. 1992.

55 Den Text der Vereinbarung siehe in: Die Union, 20. 9. 1990: Neues zu Stasi-Akten.

56 Mehrheitliches Ja nach lustloser Debatte, in: ebd., 21. 9. 1990.

57 Beschlossen wurde diese Herauslösung am 24. September 1990 in protokollarisch nüchterner Atmosphäre. Das vom Minister für Abrüstung und Verteidigung der DDR, Rainer Eppelmann, und dem Oberkommandierenden der Vereinigten Streitkräfte der Teilnehmerstaaten des Warschauer Paktes, Armeegeneral Ljuschew, unterzeichnete Protokoll legte fest, daß die DDR vom 3. Oktober an dem Warschauer Pakt keinen militärischen Beistand

mehr leistet und ihre Vertreter bis spätestens 2. Oktober aus den Führungs-
organen des Paktes zurückzieht; vgl. Leipziger Volkszeitung, 25. 9. 1990:
Austritt der NVA aus dem Warschauer Pakt. – Die Armeereform kann hier
nicht dokumentiert werden. Erwähnenswert ist die Erklärung gegen eine
Übernahme des bundesdeutschen Anerkennungsverfahrens für Kriegs-
dienstverweigerer mit der Begründung seitens des Regierungsbeauftragten
der DDR für den Zivildienst, Christoph Bender, daß eine Gewissensprüfung
nicht mehr in die heutige Zeit paßt. Die DDR-Zivildienstordnung war in
seinem Verständnis die liberalste in Europa, vgl. Die Union, 1./2. 9. 1990:
Keine Gewissensprüfung. Wortlaut der Erklärung der DDR-Kirchen zum
Zivildienst; gegen Anerkennungsverfahren.

58 Am 19. November 1990 unterzeichneten in Paris die Staats- und Regierungschefs der 22 Länder der NATO und des Warschauer Paktes den in Wien
ausgehandelten Abrüstungsvertrag, sie deklarierten das Ende des »Kalten
Krieges« und gaben eine Erklärung zum Gewaltverzicht ab, vgl. Leipziger
Volkszeitung, 20. 11. 1990. Am 25. Februar 1991 beschlossen die Mitglieder-
staaten des Warschauer Paktes, die Militärstrukturen zum 1. April 1991
aufzulösen, am 1. Juli 1991 einigten sie sich über die endgültige Auflösung
des Paktes.

Zum Schluß

1 Dazu Robert Weiß (Hg.): Chronik eines Zusammenbruchs. Der »heiße«
Herbst 1989 und seine Folgen in den Ländern des Warschauer Paktes, Berlin
1990; Mort Rosenblum: Moments of Revolution. Eastern Europe. Photographs
by David and Peter Turnley, New York 1990; Kronika sametové revoluce 68/
89 [Chronik der sanften (wörtlich: samtenen, samtigen) Revolution], Praha
1990; Stefan Petrescu: Die rumänische Revolution. Eine Foto-Dokumentation.
22. Dezember 1989, Weinheim/Basel 1990; Jürgen Kocka: Revolution und
Nation 1989. Zur historischen Einordnung der gegenwärtigen Ereignisse, in:
Tel Aviver Jahrbuch für deutsche Geschichte 19 (1990), S. 479-489; vgl. auch:
Protokoll eines Gesprächs mit Günter Schabowski am 24.4.1990 in Berlin/
West, S. 42: »Der Zerfall hängt wirklich mit der Substanz zusammen, mit den
unerfüllten Erwartungen, mit Vorstellungen, die so nicht mehr realisierbar
waren.«

2 Dazu Hartmut Zwahr: Die Revolution in der DDR, in: Manfred Hettling
(Hg.): Revolution in Deutschland? 1789–1989, Göttingen 1991, S. 122-143.

3 Peter Bender: Über der Nation steht Europa. Die Lösung der deutschen
Frage, in: Merkur 44 (1990), S. 366-375; Nachdenken über Deutschland. Die
Verfassungsrichter Ernst-Wolfgang Böckenförde und Dieter Grimm zu
Föderation und Vereinigung, in: Der Spiegel 44 (1990), Nr. 10, S. 72; Karin und
Karlheinz Lau (Hg.): Deutschland auf dem Weg zur Einheit. Dokumente
einer deutschen Revolution, Braunschweig 1990; Ulrich Wickert (Hg.): Angst
vor Deutschland?, München 1990; Klaus von Dohnanyi: Brief an die Deutschen Demokratischen Revolutionäre, Leipzig/Weimar 1990; ders.: Das
deutsche Wagnis, München 1990; Neues Forum Leipzig (Hg.): Deutsch-Sein
in Europa. Ein Streitgespräch, Leipzig 1990.

4 Vielfältig gespiegelt in der Anthologie: Stefan Heym/Werner Heiduczek (Hg.): Die sanfte Revolution. Prosa, Lyrik, Protokolle, Erlebnisberichte, Reden, Leipzig/Weimar 1990.

5 Jürgen Habermas: Die nachholende Revolution. Kleine Politische Schriften VII, Frankfurt/Main 1990, S. 179-204: Nachholende Revolution und linker Revisionsbedarf. Was heißt Sozialismus heute? S. 181: »Indem die nachholende Revolution die Rückkehr zum demokratischen Rechtsstaat und den Anschluß an den kapitalistisch entwickelten Westen ermöglichen soll, orientiert sie sich an Modellen, die nach orthodoxer Lesart durch die Revolution von 1917 schon überholt worden waren. Das mag einen eigentümlichen Zug dieser Revolutionen erklären: den fast vollständigen Mangel an innovativen, zukunftsweisenden Ideen.« Und: »Nach dem Bankrott des Staatssozialismus ist diese Kritik [die radikalreformerische Selbstkritik einer kapitalistischen Gesellschaft, H.Z.] das einzige Nadelöhr, durch das alles hindurch muß.«

6 Karl Marx: Kritische Randglossen zu dem Artikel eines Preußen, in: Marx/Engels, Werke (MEW), Bd. 1, Berlin 1956, S. 409.

7 Joachim Gauck: Die Stasi-Akten. Das unheimliche Erbe der DDR. Bearbeitet von Margarethe Steinhausen und Hubertus Knabe, Hamburg 1991; Manfred Schell/Werner Kalmka: Stasi und kein Ende. Die Personen und Fakten, Bonn 1991; David Gill/Ulrich Schröter: Das Ministerium für Staatssicherheit. Anatomie des Mielke-Imperiums, Berlin 1991.

8 Vgl. dazu Rolf Henrich: Der vormundschaftliche Staat. Mit einem Gespräch zwischen Kurt Masur und Rolf Henrich, Leipzig/Weimar 1989; Freia Klier: Lüg Vaterland. Erziehung in der DDR, München 1990; dies.: Abreiß-Kalender. Ein deutsch-deutsches Tagebuch, München 1989; Christa Wolf: »Das haben wir nicht gelernt«, in: Wochenpost 36 (1989), Nr. 43 (27. 10. 1989), S. 3; Peter Gruner (Hg.): Angepaßt oder mündig? Briefe an Christa Wolf im Herbst 1989, Berlin 1990; Dagmar Just: Wir sind die, vor denen uns unsere Eltern immer gewarnt haben, in: Sinn und Form 42 (1990), S. 692-696; Hans-Joachim Maaß: Der Gefühlsstau. Ein Psychogramm der DDR, Berlin 1990; Torsten Theisinger: »Die Wiedervereinigung der Schuld«, in: Die Union, 16./17. 3. 1991.

9 Christa Wolf: Der geteilte Himmel. Erzählung, Halle 1963.

Personenregister

Aufgenommen wurden die Namen aller Personen, die durch Beteiligt- oder Betroffensein als Zeitzeugen in einem engeren Sinne angesehen werden können oder in Verbindung mit diesem Personenkreis Erwähnung finden.